le nouveau Millefeuille

CM1
cycle 3

PROGRAMME 2016

Sous la direction de Christian DEMONGIN
Professeur agrégé de lettres modernes

Alain BONDOT
Professeur des écoles
Maitre formateur

Yolande GONNET
Professeure des écoles
Maitre formateur

Michel GONNET
Inspecteur de l'Éducation nationale

Gisèle HOSTEAU
Conseillère pédagogique

Françoise PICOT
Inspectrice de l'Éducation nationale

Marie-Louise PIGNON
Professeure des écoles

Cet ouvrage est conforme à la nouvelle orthographe
www.orthographe-recommandee.info

Nathan

Pour mieux te repérer dans ton manuel

le nouveau Millefeuille CM1

est organisé en deux parties

Dans la partie LIRE / ÉCRIRE / PARLER, tu trouveras :

- En ouverture d'unité, une page avec un ou plusieurs document(s) pour introduire le type de textes que tu vas lire et écrire.

Lire

- **Deux textes (histoires complètes ou extraits) à lire et à comprendre.**

- Des activités « avant de lire » pour préparer ta lecture.

- Des questions de compréhension.

  - Cherche la réponse à un endroit du texte.
  - Cherche la réponse à plusieurs endroits du texte.
  - Réfléchis à partir du texte.
  - Cherche la réponse en utilisant tes connaissances, un dictionnaire ou sur Internet.

- Des activités pour lire le texte à voix haute, échanger autour du texte, écrire une phrase.

© Éditions Nathan,
25 avenue Pierre-de-Coubertin, 75013 Paris
ISBN 978-2-09-122927-0

Pour mieux lire • Faire le point

Deux pages pour travailler les caractéristiques du texte

- Des activités de lecture débouchant sur des conseils pour t'aider à mieux lire.
- Des activités débouchant sur les connaissances à retenir sur le type d'écrit rencontré.

- Des exercices classés en 3 niveaux de difficulté pour mettre en pratique le conseil de lecture.
- Des énigmes et des jeux pour t'entrainer à lire des mots et des phrases.
- Des propositions de lecture pour découvrir d'autres ouvrages sur le thème de l'unité.
- Des exercices classés en 3 niveaux de difficulté pour mettre en application les connaissances acquises.

Vocabulaire

Des activités et des listes de mots pour acquérir le vocabulaire thématique utile au travail d'écriture proposé dans l'unité.

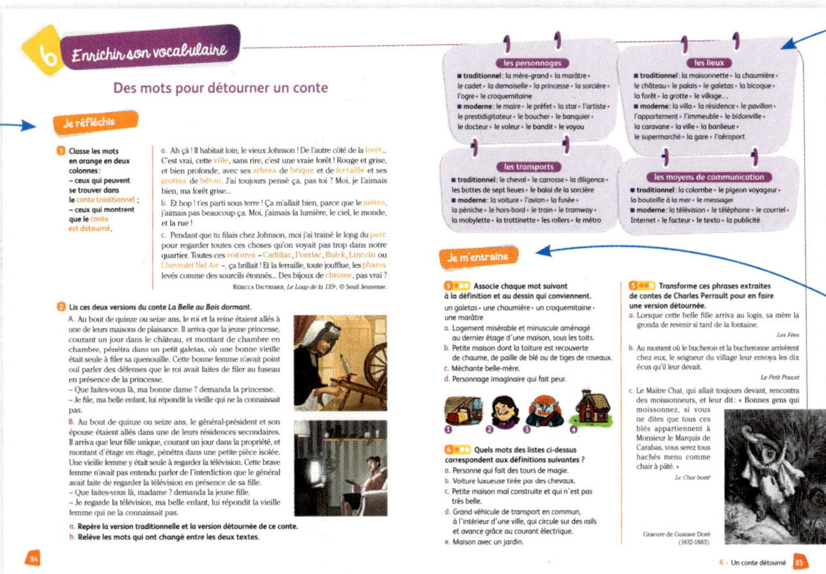

- Des activités pour chercher des mots correspondant à la thématique des textes lus.
- Les mots sont regroupés en rubriques ; tu pourras t'y référer lorsque tu écriras des textes.
- Des exercices classés en 3 niveaux de difficulté pour manipuler les mots des listes.

Pour mieux te repérer dans ton manuel

Écrire

Des situations d'écriture différenciées (3 niveaux).

- Un guide d'écriture qui rappelle ce que tu as appris dans l'unité.
- Plusieurs situations d'écriture de difficulté croissante.

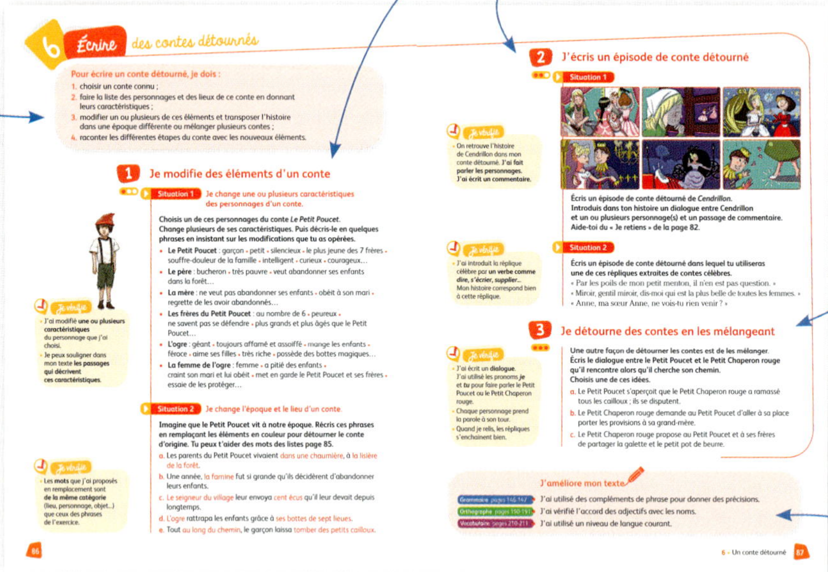
6 Écrire des contes détournés

Pour écrire un conte détourné, je dois :
1. choisir un conte connu ;
2. faire la liste des personnages et des lieux de ce conte en donnant leurs caractéristiques ;
3. modifier un ou plusieurs de ces éléments et transposer l'histoire dans une époque différente ou mélanger plusieurs contes ;
4. raconter les différentes étapes du conte avec les nouveaux éléments.

1 Je modifie des éléments d'un conte

Situation 1 Je change une ou plusieurs caractéristiques des personnages d'un conte.

Choisis un de ces personnages du conte *Le Petit Poucet*. Change plusieurs de ses caractéristiques. Puis décris-le en quelques phrases en insistant sur les modifications que tu as opérées.
- **Le Petit Poucet** : garçon • petit • silencieux • le plus jeune des 7 frères • souffre-douleur de la famille • intelligent • curieux • courageux…
- **Le père** : bucheron • très pauvre • veut abandonner ses enfants dans la forêt…
- **La mère** : ne veut pas abandonner ses enfants • obéit à son mari • regrette de les avoir abandonnés…
- **Les frères du Petit Poucet** : au nombre de 6 • peureux • ne savent pas se défendre • plus grands et plus âgés que le Petit Poucet…
- **L'ogre** : géant • toujours affamé et assoiffé • mange les enfants • féroce • aime ses filles • très riche • possède des bottes magiques…
- **La femme de l'ogre** : femme • a pitié des enfants • craint son mari et lui obéit • met en garde le Petit Poucet et ses frères • essaie de les protéger…

Je vérifie
- J'ai modifié **une ou plusieurs caractéristiques** du personnage que j'ai choisi.
- Je peux souligner dans mon texte **les passages qui décrivent ces caractéristiques.**

Situation 2 Je change l'époque et le lieu d'un conte.

Imagine que le Petit Poucet vit à notre époque. Récris ces phrases en remplaçant les éléments en couleur pour détourner le conte d'origine. Tu peux t'aider des mots des listes page 85.

a. Les parents du Petit Poucet vivaient dans une chaumière, à la lisière de la forêt.
b. Une année, la famine fut si grande qu'ils décidèrent d'abandonner leurs enfants.
c. Le seigneur du village leur envoya cent écus qu'il leur devait depuis longtemps.
d. L'ogre rattrapa les enfants grâce à ses bottes de sept lieues.
e. Tout au long du chemin, le garçon laissa tomber des petits cailloux.

Je vérifie
- Les **mots** que j'ai proposés en remplacement sont **de la même catégorie** (lieu, personnage, objet…) que ceux des phrases de l'exercice.

86

2 J'écris un épisode de conte détourné

Situation 1

Écris un épisode de conte détourné de *Cendrillon*. Introduis dans ton histoire un dialogue entre Cendrillon et un ou plusieurs personnage(s) et un passage de commentaire. Aide-toi du « Je retiens » de la page 82.

Je vérifie
- On retrouve l'histoire de Cendrillon dans mon conte détourné. **J'ai fait parler les personnages. J'ai écrit un commentaire.**

Situation 2

Écris un épisode de conte détourné dans lequel tu utiliseras une de ces répliques extraites de contes célèbres.
« Par les poils de mon petit menton, il n'en est pas question. »
« Miroir, gentil miroir, dis-moi qui est la plus belle de toutes les femmes. »
« Anne, ma sœur Anne, ne vois-tu rien venir ? »

Je vérifie
- J'ai introduit la réplique célèbre par **un verbe comme *dire, s'écrier, supplier…*** Mon histoire correspond bien à cette réplique.

3 Je détourne des contes en les mélangeant

Une autre façon de détourner les contes est de les mélanger. Écris le dialogue entre le Petit Poucet et le Petit Chaperon rouge qu'il rencontre alors qu'il cherche son chemin. Choisis une de ces idées.

a. Le Petit Poucet s'aperçoit que le Petit Chaperon rouge a ramassé tous les cailloux ; ils se disputent.
b. Le Petit Chaperon rouge demande au Petit Poucet d'aller à sa place porter les provisions à sa grand-mère.
c. Le Petit Chaperon rouge propose au Petit Poucet et à ses frères de partager la galette et le petit pot de beurre.

Je vérifie
- J'ai écrit un **dialogue**. J'ai utilisé les pronoms ***je*** et ***tu*** pour faire parler le Petit Poucet ou le Petit Chaperon rouge.
- Chaque personnage prend la parole à son tour.
- Quand je relis, les répliques s'enchainent bien.

J'améliore mon texte

Grammaire pages 146-147 J'ai utilisé des compléments de phrase pour donner des précisions.
Orthographe pages 190-191 J'ai vérifié l'accord des adjectifs avec les noms.
Vocabulaire pages 210-211 J'ai utilisé un niveau de langue courant.

6 • Un conte détourné 87

- Une grille pour améliorer tes productions écrites en vérifiant certains points de grammaire, d'orthographe et de vocabulaire.

Oral

Des situations d'oral pour apprendre à bien t'exprimer.

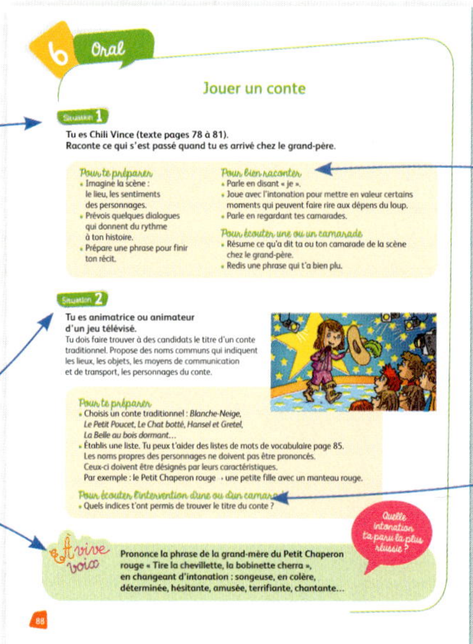
6 Oral

Jouer un conte

Situation 1

Tu es Chili Vince (texte pages 78 à 81). Raconte ce qui s'est passé quand tu es arrivé chez le grand-père.

Pour te préparer
- Imagine la scène : le lieu, les sentiments des personnages.
- Prévois quelques dialogues qui donnent du rythme à ton histoire.
- Prépare une phrase pour finir ton récit.

Pour bien raconter
- Parle en disant « je ».
- Joue avec l'intonation pour mettre en valeur certains moments qui peuvent faire rire aux dépens du loup.
- Parle en regardant tes camarades.

Pour écouter une ou un camarade
- Résume ce qu'a dit ta ou ton camarade de la scène chez le grand-père.
- Redis une phrase qui t'a bien plu.

Situation 2

Tu es animatrice ou animateur d'un jeu télévisé.
Tu dois faire trouver à des candidats le titre d'un conte traditionnel. Propose des noms communs qui indiquent les lieux, les objets, les moyens de communication et de transport, les personnages du conte.

Pour te préparer
- Choisis un conte traditionnel : *Blanche-Neige, Le Petit Poucet, Le Chat botté, Hansel et Gretel, La Belle au bois dormant…*
- Établis une liste. Tu peux t'aider des listes de mots de vocabulaire page 85. Les noms propres des personnages ne doivent pas être prononcés. Ceux-ci doivent être désignés par leurs caractéristiques. Par exemple : le Petit Chaperon rouge → une petite fille avec un manteau rouge.

Pour écouter l'intervention d'une ou d'un camarade
- Quels indices t'ont permis de trouver le titre du conte ?

À vive voix

Prononce la phrase de la grand-mère du Petit Chaperon rouge « Tire la chevillette, la bobinette cherra », en changeant d'intonation : songeuse, en colère, déterminée, hésitante, amusée, terrifiante, chantante…

Quelle intonation t'a paru la plus réussie ?

88

- Des situations demandant de parler devant tes camarades.
- Des conseils pour se préparer et bien écouter les autres.
- Une situation ludique pour t'entrainer à la lecture à haute voix.

Dans la partie **ÉTUDE DE LA LANGUE**, tu trouveras des unités de **grammaire**, d'**orthographe** et de **vocabulaire**.

Grammaire

- Des phrases ou un texte à lire et à observer pour découvrir la notion.
- En deux étapes, des questions d'observation portant sur le texte et des activités de manipulation.

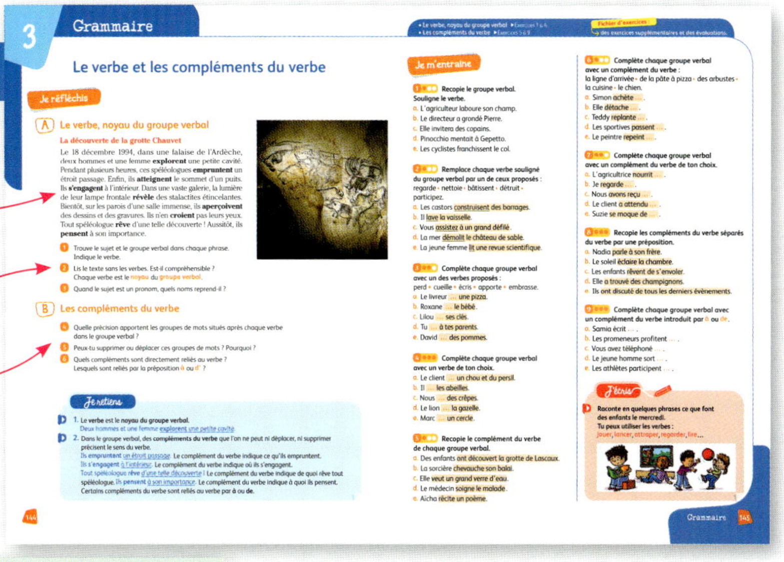

Orthographe

- Des exercices d'entrainement classés en 3 niveaux de difficulté.
- Une courte situation d'écriture pour utiliser ce que tu viens d'apprendre.
- Les exercices sont classés par notion.

Vocabulaire

- L'ensemble des règles à apprendre avec des exemples.

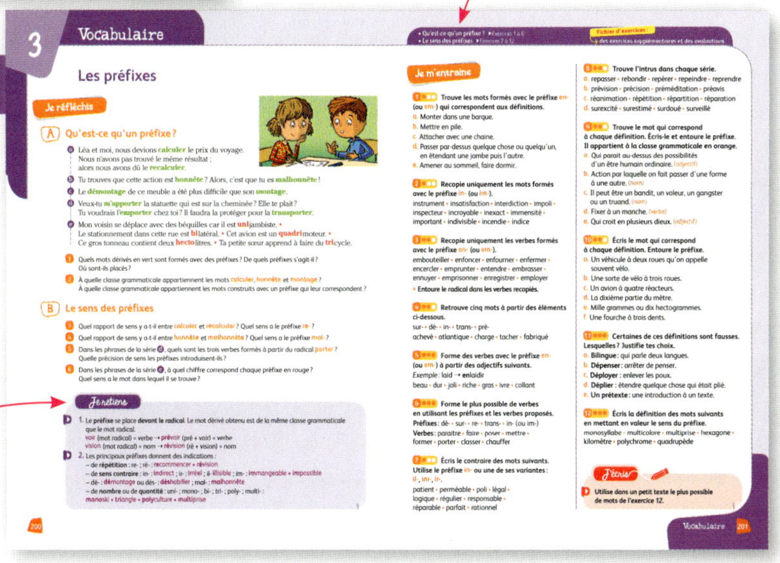

Sommaire

Unités	Lire – Lire	Lire – Pour mieux lire
Des récits divers		
1. Des textes pour raconter des petits bonheurs pages 11 à 22 ***Se découvrir, s'affirmer dans les rapports aux autres***	*Un moment de bonheur*, J.-M. Mathis * *C'est bien l'autoroute la nuit*, P. Delerm	Bien comprendre les comparaisons
2. Des récits d'aventures pages 23 à 34 ***Vivre des aventures***	*Vivre dans la jungle*, M. Morpurgo ** *Construire un feu*, J. London	Savoir répondre à des questions sur un texte
3. Des récits qui font peur pages 35 à 46 ***Vivre des aventures***	*Que s'est-il passé ?*, Gudule ** *Une étrange rencontre*, M.-H. Delval	Repérer les paroles ou les pensées d'un personnage
Des bandes dessinées		
4. Des histoires en bandes dessinées pages 47 à 62 ***Se confronter au merveilleux, à l'étrange***	** *Le trio de l'étrange*, R. Leloup ** *Philémon, le naufragé du A*, Fred	Comprendre l'enchainement des vignettes
Des textes documentaires		
5. Des textes documentaires historiques pages 63 à 74	*D'abord les nombres…* *Léonard de Vinci*	Repérer de quoi parle un paragraphe
Des contes		
6. Un conte détourné pages 75 à 88 ***Héros et personnages***	* ** *Le Petit Chaperon rouge*, C. Perrault * *Le Loup de la 135e*, R. Dautremer	Distinguer récit, dialogue et commentaire
Des récits mythologiques		
7. Des récits mythologiques de l'Antiquité pages 89 à 100 ***Héros et personnages***	*Thésée et le Minotaure* * *Hercule et l'Hydre de Lerne*	Bien comprendre *à qui* ou *à quoi* renvoient les pronoms
Des fables		
8. Des fables d'hier et d'aujourd'hui pages 101 à 112 ***La morale en questions***	** *La Grenouille qui veut se faire aussi grosse que le Bœuf*, J. de La Fontaine ** *Le Renard et le Bouc*, J. de La Fontaine *Le petit chat blanc*, C. Roy *Le moqueur moqué*, P. Gamarra ** *Le chat et l'oiseau*, J. Prévert	Repérer les différents mots qui désignent un personnage
Des textes de théâtre		
9. Enfants et parents en scène pages 113 à 126 ***Se découvrir, s'affirmer dans les rapports aux autres***	*Dis papa…*, F. Arca *Je m'appelle Titus*, C. Galéa	Suivre l'enchainement des répliques
Des interviews		
10. Des interviews variées pages 127 à 138	*J'ai fait Paris-Pékin à vélo !* *Entretien avec Claude Picasso*	Comprendre sur quoi porte une question

Entrées littéraires du Programme

	Écrire et parler		
Faire le point	Vocabulaire	Écrire	Oral
Des textes pour raconter des petits bonheurs	Des mots pour décrire des sensations	Écrire des textes qui racontent des petits bonheurs	Raconter des petits bonheurs
Des récits d'aventures	Des verbes pour exprimer les actions des personnages	Écrire des récits d'aventures	Parler d'une aventure
Des récits qui font peur	Des mots pour évoquer la peur	Écrire des récits qui font peur	Parler de la peur
Les procédés de la bande dessinée	Des mots pour construire un dialogue	Écrire des dialogues	Faire parler une BD
Les textes documentaires historiques	Des mots liés à une époque	Écrire des textes documentaires historiques	Décrire des objets anciens
Le conte détourné	Des mots pour détourner un conte	Écrire des contes détournés	Jouer un conte
Les récits mythologiques	Des mots pour exagérer	Écrire des récits mythologiques	Raconter un épisode mythologique
La fable	Des mots et des expressions pour parler des animaux	Écrire des fables	Dire une fable et en parler
Le personnage de théâtre	Des mots pour évoquer des relations d'opposition	Écrire des scènes d'opposition	Jouer comme au théâtre
L'interview dans la presse écrite	Des mots pour poser des questions	Écrire des interviews variées	Interviewer et être interviewé(e)

* Récits complets

** Ouvrages issus de la liste du ministère de l'Éducation nationale pour le cycle 3

Sommaire Étude de la langue

Grammaire

Autour de la phrase

1. La phrase simple .... p. 140
2. Le sujet du verbe .... p. 142
3. Le verbe et les compléments du verbe .... p. 144
4. Les compléments de phrase .... p. 146
5. Des phrases pour quoi faire ? .... p. 148

Autour du verbe

6. Le verbe .... p. 150
7. Le présent de l'indicatif (1) : verbes en *-er* .... p. 152
8. Le présent de l'indicatif (2) : autres verbes .... p. 154
9. Le futur de l'indicatif .... p. 156
10. L'imparfait de l'indicatif .... p. 158
11. Le passé composé de l'indicatif (1) : verbes en *-er et* autres verbes .... p. 160
12. Le passé composé de l'indicatif (2) : auxiliaire *être* .... p. 162

Autour du nom

13. Le nom et le déterminant .... p. 164
14. L'adjectif .... p. 166
15. Le groupe nominal .... p. 168
16. Les pronoms personnels .... p. 170

Orthographe

Orthographe lexicale

1. Quelles lettres pour écrire les sons [ɑ̃], [ɛ̃] et [ɔ̃] ? .... p. 172
2. Les rôles de la lettre *s* .... p. 174
3. Les rôles de la lettre *x* .... p. 176
4. Les rôles de la lettre *t* .... p. 178
5. Les mots formés avec les préfixes *in-/im-*, *il-*, *ir-* et les suffixes *-tion*, *-sion*, *-ssion* .... p. 180

Orthographe grammaticale

6. L'accord sujet/verbe .... p. 182
7. L'accord du participe passé .... p. 184
8. Les marques du pluriel des noms et des adjectifs .... p. 186
9. Le féminin des adjectifs .... p. 188
10. L'accord de l'adjectif .... p. 190
11. Les homophones autour du verbe *avoir* .... p. 192
12. Les homophones autour du verbe *être* .... p. 194

Vocabulaire

Le sens et la formation des mots

1. Lire un article de dictionnaire .... p. 196
2. La formation des mots .... p. 198
3. Les préfixes .... p. 200
4. Les suffixes .... p. 202
5. Les synonymes et les contraires .... p. 204
6. Les termes génériques et les mots particuliers .... p. 206
7. Le sens propre et le sens figuré .... p. 208
8. Les niveaux de langue .... p. 210
9. D'où viennent les mots du français ? .... p. 212

Vocabulaire thématique : partie Lire/Écrire/Parler

Unité 1 Des mots pour décrire des sensations .... p. 18
Unité 2 Des verbes pour exprimer les actions des personnages .... p. 30
Unité 3 Des mots pour évoquer la peur .... p. 42
Unité 4 Des mots pour construire un dialogue .... p. 58
Unité 5 Des mots liés à une époque .... p. 70
Unité 6 Des mots pour détourner un conte .... p. 84
Unité 7 Des mots pour exagérer .... p. 96
Unité 8 Des mots et des expressions pour parler des animaux .... p. 108
Unité 9 Des mots pour évoquer des relations d'opposition .... p. 122
Unité 10 Des mots pour poser des questions .... p. 134

Aide-mémoire

Tableaux de conjugaison .... p. 214 à 219
Les classes de mots .... p. 220
Les mots invariables .... p. 221
Les constituants de la phrase simple .... p. 222

Avant-propos

Le nouveau Millefeuille CM1 se fonde sur les **principes** les plus reconnus **de la didactique du français** et s'inscrit dans les recommandations du **nouveau programme** : *« Le champ du français articule des activités de lecture, d'écriture et d'oral, régulières et quantitativement importantes, complétées par des activités plus spécifiques dédiées à l'étude de la langue (grammaire, orthographe, lexique) qui permettent d'en comprendre le fonctionnement et d'en acquérir les règles. »* Les compétences visées – en relation avec celles du **socle commun** – concernent donc les domaines « Comprendre et s'exprimer à l'oral », « Lire », « Écrire », « Comprendre le fonctionnement de la langue ».

Le nouveau Millefeuille CM1 aborde dans une **première partie** la **lecture**, le **vocabulaire thématique**, l'**écriture** et l'**oral** et dans une **deuxième partie** l'**étude de la langue**. Il convient en effet d'aborder séparément ces différents domaines aux objectifs précis tout en les mettant en relation. C'est ainsi que **les activités de lecture, d'écriture et d'oral** sont toujours mises en cohérence entre elles et en même temps **mises en relation avec l'étude de la langue**, laquelle de son côté conduit dans chaque leçon à un travail d'écriture.

Première partie : Lecture-expression

Une interaction entre lecture, vocabulaire et écriture

Chacune des dix unités de la partie lecture-expression a un **double objectif** : découvrir les **caractéristiques** et les **enjeux** des textes proposés, textes littéraires ou documentaires, et correspondre pour les textes littéraires à une **entrée** citée dans les programmes : vivre des aventures, se découvrir, s'affirmer dans le rapport aux autres…
Un travail essentiel sur le **lexique** en relation avec les thématiques abordées est proposé ensuite. Il permet l'acquisition d'un vocabulaire nécessaire au travail d'écriture qui suit. La lecture de textes permet par ailleurs de dégager des sortes d'invariants, des caractéristiques, que l'élève est amené à respecter dans ses activités d'**écriture**.

Une place réelle accordée à l'oral

Le nouveau programme accorde une place importante à l'**oral** à la fois moyen d'expression et objet d'apprentissage. C'est pourquoi en ouverture de chaque unité sont menés des **échanges** à partir d'une œuvre visuelle pour permettre aux élèves d'exprimer leurs connaissances ou leurs attentes à propos de ce qui va être travaillé et annoncer les objectifs visés. Les élèves interviennent ensuite oralement au long des activités de lecture. Des **activités orales spécifiques** sont enfin proposées dans des situations variées pour apprendre à parler devant ses camarades et à les écouter.

Deuxième partie : Étude de la langue

L'étude de la langue se veut, en accord avec le programme, *« …explicite, réflexive, mise au service des activités de compréhension de textes et d'écriture. Il s'agit d'assurer des savoirs solides en grammaire autour des notions centrales et de susciter l'intérêt des élèves pour l'étude de la langue. »* L'**approche réflexive** de l'étude de la langue, la volonté de susciter l'**intérêt des élèves** sont deux préoccupations permanentes du manuel. C'est pourquoi les élèves sont amenés, au-delà d'approches sensibles spontanées, à procéder à des synthèses sur ce qu'ils ont découvert. Pour mieux accompagner chacun, des **activités différenciées** sont proposées dans chaque domaine de l'étude de la langue.

Le nouveau Millefeuille CM1 espère répondre ainsi aux objectifs de la première année du **cycle de consolidation**.

Unité 1

Des textes pour raconter des petits bonheurs

Robert Doisneau, *La douche à Raizeux*, 1949.

1 Qu'est-ce qui rend cette enfant heureuse ?

2 De quels moments de bonheur te souviens-tu ?

3 Qu'est-ce qui peut nous rendre heureux ?

Dans cette unité, tu vas :

- lire des textes qui racontent des bonheurs simples ;
- utiliser des mots pour décrire des sensations ;
- écrire un moment heureux dont tu te souviens en évoquant des sensations.

• À partir de ces photos, imagine ce dont parle le texte.

Un moment de bonheur

Benoit, élève de CM2, fait lire à sa mère sa rédaction sur le bonheur.

L'encre de mon stylo plume était à peine sèche sur le papier lorsque j'ai fait lire mon texte à ma mère. Je voulais qu'elle me dise que c'était bien, qu'elle soit fière de moi et qu'elle se rende compte de la chance qu'elle avait d'avoir un fils aussi génial.

– C'est toi qui as écrit ça, canard ?

– Ben oui !

– Aujourd'hui ?

– Ben oui, je ne vais pas passer trois jours sur une rédaction !

– C'est… c'est magnifique, mais…

– Mais quoi ?

– Pour la fin, tu ne t'es pas trop cassé la tête. Je trouve que tu parles mieux du bonheur des autres que du tien.

– Non… non, moi je trouve que c'est bien comme ça.

J'ai rangé mon cahier, mon stylo plume, et je me suis planté devant la télé. Mes vacances commençaient enfin. Trois jours plus tard, dans le silence de la nuit du samedi au dimanche, trente centimètres de neige tombèrent du ciel. À mon réveil, je n'ai pas hésité une seconde.

Je comprends

1 Benoit et sa mère ont-ils le même avis sur la rédaction ? Justifie ta réponse.

2 Indique les phrases qui montrent que le narrateur éprouve un sentiment de bonheur.

3 Y a-t-il des expressions qui indiquent des sensations désagréables ? Lesquelles ?

4 D'après toi, de quelles vacances s'agit-il ? Justifie ta réponse.

5 Qu'est-ce que la poudreuse (ligne 29) ?

6 Pourquoi le narrateur parle-t-il de larmes de crocodile ?

7 À son retour à la maison, Benoit reçoit-il l'accueil qu'il avait imaginé ?

8 Relève, à la fin du texte, une phrase qui montre qu'il s'agit d'un souvenir de l'auteur.

Sans prendre mon petit déjeuner, je suis sorti habillé comme un Esquimau. J'ai parcouru les deux-cents mètres qui séparaient la maison de la lisière de la forêt et j'ai pris le chemin qui montait. Je n'avais pas assez de mes deux yeux pour voir toutes les beautés qui m'entouraient. Il suffit d'un peu de neige et d'une belle lumière pour que n'importe quel endroit devienne magnifique. J'ai mitraillé de boules de neige tout ce qui ne bougeait pas, je me suis battu contre d'invisibles ennemis, j'ai fait des roulés-boulés, j'ai pris des douches de neige en tirant sur les branches des sapins… La poudreuse me rendait joyeusement cinglé.

Et vint le moment où mes habits trempés ne me protégeaient plus du froid. Je frissonnais, je claquais des dents et mon ventre criait famine. Il était temps de rentrer.

En croisant les traces de mes pas qui allaient en sens inverse, j'ai pensé à la chaleur qui m'attendait à la maison, aux bras de ma mère qui me réchaufferaient, aux joues piquantes de mon père qui m'embrasserait, au rire idiot mais communicatif de mon frère. Je n'étais parti que deux heures et pourtant j'avais hâte de retrouver leurs couleurs, leurs voix et leurs odeurs.

Une joie bien bête, simple, débile même, m'a rempli la poitrine… ma vue s'est brouillée et des larmes de crocodile ont jailli de mes yeux.

Finalement, dans ma tête à moi, le bonheur c'est l'hiver de mes dix ans, un matin sous la neige. C'est d'avoir le visage en feu et le cul gelé en rentrant à la maison, de retrouver mon frère qui boudait parce que j'étais sorti sans lui, et de me faire disputer par mes parents parce que j'étais parti « comme un voleur » sans leur dire où j'allais.

Et mille et une autres choses.

JEAN-MARC MATHIS, *Cinq, Six Bonheurs*,
© Éd. Thierry Magnier, 2004.

Je lis à haute voix

- Lis avec enthousiasme le passage qui décrit l'excursion de Benoit dans la neige (lignes 17 à 29).

Échangeons autour du texte

- Préfères-tu parler de tes propres expériences ou inventer des histoires ?

J'ajoute une phrase à l'histoire

- Rédige le sujet de la rédaction de Benoit.

Lire des textes pour raconter des petits bonheurs

• Que t'évoquent ces photos ?

Récit complet

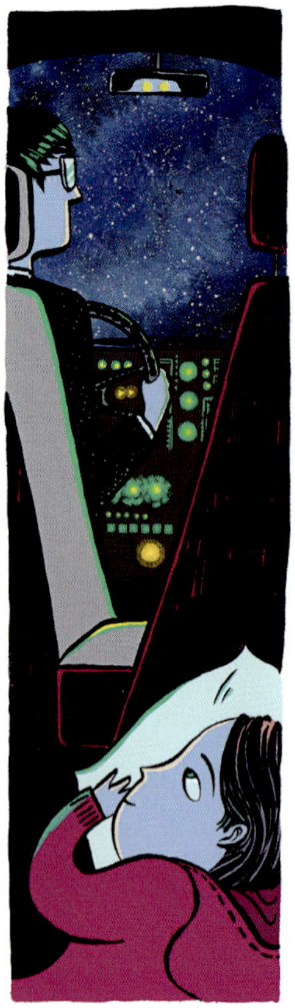

C'est bien l'autoroute la nuit

On sait qu'on finira par s'endormir, mais on se dit qu'on ne va pas dormir du tout. La voiture est étrange, un peu comme une petite maison où on se sent très protégé, un peu comme une cabine de pilotage aussi, avec toutes ces lumières qui brillent dans le noir. Il y a du vert surtout, phosphorescent, en rond sur les cadrans du tableau de bord, et des petites étoiles orange à l'endroit du lave-glace, de l'allume-cigare…

Personne ne parle, et on peut s'inventer des histoires dans le bruit rassurant du moteur. On est tous embarqués dans un voyage très calme et lent, peut-être dans l'espace. Le temps s'efface, et la route n'existe pas vraiment, jusqu'au moment où surgit le panneau bleu « Cafétéria 2 kilomètres ».

Cafétéria : c'est cette grande tache de lumière dans les phares qui s'élargit peu à peu à l'horizon, comme une ville tranquille posée sur la nuit.

On s'arrête à la station-service. On a le droit d'aller se dégourdir les jambes dans un grand magasin tout en long. La nuit, il n'y a personne, et sous les rampes de néon on prend son temps pour regarder les tourniquets pleins de cassettes, les boites de Coca et de soda rouge vif, vert électrique, et les voitures miniatures qu'on n'achète pas, mais qui semblent un peu magiques parce qu'elles sont très chères.

Je comprends

1 Quel pronom le narrateur utilise-t-il pour s'exprimer ?

2 À ton avis, quel âge a-t-il ?

3 Quels sont les deux lieux qu'il décrit ?

4 Pourquoi aime-t-il l'autoroute la nuit ?

5 Relève des mots ou des expressions qui indiquent que le narrateur est heureux.

6 Y a-t-il des phrases ou des expressions qui indiquent des sensations désagréables ? Lesquelles ?

7 À quoi est comparée la voiture ?

8 Que signifie « le silence immobile qui vous réveillera » ?

9 Par quels mots peux-tu remplacer l'expression « De l'autre côté de la nuit » ?

10 Quelles expressions peut-on lire sur les distributeurs ? Pourquoi l'auteur dit-il que ce sont des « expressions étranges » ?

On a de la monnaie dans ses poches, et on déchiffre des expressions étranges sur les distributeurs : « expresso », « supplément sucre », « café long ». Aux toilettes, il y a un souffleur pour se sécher les mains. Si personne ne vous regarde, on peut aussi passer sa tête dessous, et on se sent tout tiède et tout léger.

Tout est très amusant, mais en quelques minutes il semble qu'on s'ennuie déjà dans ce décor plutôt blanc, plutôt froid. Pourquoi ? Déjà on a envie de revenir se blottir au creux de la voiture, et de ne plus bouger jusqu'au bout du voyage.

On rouvre les portières, et l'on retrouve avec plaisir tout un désordre vivant et chaud d'oreiller froissé, de gâteau émietté. Le bateau roulant abandonne sans regret le parking presque désert, et regagne le ciel immense. Il n'y a pas de ville à traverser, pas de carrefour, pas d'obstacle. Il n'y a plus rien à faire qu'à se laisser couler doucement, ouvrir les yeux tant que l'on peut, et puis s'abandonner très fort en redoutant d'avance le silence immobile qui vous réveillera là-bas, très loin, de l'autre côté de la nuit.

PHILIPPE DELERM, *C'est bien*, © Éd. Milan Jeunesse.

Je lis à haute voix

- Choisis, dans le texte, le passage qui décrit le moment heureux que tu préfères.
- Lis-le de manière à faire comprendre ce que l'auteur ressent (confort, rêverie, émerveillement, amusement…).

Échangeons autour du texte

- Aimes-tu toi aussi voyager de nuit en voiture ? Explique pourquoi.

J'ajoute une phrase à l'histoire

- Continue ce début de phrase : Pour moi, une voiture, c'est comme…

Bien comprendre les comparaisons

Je réfléchis

- **Lis ces phrases. À quoi sont comparés l'habillement de Benoit, la voiture ?**
  – Je me suis habillé comme un Esquimau.
  – La voiture est comme une petite maison.
  – La voiture est semblable à une cabine de pilotage.
  – Le bateau roulant abandonne sans regret le parking.
- **Les comparaisons sont-elles toutes introduites par un mot ? Relève ces mots. En connais-tu d'autres ?**

Je retiens

Une comparaison sert à montrer une ressemblance entre deux éléments.

- Pour bien **comprendre une comparaison**, je dois identifier les deux éléments que l'auteur a voulu rapprocher.
  La comparaison est introduite par un mot : *comme, pareil à, semblable à, tel…*
- Une comparaison sans mot pour l'introduire est une **métaphore.**
  Son rire est une pluie fraiche.

Je m'entraine

1 ●○○ **Recopie ces phrases en les classant en deux colonnes : les comparaisons / les métaphores.**

a. Le canal glisse sous terre comme un caramel au fond d'une poche.
b. Elle secoue sa tignasse d'ébène.
c. La nuit traine comme un grand chat noir.
d. La route déploie son long ruban.

2 ●●○ **Parmi ces phrases, lesquelles correspondent aux métaphores trouvées dans l'*exercice 1* ?**

a. Elle secoue ses cheveux noirs.
b. Elle secoue ses tresses rousses.
c. La route comporte de nombreux virages.
d. La route s'étend devant nous.

3 ●●● **Certaines métaphores sont devenues des expressions du langage courant. Trouve leur signification en t'aidant d'un dictionnaire.**

a. **un violon d'Ingres :** un passetemps • un violoncelle • du papier
b. **un talon d'Achille :** l'entame d'un jambon • un point faible • une chaussure
c. **tomber des nues :** pleuvoir • se déshabiller • être étonné(e)

4 ●●● **Complète ces phrases à l'aide des expressions en gras de l'*exercice 3*.**

a. Quand il a découvert la vérité, il est … .
b. Collectionner les voitures miniatures, c'est son … .
c. Max est bon au tennis, mais le revers est son … .
d. Ma sœur aime lire des mangas ; c'est son … .

Méli Mélo

Des comparaisons ont été mélangées. Récris-les avec le nom de l'animal qui convient.

fort comme une pie — muet comme un agneau — nu comme un bœuf
têtu comme un pinson — bavard comme un paon — fier comme un singe
malin comme une mule — gai comme une carpe — doux comme un ver

Faire le point

Des textes pour raconter des petits bonheurs

Je réfléchis

- **Relis les textes : *Un moment de bonheur* (pages 12-13) et *C'est bien l'autoroute la nuit* (pages 14-15).**
  - Que racontent ces deux textes ?
  - Qui est le narrateur de chaque texte ?
  - Quels pronoms personnels les narrateurs utilisent-ils ?
  - Que ressentent-ils ?

Je retiens

- Ces textes racontent des **moments heureux de la vie de tous les jours.**
- Le narrateur décrit précisément ce qu'il **ressent.**
- Le narrateur utilise le pronom personnel ***je*** pour décrire une expérience personnelle ; il peut utiliser le pronom personnel ***on*** pour décrire une expérience partagée par beaucoup d'autres personnes.

Je m'entraine

1 ●○○ Lis le texte, puis réponds aux questions.

On s'achète une barbe à papa, et on a vite les doigts tout collants, et des petits filaments au coin de la bouche. La barbe à papa, c'est comme la fête : de loin, c'est fabuleux, et au bout d'un moment on en a assez. Et puis c'est triste de voir son argent filer si vite – on a juste gagné un porte-clés raquette de ping-pong au tir aux fléchettes.

PHILIPPE DELERM, *C'est bien*,

a. **Que ressent le narrateur quand il mange une barbe à papa ? À quoi la compare-t-il ?**

b. **Et toi, ressens-tu la même chose ? Écris une phrase pour expliquer.**

2 ●●○ Transforme le texte ci-dessus en remplaçant on par je. Quelle version préfères-tu : celle avec on ou celle avec je ? Pourquoi ?

D'autres récits...

●○○ Stéphane Daniel, Ronan Badel, ***Le Petit Livre des 100 premières fois***, Éd. Sarbacane.

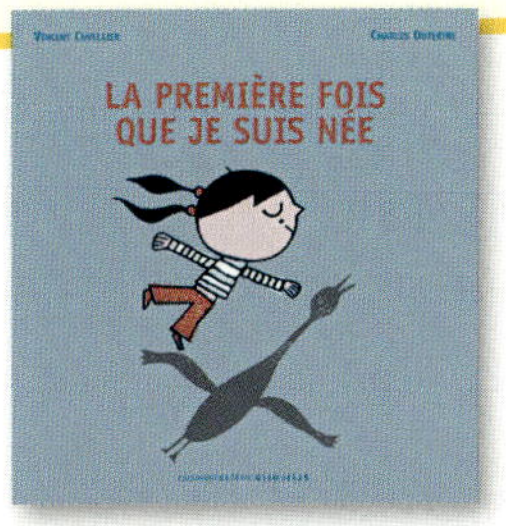

●●○ Vincent Cuvellier, ***La première fois que je suis née***, Éd. Gallimard Jeunesse.

●●● Philippe Delerm, ***C'est toujours bien***, Éd. Milan Jeunesse.

1 Enrichir son vocabulaire

Des mots pour décrire des sensations

Je réfléchis

1 Dans cet extrait, observe comment l'auteur décrit ses sensations. À quel sens chaque mot en gras renvoie-t-il : le toucher, le gout, l'odorat, la vue ou l'ouïe ?

C'est très **bon**, un canard*. Pourtant, on n'aime pas du tout le gout du café – c'est tellement **amer** et noir. Mais les adultes aiment bien ce qui est amer, ce qui est bizarre. Les huitres, par exemple, ces espèces de bestioles **molles** et **gluantes** trempant dans leur eau **salée**, dans leur coquille **coupante**. Ou bien les champignons, tout **mous**, tout **verdâtres** : presque des pourritures. Pourquoi aime-t-on ce genre de choses, en grandissant ?

Philippe Delerm, *C'est toujours bien,*
© Éd. Milan Jeunesse.

* un canard : un morceau de sucre trempé dans le café.

- **Parmi ces mots en gras, quels sont ceux que l'on pourrait associer aux plaisirs ? aux déplaisirs ?**

2 Quelles sont les sensations évoquées dans ces phrases : visuelle, auditive, gustative, tactile ou olfactive ?

a. D'habitude, on trouve que le café est un peu amer et que la vanille est un peu fade.
b. La couleur de la pistache est très douce, un vert pâle reposant.
c. On enfonce ses mains dans les billes, et toutes ces petites boules dures sont très lisses.
d. On entend d'abord la mèche pétiller puis le pétard détoner.
e. Quand on rentre chez quelqu'un qui a mangé des clémentines, on le sent tout de suite.

3 Ces actions te procureraient-elles une sensation agréable ou désagréable ? Explique pourquoi.

a. Gouter un plat épicé.
b. Toucher la peau d'une pêche.
c. Manger un plat sucré.
d. Sentir un fromage fort.
e. Nager dans l'eau chaude.
f. Sentir l'herbe qui vient d'être coupée.
g. Nager dans l'eau froide.
h. Regarder des couleurs très vives.
i. Écouter de la musique à plein volume.
j. Plonger les mains dans un bol de farine.

4 Pour chacun des cinq sens, cite des plaisirs et des déplaisirs, un souvenir agréable et un souvenir désagréable. Tu peux t'aider des illustrations.

vue (sensation visuelle)

- admirer • contempler • scruter • entrevoir • distinguer • dévorer des yeux
- beau • magnifique • splendide • admirable • laid
- un éblouissement • une splendeur • un coup d'œil

odorat (sensation olfactive)

- flairer • humer • respirer • renifler • parfumer • empester • empuantir
- suave • délicat • envahissant • entêtant • nauséabond
- un parfum • un arôme • un relent

toucher (sensation tactile)

- caresser • palper • effleurer • tâter
- lisse • rugueux • doux • moelleux • gluant • visqueux • piquant • coupant • tiède • brulant
- une caresse • un frôlement

ouïe (sensation auditive)

- entendre • écouter • percevoir • charmer • déchirer les tympans
- strident • mélodieux • pur • harmonieux
- une mélodie • une berceuse • un brouhaha

gout (sensation gustative)

- savourer • déguster • se délecter • siroter
- fade • relevé • épicé • salé • sucré • amer • acide
- une dégustation • un régal • un délice • un dégout • un écœurement

Je m'entraine

5 Dans quelles listes ci-dessus rangerais-tu ces mots ?

gouter • examiner • une senteur • dévisager • pétrir • sentir • cajoler • câliner • frôler • mélodieux • embaumer • un vacarme • lumineux • un gémissement

6 Complète ce texte avec des mots des listes ci-dessus.

Quand on joue les yeux bandés, on … attentivement les bruits et on … tout ce qui nous entoure. Parfois, un … indique la présence d'une personne.

7 Remplace les verbes sentir, regarder ou entendre par un synonyme plus précis.

a. Le renard a **senti** la trace d'une souris.
b. Au musée, les visiteurs **regardent** longuement les tableaux.
c. On pouvait **entendre** au loin le brame du cerf.
d. Léa **mange** une glace, les yeux brillants de plaisir.
e. Les doigts de Papi **touchent** les joues du bébé pour le faire sourire.

8 Associe ce qui peut aller ensemble.

a. envoutant • b. visqueux • c. suave • d. rance • e. poisseux

1. du beurre oublié dans le frigo
2. le parfum des roses
3. le corps des poissons

9 Remplace les mots en gras par des mots des listes ci-dessus.

Lentement, on avançait sur la plage en **regardant** le sable mouillé. Quand on **voyait** de petites bulles, on les recouvrait de sel. Les coquillages sortaient alors du sable. On voulait les **manger** le soir. Mais on les oubliait toujours dans le sac de plage et, quelques jours plus tard, une odeur **désagréable** vous alertait. Le sac **sentait mauvais** même après plusieurs lavages.

Écrire des textes pour raconter des petits bonheurs

Pour écrire un texte sur un petit bonheur, je dois :

1. penser à une **situation agréable** que j'ai vécue et m'en souvenir avec précision ;
2. communiquer mes **sensations** au lecteur en donnant des détails précis, en particulier grâce aux adjectifs et en utilisant des **comparaisons** ou des **métaphores** ;
3. écrire en employant le pronom personnel ***je*** si je décris ce que je ressens personnellement ou le pronom personnel ***on*** si je crois que la sensation est la même pour tout le monde.

1 Je complète des phrases

Complète ces phrases pour décrire ce que tu as ressenti.

a. La première fois que je suis entré(e) à l'école primaire, … .

b. La première fois que j'ai bu une boisson gazeuse, … .

c. La première fois que j'ai entendu la mer, … .

d. La première fois que je suis monté(e) sur un manège, … .

Je vérifie

- Pour chaque phrase, j'ai utilisé des **mots qui décrivent des sensations**.

2 J'écris des listes de petits bonheurs

■ **Fais une liste de petits bonheurs que tu pourrais associer aux verbes suivants.**

regarder • gouter • entendre • toucher • sentir

Exemple : regarder la neige tomber, bien au chaud et à l'abri derrière sa fenêtre…

- **Utilise bien un verbe à l'infinitif comme premier mot de chaque élément.**
- **Pense à enrichir la liste avec des mots des listes de vocabulaire, en haut de la page 19.**

Je vérifie

- Pour chaque verbe, j'ai trouvé plusieurs **moments** qui me sont **agréables** ou plusieurs **objets** que **j'aime bien**.

3 J'écris un texte sur un petit bonheur

Situation 1 Je décris un objet que j'aime.

■ **Choisis un objet auquel tu tiens.**

Exemple : un jouet que tu as depuis que tu es petit(e).

- **Comment est-il ? Que ressens-tu quand tu le regardes ? Que ressens-tu quand tu le touches ?**
- **Utilise des adjectifs pour préciser son aspect visuel, tactile, et même sonore ou olfactif.**
- **Pense à utiliser des comparaisons ou des métaphores en t'aidant du « Je retiens » page 16.**

Je vérifie

- Pour les situations 1 à 4, j'ai utilisé des **mots précis** pour décrire mes sensations. J'ai utilisé des **comparaisons** ou des **métaphores** pour les préciser.

a

b

c

d

e

f

g

Situation 2 Je parle de ma collection.

Que collectionnes-tu ?
Décris les éléments de ta collection en faisant apparaitre les particularités de chaque objet.
Lequel préfères-tu ? Pourquoi ?

Situation 3 Je décris un aliment que j'aime.

Voici des photos d'aliments. Lesquels préfères-tu ?
Aide-toi des indications ci-dessous pour expliquer ce que tu ressens quand tu les vois, quand tu les manges, quand tu les touches ou quand tu les sens.

a. **Des bonbons** : un mélange de couleurs • certains mous • d'autres durs au début, puis fondants ou un peu collants • très sucrés, acides…

b. **Des fruits** : différentes formes ou couleurs • acidité de l'orange ou de la pomme • mollesse ou dureté du fruit plus ou moins mûr…

c. **Des légumes** : formes allongées ou rondes et couleurs vives • craquement sous la dent et bruit agréable • douceur ou amertume…

d. **Le pain** : nuances de couleur selon la cuisson • bruit quand on le coupe • différence de texture entre la croute et la mie • odeur du pain frais…

e. **Des pâtes** : en forme de papillons, longues et fines ou plates • plus ou moins molles selon la cuisson…

f. **Des fromages** : les formes rondes ou carrées • les teintes • l'odeur • à pâte molle ou dure • le gout plus ou moins fort • la croute…

g. **Un poulet rôti** : les différentes parties (les ailes, les cuisses) • la couleur • l'odeur • le plaisir de rogner autour des os…

Situation 4 Je raconte un moment agréable.

- **Pense au moment de la journée ou de la semaine que tu préfères.** Raconte ce moment : que ressens-tu ?
- **Écris ton texte en utilisant le pronom personnel *on* comme dans le texte de Philippe Delerm.**

J'améliore mon texte

Grammaire pages 152-155 J'ai utilisé le présent de l'indicatif.
Orthographe pages 182-183 J'ai vérifié l'accord sujet/verbe.
Vocabulaire pages 206-207 J'ai employé des termes génériques et des mots particuliers.

Raconter des petits bonheurs

Situation 1

Raconte à tes camarades un épisode heureux arrivé pendant les vacances.

Pour te préparer

- Situe d'abord le moment. Puis précise les actions ou ce qui s'est passé.
- Rappelle-toi les sensations et les sentiments qui se rattachent à ce moment.

Pour bien raconter

- Tu dois décrire ce que tu as ressenti avec des mots précis.

Situation 2

Choisis une ou un enfant parmi ceux représentés.
En te mettant à sa place, décris ce qu'elle ou il ressent.
Explique pourquoi elle ou il peut éprouver ce(s) sentiment(s).

Pour te préparer

- Invente une petite histoire qui explique la situation.
- Emploie le pronom personnel « je ».

Pour écouter une ou un camarade

- Laisse ta ou ton camarade exposer son travail jusqu'au bout.
- Note les questions que tu voudrais lui poser.

À vive voix

Dis à voix haute et le plus vite possible le plus grand nombre d'adverbes d'une de ces listes.

- tendrement • gentiment • affectueusement • agréablement • plaisamment • amoureusement • joyeusement
- lentement • attentivement • méticuleusement • soigneusement • précisément • consciencieusement • scrupuleusement

As-tu repéré des mots mal prononcés par un camarade ?

Unité 2

Des récits d'aventures

1 Quels documents sont reproduits ici ?

2 Connais-tu les histoires annoncées ? Peux-tu les résumer ?

3 En quoi s'agit-il d'histoires d'aventures ?

Dans cette unité, tu vas :

- lire des récits d'aventures ;
- écrire un épisode d'un récit d'aventures ;
- parler d'une aventure.

• Quelle photo correspond à la jungle ? Justifie ta réponse.

Vivre dans la jungle

Will, un jeune Anglais, passe des vacances en Indonésie avec sa mère. Alors qu'il se promène sur le dos d'une éléphante nommée Oona non loin de la mer, un tsunami détruit la côte. Pour y échapper, Will et Oona se réfugient dans la jungle.

J'apprenais d'Oona que dans la jungle toute chose, tout le monde a sa place, et que, pour survivre, il faut trouver les façons de coexister… J'avais vraiment le meilleur des professeurs.

Pourtant, ce n'est pas elle qui m'apprit à pêcher. C'est à mon père que je le dois. Ce fut en voyant un sac plastique resté accroché à une branche et se balançant dans la rivière que je me rappelai ce qu'il m'avait montré un jour. Il ne me racontait jamais beaucoup ce qu'il faisait à l'armée – il ne semblait pas avoir envie d'en parler. Mais il m'avait appris à attraper des poissons lorsqu'il fallait vivre des ressources naturelles, sans canne à pêche et sans ligne. Il utilisait un pantalon. Il m'avait montré comment faire.

Je comprends

1 Qu'est-ce qu'Oona apprend à Will ?

2 Quelles difficultés rencontre Will alors qu'il est dans la jungle ?

3 De quoi se nourrit-il ?

4 Quel est selon lui l'aliment le plus important ?

5 Pourquoi pense-t-il cela de cet aliment ?

6 Quel était le métier du père de Will ?

7 Quelle est la technique de pêche de Will ?

8 Relève les passages qui montrent que Will réussit à s'adapter à sa situation.

9 Où se trouve l'Indonésie ?

Il attachait les deux jambes d'un vieux jean avec une robuste plante grimpante prise sur un arbre, puis il glissait un autre bout de cette sorte de liane dans les passants de la ceinture. Enfin, il accrochait le tout à une branche au-dessus de la rivière, de telle sorte que le jean soit complètement plongé dans l'eau. Gonflé par le courant, le jean faisait office de filet, et les poissons qui passaient par là se laissaient prendre au piège. Je me rappelle avoir pensé que c'était une brillante idée – bien que papa n'ait jamais vraiment attrapé de poisson, mais tout un tas d'horribles bestioles rampantes.

J'essayai à plusieurs reprises en utilisant mon short. La première fois, ça ne marcha pas, ni la deuxième. Mais la troisième fois, je pris un poisson. Il avait beau être minuscule, c'était quand même un poisson.

Je le tuai, l'écaillai avec mes dents, et le mangeai cru. Rien ne m'avait jamais paru aussi délicieux ! À partir de ce jour, j'attrapai des poissons partout où je pouvais. Ça me changeait des fruits.

Les fruits m'avaient permis de survivre. Je pouvais monter à un arbre pour y cueillir des bananes, mais ce sont les noix de coco orange qui m'ont véritablement sauvé la vie.

Parfois, Oona les faisait tomber en secouant l'arbre, parfois je grimpais au tronc – je devenais bon à cet exercice. Je n'avais besoin de rien d'autre que d'un bout de bois pointu pour faire un trou dans la coque. Même si ça me prenait un certain temps, le lait à l'intérieur était toujours délicieux et sucré. Ce lait et la chair de la noix de coco me permirent de rester en vie plus que n'importe quelle autre nourriture.

M. Morpurgo, *Enfant de la jungle*, trad. D. Ménard,

Je lis à haute voix

- Lis le passage des lignes 29 à 36 en montrant comment Will passe du découragement à la joie de réussir.

Échangeons autour du texte

- Connais-tu une autre histoire dans laquelle un enfant vit seul dans la jungle ? Laquelle ?
- Quelles ressemblances a-t-elle avec ce texte ?

J'ajoute une phrase à l'histoire

- Écris une phrase sur les sentiments que Will éprouve pour Oona.

2 Lire des récits d'aventures

- Quelles difficultés rencontrerais-tu si tu te retrouvais seul(e) dans cet endroit ?

Construire un feu

Au début du XXe siècle, dans le Grand Nord canadien, un homme accompagné de son chien part rejoindre le camp de ses compagnons par une température de moins cinquante degrés. Il se mouille les pieds accidentellement et doit se sécher d'urgence. Il entreprend de faire un feu.

Il redescendit sur la berge du fleuve afin d'y recueillir herbe sèche et brindilles. Ses doigts étaient devenus si gourds[1] qu'il ne pouvait pas s'en servir pour trier sa récolte et qu'il dut prendre pêle-mêle, à grosses poignées, tout ce qui lui tomba sous la main. Il recueillit de la sorte beaucoup de brindilles pourries ainsi que des touffes de mousse verte, qui s'y entremêlaient, et qu'il eût fallu enlever. Mais il ne pouvait faire davantage.

Il procédait méthodiquement, mettant de côté les plus gros morceaux de bois afin de les employer seulement quand le feu aurait pris. Le chien, pendant ce temps, assis sur son derrière, ne le quittait pas du regard, une ardente convoitise brillant dans ses prunelles. Car l'homme était pour lui le pourvoyeur du feu, du feu qui recommencerait bientôt à flamber. Ces préparatifs une fois terminés, l'homme chercha dans sa poche une autre lamelle d'écorce de bouleau. Il savait que cette lamelle s'y trouvait. Et, en effet, tandis qu'il

1. **gourds** : engourdis.

Je comprends

1 Pourquoi est-il urgent que l'homme allume un feu ?

2 Pourquoi éprouve-t-il des difficultés à le faire ?

3 Quels éléments rassemble-t-il pour son feu ?

4 Pour quelle raison le chien ne le quitte-t-il pas du regard ?

5 Que ressent l'homme quand ses doigts dégèlent ?

6 Relève les mots ou les expressions qui indiquent que l'homme souffre beaucoup du froid.

7 Comment fait-il pour lutter contre l'engourdissement de ses membres ?

8 Le chien souffre-t-il du froid comme son maitre ? Justifie ta réponse.

9 Qu'est-ce que les « petits bouts de bois soufrés » ?

10 Quelles races de chiens sont adaptées aux grands froids ?

farfouillait dans l'étoffe, il entendait le froissement de l'écorce. Mais ses doigts ne sentaient rien et, en dépit de ses efforts, ne parvenaient pas à la saisir.

À l'aide de ses dents, il renfila ses moufles, battit des mains contre ses côtes, fit aller ses bras en avant et en arrière. Puis il s'asseyait et se relevait. Le chien le regardait faire, toujours assis dans la neige, le panache de sa queue touffue enroulé sur ses pattes de devant, comme un manchon, les oreilles pointées en avant, intéressé et curieux. L'homme, de son côté, tout en continuant à se battre les flancs et à taper ses mains, regardait le chien et il enviait la chaude couverture de poils que la nature avait donnée à la bête.

À force de se démener, l'homme perçut à la fin que ses doigts redevenaient sensibles. C'était comme un picotement bienfaisant, qui ne tarda pas à se muer en une cuisson atrocement douloureuse, mais qu'il accueillit avec joie. Il arracha la moufle de sa main droite et se remit à fouiller dans sa poche, pour y prendre l'écorce de bouleau.

Il y réussit, non sans peine, et se saisit également de son paquet d'allumettes. Mais le formidable froid avait déjà chassé la vie de ses doigts.

Cependant qu'il s'efforçait de séparer des autres une allumette, tout le paquet tomba dans la neige. Il tenta de ramasser les petits bouts de bois soufrés. En vain. Ses doigts inertes ne réussissaient pas à les saisir…

Il remit sa moufle. Puis, de ses deux mains ainsi protégées, il ramena les uns sur les autres les petits bouts de bois et, par un travail infini, les enleva dans ses deux paumes, comme on fait d'une eau que l'on veut boire.

Il eut une excellente idée. Se courbant sur l'allumette, il la prit dans ses dents, puis la frotta le long de sa cuisse. Après vingt essais infructueux, le soufre se décida à s'allumer.

D'après JACK LONDON, *Construire un feu*, trad. Paul Gruyer.

Je lis à haute voix

- Lis le passage des lignes 17 à 24.
Fais sentir le contraste entre l'agitation de l'homme et le calme du chien.

Échangeons autour du texte

- Quelle peut être la suite de ce passage ?

J'ajoute une phrase à l'histoire

- Relis les lignes 8 à 11 (de « Le chien» à « flamber », puis écris ce que le chien pourrait dire à son maitre s'il pouvait lui parler.

2 Pour mieux lire

Savoir répondre à des questions sur un texte

Je réfléchis

- **Reporte-toi aux questions 1, 3 et 5 posées sur le texte *Vivre dans la jungle*, page 24.**
  – Comment as-tu fait pour répondre à chacune de ces questions ?

Je retiens

Pour répondre à une question sur un texte, je peux :
– citer un mot ou un passage du texte ;
– utiliser plusieurs informations qui se complètent ;
– interpréter une information pour comprendre ce qui n'est pas clairement dit.

Je m'entraine

1 Lis cet extrait.
Puis réponds à la question. Comment fais-tu pour répondre ?

Le feu commençait à flamber superbement. L'homme se mit en position de délacer ses mocassins. Ils étaient recouverts d'une croute de glace. Mais avant qu'il pût couper les lacets, l'évènement survint. Ce fut la faute de l'homme. Il avait commis une grave erreur en établissant son feu sous un sapin.

D'après J. London, *Construire un feu.*

- **À ton avis, pourquoi est-ce une erreur de faire un feu sous un sapin ?**

2 Lis cette suite du texte.
Trouves-tu des confirmations aux réponses que tu as données à l'*exercice 1* ?

Un feu doit être construit à découvert. Mais la place lui avait paru plus confortable. Or le sapin était chargé, jusqu'à son faite, d'une épaisse carapace de neige… Ce fut d'abord une branche au faite de l'arbre qui renversa sa charge de neige… La chute continua, silencieuse et rapide, d'échelon en échelon. Puis, comme un bloc, la blanche avalanche s'abattit sur l'homme et sur son feu.

3 Lis ce texte.
Puis réponds aux questions. Comment fais-tu pour répondre ?

À la suite d'un tsunami, le narrateur se retrouve perdu dans la jungle indonésienne.

Au moment même où je ruminais ces pensées, au moment même où je regardais Oona agiter sa trompe vers moi là-bas dans le fleuve, je compris que je n'avais rien fait de mal, que papa et maman ne m'en voudraient pas.
Il y avait un oiseau-mouche qui voletait au-dessus d'une fleur. Il était minuscule, si minuscule que c'en était presque un miracle, et si beau !... Je sentis alors ma tristesse et ma culpabilité s'envoler. Je ne pensai plus au passé, à mes parents. Je pensai que la seule famille que j'avais aujourd'hui, c'était Oona. L'idée était étrange, je le savais. Mais plus j'y réfléchissais, plus je m'apercevais que c'était vrai.

M. Morpurgo, *Enfant de la jungle*,

a. **Quel est le nom de l'oiseau décrit ?**
b. **Pourquoi le narrateur sent-il sa tristesse s'envoler ?**
c. **Où se passe cette histoire ?**

Méli-mélo

Trouve un mot synonyme de tsunami.
Aide-toi de ce rébus.

Faire le point

Des récits d'aventures

Je réfléchis

- **Dans les textes *Vivre dans la jungle* (pages 24 -25) et *Construire un feu* (pages 26-27) :**
  - quel est le personnage principal ?
  - pourquoi se retrouve-t-il dans un endroit inconnu ?
  - un même problème se pose à Will et à l'homme : lequel ?
  - quelles réponses trouvent-ils à ce problème ?

Je retiens

Dans un récit d'aventures :
- le personnage principal est souvent seul ;
- à la suite d'un évènement imprévu, le personnage principal se retrouve dans un endroit inconnu ;
- il doit apprendre à survivre et à s'adapter à son nouvel environnement.

Je m'entraine

1 ●○○ Lis ce résumé d'un récit d'aventures. Identifie le personnage principal, l'évènement imprévu, l'endroit où il se retrouve et ce qu'il doit faire.

Paola va passer ses vacances avec son père, en mission au Kenya, dans un parc national. Mais, pendant le voyage, l'avion atterrit en catastrophe. Elle se retrouve seule, perdue dans la savane, et doit rejoindre son père par ses propres moyens.

2 ●●○ Voici des résumés de livres. Lequel présente les caractéristiques d'un récit d'aventures ? Justifie ta réponse.

a. Safiatou arrive un beau matin de printemps à l'aéroport de Roissy où sa tante l'attend. Elle doit passer quelques jours à Paris avant de retrouver ses grands-parents qui vivent dans le sud de la France. Sa tante lui fait visiter les grands monuments de la capitale et le château de Versailles.

b. En 1580, Peter, un jeune Anglais, décide de fuir sa famille adoptive pour embarquer sur le bateau du célèbre navigateur John Davis.
Il part ainsi à la recherche d'un nouveau passage pour se rendre aux Indes orientales. Ce voyage lui fera découvrir des terres inconnues.

c. En vacances chez son ami Martin dans les Alpes, Charles se lie d'amitié avec un vieux berger.
Il l'accompagne quand celui-ci part faire paitre son troupeau dans l'alpage. Le vieil homme lui apprend les secrets de la montagne.

D'autres récits…

●●○ Federica de Cesco, ***Khan, cheval des steppes***, © Éd. Flammarion, Castor Poche.

●●● François Place, ***Les Derniers Géants***, © Éd. Casterman.

●●● Rudyard Kipling, ***Le Livre de la Jungle***, © Éditions Gallimard.

2 Enrichir son vocabulaire

Des verbes pour exprimer les actions des personnages

Je réfléchis

1 **Relève les verbes qui indiquent ce que fait l'homme.**

Affamé, l'homme scrutait le sol pour ramasser les baies pâles qu'il avait appris à reconnaitre dans les livres, les mettait dans sa bouche, les mâchait et les avalait. Tout en marchant, il prenait soin de récupérer des brindilles bien sèches et des écorces de bouleau qu'il rangeait soigneusement dans sa besace pour le feu du soir. Il guettait le moindre bruissement d'animaux qu'il aurait pu piéger comme il savait le faire maintenant.

2 **Relève les verbes qui indiquent ce que fait Will.**

Se souvenant de sa partie de pêche avec son père, Will utilisa son short pour remplacer le matériel qui lui manquait. Il attacha les deux extrémités de celui-ci avec une robuste plante grimpante prise sur un arbre, puis il glissa un autre bout de cette sorte de liane dans les passants de la ceinture. Enfin, il accrocha le tout à une branche au-dessus de la rivière, de telle sorte que le short soit complètement plongé dans l'eau.
Gonflé par le courant, il fit office de filet, et les poissons qui passaient par là se laissèrent prendre au piège. Ainsi Will attrapa un poisson, le tua, l'écailla avec ses dents, et le mangea cru.

D'après M. Morpurgo, *Enfant de la jungle*, trad. D. Ménard, © Éd. Gallimard Jeunesse.

3 **Classe en trois colonnes les verbes relevés dans les *exercices 1 et 2* qui indiquent :**
que le personnage apprend / qu'il s'organise / qu'il agit pour vivre.

apprendre	s'organiser / s'installer	vivre au quotidien
…	…	…

4 **Trouve, pour chaque vignette, le verbe qui indique ce que fait le personnage.**

5 **Si tu te retrouvais seul(e) sur une ile déserte, que ferais-tu pour survivre ? Écris la liste de tes actions.**

s'organiser / s'installer

transporter • récupérer • déterrer • ranger • construire • tailler • lier • attacher • couper • planter • accrocher • rapporter • charger • fabriquer • préparer • creuser • recouvrir • réparer

apprendre

explorer • observer • repérer • guetter • surveiller • épier • essayer • imaginer • se souvenir • percevoir • comparer

vivre au quotidien

manger • boire • dormir • pêcher • chasser • piéger • cueillir • se laver • se soigner • faire du feu • marcher • grimper • courir • escalader

Je m'entraine

6 ●●● Dans quelles listes de mots ci-dessus ajouterais-tu les verbes suivants ?

s'entrainer • se nourrir • créer • dessiner • se désaltérer • aménager • inventer • réaliser • capturer • chauffer • s'abriter

7 ●●● Complète ce texte avec des verbes des listes ci-dessus que tu conjugueras comme il convient.

L'homme ...1... les empreintes d'un lapin dans la neige. Il ...2... une branche à l'extrémité de laquelle il ...3... une corde avec un nœud coulant pour ...4... l'animal. Demain, il pourrait enfin ...5... à sa faim.

8 ●●● Fais la liste des actions nécessaires à la construction de cette cabane, du choix de son implantation jusqu'aux finitions.

9 ●●● Remplace les verbes en gras par un synonyme :

imaginer • explorer • observer • guetter • repérer • découvrir.

Kélia avance péniblement à cause de sa cheville qui lui fait mal. En **visitant** la plage, elle **trouve** enfin une petite grotte. Elle y pénètre prudemment et **regarde** le sol, c'est du sable fin. Ses yeux s'habituent à la pénombre, elle **voit** alors un amas contre la paroi : des feuilles et des branchages bien secs que le vent a dû pousser à l'intérieur de cet abri. Elle **écoute** le moindre bruit et **pense** à ce qu'elle va devoir faire en attendant le retour d'Étienne, parti chercher du secours.

10 ●●● Quels verbes des listes peux-tu utiliser pour décrire ce que l'homme doit faire ? Tu peux en proposer d'autres.

L'homme veut aménager un endroit près de son abri pour protéger sa nourriture des prédateurs.

11 ●●● Retrouve dans les listes ci-dessus les verbes qui correspondent aux définitions.

a. Visiter un lieu en l'observant avec soin.
b. Prendre ou chercher à prendre du poisson.
c. Monter en s'aidant des pieds et des mains.
d. Garder dans sa mémoire.
e. Enlever de terre.
f. Diviser avec un instrument tranchant.
g. Remettre en état de fonctionnement.

12 ●●● Choisis deux verbes dans les listes ci-dessus. Rédige une phrase avec chaque verbe.

2 Écrire des récits d'aventures

Pour écrire un épisode d'un récit d'aventures, je dois :

1. présenter le personnage principal (un homme ou une femme) ;
2. évoquer l'évènement qui change sa vie ;
3. décrire l'endroit où il (ou elle) se retrouve ;
4. expliquer comment il (ou elle) parvient à vivre dans son nouvel environnement.

1 Je complète des phrases

Complète chaque phrase en ajoutant un ou plusieurs verbe(s) d'action. Tu peux utiliser des verbes des listes page 31.

Attiré par un curieux bruit, Louis s'est éloigné du groupe de randonneurs dont il fait partie. Lorsqu'il retourne sur ses pas, il s'aperçoit qu'il a perdu la trace de ses camarades. Il erre seul pendant plusieurs jours avant de retrouver le camp de base.

A. La nuit va tomber, Louis aménage un endroit pour dormir.
Que va-t-il faire pour aménager cet endroit avant la nuit ?

B. Louis n'a rien à manger. Il observe les fruits d'un grand arbre dont des singes se régalent.
Comment va-t-il pouvoir se procurer quelques fruits ?

C. Louis a l'impression qu'il refait toujours le même chemin, comme s'il tournait en rond. Soudain, il a une idée :
Qu'imagine-t-il pour se repérer ?

Je vérifie

- Pour voir si j'ai bien répondu aux consignes, je souligne les **verbes d'action** que j'ai utilisés.

2 Je prolonge un épisode

Situation 1

Liz participe à une randonnée en montagne. Dans son sac à dos, elle emporte un gouter, une gourde remplie d'eau, un couteau, un peu de ficelle, une couverture de survie et une lampe de poche. En chemin, la jeune fille s'arrête pour observer un scarabée. Alors que Liz décide de rejoindre le groupe, elle se rend compte qu'elle ne sait plus où elle est. Un brouillard épais l'isole des autres randonneurs. Elle se retrouve seule, perdue au milieu de la montagne.

Écris la suite de l'histoire. Explique comment Liz s'organise en attendant que le brouillard se dissipe et qu'elle retrouve ses amis.

Je vérifie

- J'ai expliqué **comment** Liz utilise ce qu'elle a dans son sac à dos.

Je vérifie

- J'ai **précisé** ce que Lucas a emporté.
J'ai expliqué comment il utilise ce matériel.

Situation 2

Un jeune homme nommé Lucas a décidé de vivre seul pendant une année dans le Grand Nord. Il emporte le minimum pour vivre en ayant pour projet de s'organiser une fois arrivé. Il s'arrête, à la fin du printemps, dans un endroit propice. Il a tout l'été pour se préparer à passer l'hiver, qui sera rigoureux.

Écris la suite en racontant ce que Lucas doit faire en premier.

3 J'écris un épisode complet

1. **Choisis, dans chaque liste ci-dessous, un élément pour écrire le début d'un récit d'aventures.**
   - **Le personnage principal** : un enfant (un garçon ou une fille) • un adulte (un homme ou une femme) • un groupe d'amis…
   - **Le lieu inconnu** : une ile • une réserve naturelle • une immense forêt • un désert • une montagne…
   - **L'évènement pendant lequel le changement se produit** : une partie de pêche en bateau • un voyage en montgolfière • un voyage organisé • une expédition scientifique…
2. **Donne des précisions sur le personnage, sur l'évènement qui l'entraine dans une aventure et sur le lieu qu'il découvre.**
3. **Explique ensuite comment il (ou elle) s'organise pour vivre. Tu peux t'aider des verbes des listes page 31.**

Je vérifie

- Pour voir si je n'ai rien oublié, j'utilise trois couleurs pour souligner les phrases ou les groupes de mots :
  – qui présentent le personnage principal ;
  – qui concernent l'évènement ;
  – qui décrivent le lieu.
- J'ai raconté ce que le personnage fait pour vivre dans ce lieu inconnu.

J'améliore mon texte

Grammaire pages 144-145 • J'ai utilisé des verbes d'action précis et variés, souvent suivis d'un complément du verbe.

Orthographe pages 182-183 • J'ai fait les accords sujet/verbe.

2 Oral

Parler d'une aventure

Situation 1

Will a été retrouvé dans la jungle. Il revient chez lui et est interviewé par un journaliste. Joue cette situation avec un ou une camarade.

Pour te préparer

- Pense à trois ou quatre questions et aux réponses avec lesquelles Will racontera son aventure.
- Les questions peuvent commencer par : « Comment… ? », « Où… ? », « Quand… ? », « Qui… ? »

Pour bien parler

- Parle assez fort.
- Regarde ton interlocuteur.

Pour écouter une ou un camarade

- Le journaliste pose-t-il bien ses questions ?
- Les réponses de Will correspondent-elles aux questions ?

Situation 2

Tu as gagné une place dans une expédition au pôle Nord avec l'explorateur Mike Horn. Tu dois préparer ton sac à dos.
Pour cela, choisis un des objets proposés dans chaque case. Explique tes choix.

des timbres • de l'argent • des cartes géographiques	des bonbons • une boisson gazeuse • des fruits secs	une trousse de secours • une trousse de couture • une boite de feutres
du matériel de pêche • une scie • une pelle	un maillot de bain • une chapka • des chaussons	un appareil photo • un téléphone portable • un ordinateur
un miroir • un carnet avec un crayon • un paquet d'enveloppes	une lampe de poche • un sifflet • un jeu de cartes	des lunettes de soleil • des jumelles • des écouteurs

Pour te préparer

- Commence tes phrases par : « Je prends… », « Je choisis… », « Je préfère… »
- Justifie tes choix en utilisant : « parce que », « car », « puisque », « même si… »

Pour écouter une ou un camarade

- Note les choix de ta ou ton camarade et les raisons qu'elle ou il donne.
- Qu'en penses-tu ?

À vive voix

Dis le maximum de mots proposés dans la *situation 2* sans reprendre ta respiration.

Combien de mots ta ou ton camarade a-t-il prononcés sans respirer ?

Unité 3

Des récits qui font peur

Jardin de Bomarzo, Italie.

1 Que représente cette image ?

2 Aurais-tu envie de franchir la porte ?

3 Quels sentiments ressens-tu devant cette œuvre ?

Dans cette unité, tu vas :

- lire des histoires qui font peur ;
- écrire en utilisant des mots qui évoquent la peur ;
- parler de la peur.

- Que représente cette image ?
- Que peux écrire la dame sur la première page d'un livre ?

Que s'est-il passé ?

Des élèves de 6e rencontrent une auteure de romans qui font peur et lui demandent des autographes en lui tendant des livres.

Cet autographe est le couronnement de la rencontre, un trophée qu'ils ramèneront glorieusement chez eux, ce soir. La PREUVE qu'ils ont VU la grande Ernestine Griffu !

– Ne vous inquiétez pas, j'ai l'habitude, lance celle-ci à la documentaliste affolée. Elle a sorti un stylo – un curieux stylo plume orné d'une tête de mort – et paraphe[1] à tour de bras. Arrive le tour de Mickette. S'extirpant avec difficulté de l'amalgame de mains, de jambes et de corps entremêlés, elle tend du bout des doigts *N'ouvrez pas le cercueil du vampire !*

– Ton nom ? demande la romancière, sans même la regarder.

– Mickette, le féminin de Mickey.

Au son de sa voix, Ernestine Griffu sursaute et la fixe un instant de son inquiétant regard. Puis elle inscrit très vite : « *Pour Mickette, amicalem*… ».

Et c'est alors que ÇA se passe…

Mais au fait, QUE S'EST-IL PASSÉ ?

Noir. Il fait noir. Le noir total. Une obscurité d'aveugle. Qui donc a éteint la lumière ?

Ça, c'est la première question que se pose Mickette. Mais une autre la suit immédiatement : « Où suis-je ? » Pas à l'école en tout cas. Pas dans le CDI.

1. **parapher** : signer.

Je comprends

1. Que raconte le début du récit ?
2. Quels sont les personnages de l'histoire ?
3. Qu'est-ce qu'un CDI ?
4. Le narrateur est-il l'un des personnages de l'histoire ? Justifie ta réponse.
5. Que présente la fillette à la romancière ? Pourquoi ?
6. La romancière rencontre-t-elle souvent du succès quand elle signe des autographes ? Justifie ta réponse.
7. À quel moment précis la situation de Mickette change-t-elle complètement ? Que lui arrive-t-il ?
8. Relève les mots qui indiquent que Mickette a peur.
9. Pourquoi certains mots et certaines phrases sont-ils écrits en majuscules dans le texte ?

Pas au milieu de ses camarades. Non plutôt… plutôt coincée étroitement entre deux murs… Gagnée par la panique, la petite fille essaie de crier ; aucun son ne sort de sa bouche. Est-elle devenue muette ? Elle cherche à bouger, à se débattre, n'y parvient pas non plus : elle est également paralysée.

Jamais, de toute sa vie, elle n'a éprouvé une peur aussi affreuse. En elle, ça hurle, un vrai fracas de fin du monde ! Mais sa terreur ne trouble pas le silence. Un silence aussi écrasant que les deux murs qui la compriment.

Oh, comme ils la compriment, ces murs ! Comme ils la compriment ! Elle a presque l'impression de ne plus avoir aucun relief. D'être… aussi plate qu'une image. C'est impossible, voyons ! Quelle idée ridicule !

Si ridicule que ça, vraiment ? Son hurlement mental reprend de plus belle et l'assourdit de l'intérieur. À croire qu'une meute de loups s'est installée au fond de sa tête. Et ces cris qui n'existent pas, ces hurlements qui ne font aucun bruit, c'est particulièrement atroce…

Il faut que Mickette fasse quelque chose sinon, elle le sent bien, elle va devenir folle. Si au moins elle pouvait juste toucher ses membres ou son visage, afin de s'assurer qu'elle a encore forme humaine ! Elle déploie de nouveaux efforts pour tenter ne serait-ce qu'un minuscule mouvement. En vain…

Par contre, elle a beau ne plus rien voir, ne plus rien entendre, être incapable de parler ou de remuer, elle a malgré tout conservé un sens : l'odorat. Et ces deux murs… Elle respire avec concentration. Ces deux murs sentent le papier. Comme si… COMME SI ELLE ÉTAIT RETENUE PRISONNIÈRE ENTRE LES PAGES D'UN LIVRE !

Mais… mais… mais… ce genre de mésaventure n'arrive que dans les rêves, voyons ! « Bon, on se calme…, pense Mickette qui est d'une nature logique. Inutile de me mettre dans un état pareil, je suis en train de dormir, c'est tout. Dans quelques instants, je vais me réveiller et je rigolerai bien de ce cauchemar abracadabrant. »

Mais elle a beau se raisonner, ça ne la rassure pas pour autant. Parce que ce cauchemar abracadabrant… eh bien, plus le temps passe, et PLUS IL A L'AIR VRAI ! À bout de résistance, la fillette fond en larmes.

Je lis à haute voix

- Lis les lignes 6 à 20 (de « Arrive le tour… » à « murs… »).
- Auparavant, entraine-toi à lire les mots difficiles : s'extirpant, amalgame, entremêlés…
- Insiste bien sur les mots en majuscules (lignes 13-14).

Échangeons autour du texte

- Crois-tu vraiment ce qui est raconté ? Cela t'amène-t-il à aimer ou à ne pas aimer le texte ?

J'ajoute une phrase à l'histoire

- Écris ce que Mickette pourrait dire à la romancière en tendant le livre à parapher.

• Ces chats ressemblent-ils à des chats que tu connais ?

Une étrange rencontre

Sébasto est en vacances. Il se rend à vélo chez Da, son grand-père adoptif. La veille, il a remarqué un chat immobile telle une statue de pierre, inquiétant, avec des yeux d'argent.

La rosée brillait sur les chèvrefeuilles qui répandaient leur parfum rien que pour moi. Soudain, j'ai ralenti. Je venais d'apercevoir une masse grise, immobile au milieu de la route. En m'approchant, j'ai vu que c'était un gros pigeon. Un pigeon mort. Ses plumes étaient tachées de sang autour de sa gorge, sa tête à demi arrachée. Était-ce l'œuvre d'un renard ? Mais en ce cas, pourquoi n'avait-il pas emporté sa proie pour la dévorer ?

Mettant pied à terre, j'ai fixé le pigeon qui gisait sur le sol goudronné. Quelque chose me paraissait bizarre. Mais quoi ? Soudain, j'ai compris. Le pigeon avait été bel et bien égorgé. Mais à part quelques taches rouges sur les plumes de son cou, il n'avait pas saigné. Comme si… comme si son agresseur l'avait vidé de son sang.

Un frisson m'a couru entre les épaules. Puis je me suis ressaisi, j'ai envoyé d'un coup de pied le petit cadavre gris rouler dans l'herbe du talus, j'ai sauté sur ma bicyclette et me suis remis à pédaler. Après tout, ce pigeon avait peut-être été égorgé ailleurs, dans les fourrés où il avait perdu tout son sang. Et le renard – ça ne pouvait être qu'un renard – avait lâché sa proie au milieu de la route parce que quelque chose l'avait effrayé.

Je comprends

1 Qui est le narrateur de cette histoire ? Justifie ta réponse.

2 À quelle période se passe cette histoire ?

3 Relis la première phrase. Que ressent Sébasto à ce moment-là ?

4 Qui Sébasto croit-il d'abord responsable de la mort du pigeon ?

5 Qui accuse-t-il ensuite d'avoir tué le pigeon ?

6 Quels indices amènent Sébasto à changer d'avis ?

7 Quels passages du texte expriment l'inquiétude, la peur de Sébasto ?

8 Dans certains récits ou films, quels êtres légendaires peuvent vider leurs victimes de leur sang ?

Quand j'ai atteint l'allée qui montait vers la maison de Da, j'avais déjà oublié le pigeon. Les premiers rayons du soleil débordaient de derrière le bois, allumant des millions de petites lumières au bout des feuilles et à la pointe des herbes…

Au bord de l'allée, figé dans la même pose de statue, ses deux pattes jointes et sa queue enroulée par-dessus, le chat semblait m'attendre, me fixant de ses étranges yeux d'argent. J'ai mis pied à terre et j'ai avancé lentement. J'ai remarqué alors une curieuse tache claire sur son poitrail. Une plume. Une plume grise.

« Bon, me suis-je dit, c'est donc lui qui a égorgé le pigeon, j'aurais dû m'en douter. C'est normal, c'est un chat sauvage habitué à se nourrir seul. »

Mais est-ce que les chats ne font que boire le sang des bêtes qu'ils attrapent ? Est-ce qu'ils ne les mangent pas ? Et soudain, je me suis rappelé le cri qui m'avait réveillé au milieu de la nuit, ce cri de bête blessée. Le pigeon ? Avais-je pu l'entendre de la maison ?

Peut-être que oui, après tout. Ma fenêtre était ouverte, et la nuit, les sons portent loin.

Le chat a cligné des yeux. Je lui trouvais un air de se moquer de moi qui m'agaçait et me faisait peur à la fois. Laissant tomber mon vélo dans l'herbe, je me suis élancé vers la maison en criant :

– Da ! Tu es là ?

Et je me suis arrêté. Assis sur le perron, dans la même pose de statue, il y avait un deuxième chat. Un chat entièrement noir, sans le moindre poil blanc.

Un deuxième chat aux yeux d'argent.

MARIE-HÉLÈNE DELVAL, *Les Chats*, © Bayard Éditions.

Je lis à haute voix

- Lis le 2e paragraphe. Pour bien marquer la peur, respecte le rythme des phrases courtes ou saccadées par la ponctuation. Prends différentes intonations pour indiquer au début l'étonnement (jusqu'au point d'interrogation), ensuite la réponse à la question que Sébasto se pose.

Échangeons autour du texte

- Un chat peut-il faire peur ?

J'ajoute une phrase à l'histoire

- Écris ce que Sébasto va dire à son grand-père.

3 Pour mieux lire

Repérer les paroles ou les pensées d'un personnage

Je réfléchis

- À qui parle Sébasto, lignes 29 à 31 ? Quel signe de ponctuation l'indique ?
- À qui parle Sébasto à la ligne 43 ? Quel signe de ponctuation l'indique ?

Je retiens

- Dans les textes, quand un personnage parle à un autre, on utilise **des tirets**.
- Quand celui qui écrit se parle à lui-même, on utilise **des guillemets**.

Je m'entraine

1 **Repère ce que dit Mickette dans les trois extraits suivants. À qui s'adresse-t-elle ?**

A. – Ne vous inquiétez pas, j'ai l'habitude, lance celle-ci à la documentaliste affolée.
– Ton nom ? demande la romancière, sans même la regarder.
– Mickette, le féminin de Mickey.

B. « Bon, on se calme…, pense Mickette qui est d'une nature logique. Inutile de me mettre dans un état pareil, je suis en train de dormir, c'est tout. Dans quelques instants, je vais me réveiller et je rigolerai bien de ce cauchemar abracadabrant. »

C. – Ça, c'est la première question que se pose Mickette. Mais une autre la suit immédiatement : « Où suis-je ? » Pas à l'école en tout cas.

2 **Dans quel extrait le personnage se parle-t-il ?**

A. En sortant de la salle, il percuta l'un des gardiens du musée qui venait voir ce qui se passait :
– La mamie… la mimi… la momie, bredouilla-t-il. Elle a bougé.

ALAN MAC DONALD, *Le Réveil de la momie.*

B. J'ai frissonné. Je me rappelle tout à fait la question que je me suis posée à cet instant : « Hannah… Est-ce de froid ou bien de peur ? De froid ! Bien sûr, de froid. De quoi aurais-je peur ? Je ne suis pas une enfant. »

JEAN-CLAUDE MOURLEVAT, *La Rivière à l'envers 2.*

C. Quand je revins à moi, j'étais étendu sur le tapis, sain et sauf. La salle était absolument silencieuse. En tremblant, je me mis à genoux et jetai à nouveau un coup d'œil par la fente du paravent.

ROALD DAHL, *Sacrées Sorcières*, Éd. Gallimard Jeunesse.

Méli Mélo

Relie les phobies à leur définition.

photophobie	peur de l'avion
aquaphobie	peur de monter sur un vélo
aviophobie	peur de la lumière
cyclophobie	peur de l'eau
arachnophobie	peur des araignées

Faire le point

Des récits qui font peur

Je réfléchis

- Où se déroulent les histoires, pages 36-37 et 38-39 ?
- Quels évènements étranges sont décrits ?
- Qui est le personnage principal ?
- Que lui arrive-t-il ?
- Qu'indiquent les paroles entre guillemets ?

Je retiens

Dans les récits qui font peur :

– la situation débute dans un cadre réel puis, petit à petit, des choses étranges se produisent ;

– le héros, un enfant ou un adulte, est souvent le narrateur du récit ;

– le personnage se retrouve dans une situation étrange et inquiétante ;

– les paroles et les pensées du personnage indiquent souvent ce qu'il ressent.

Je m'entraine

1 Voici trois extraits de textes. Lesquels présentent des caractéristiques d'un récit qui fait peur ? Justifie ta réponse en t'aidant du « Je retiens ».

A. Hum ! Comme la nuit sent bon la liberté. Serge marche sur du velours. Cette rue, sa rue, qui semblait si petite, a pris les proportions d'une avenue. Combien de fois est-il passé devant ce minuscule soupirail au coin de la boulangerie sans avoir senti comme il la sent ce soir cette délicieuse odeur de croissants chauds ! Comment n'a-t-il jamais remarqué ce petit trou au bas de la porte de l'hôtel de Trévise dont la façade sculptée le faisait tant rêver !

Pascal Garnier, *Un chat comme moi*, Éd. Nathan.

B. Je me suis réveillé le cœur battant et les mains moites. La chose était là, sous mon lit, vivante et dangereuse. Je me suis dit : « Surtout ne bouge pas !... »
Raide, les bras collés au corps, je retenais ma respiration en pensant : « Il faut tenir cinq minutes. »

Bernard Friot, *Histoires pressées*, Éd. Milan jeunesse.

C. Quand j'ai vu se dresser devant moi les grands sapins noirs de la Forêt de l'Oubli, je n'ai pas eu peur… Malgré ses arbres gigantesques, elle semblait assez hospitalière, cette forêt. Dire que certains ont peur de la forêt ! Pourquoi pas du loup ! J'en riais toute seule. J'aurais moins ri si j'avais su que ces lieux grouillaient de créatures bien plus terribles et cruelles que les loups…

Jean-Claude Mourlevas, *La Rivière à l'envers 2*, Éd. Pocket jeunesse

D'autres récits...

Yann Coridian, ***Entrée, plat, dessert***, coll. « Mouche », Éd. L'École des Loisirs.

Gitty Daneshvari, ***L'École de la peur*** (tome 1), Éd. Plon Jeunesse.

Malika Ferdjouk, couverture illustrée par Philippe Munch, ***Robin au fond des bois***, © Gallimard Jeunesse Folio Junior.

3 Enrichir son vocabulaire

Des mots pour évoquer la peur

Je réfléchis

1 **À partir de cette illustration, écris les mots ou les expressions que tu connais sur la peur.**

2 **Dans ces extraits, relève les mots ou les expressions qui font peur ou qui indiquent que le personnage a peur.**

A. Je marchais sur un sentier montant vers le sommet d'une colline. Un vent de tempête miaulait autour de moi.
Comme une horde de chats furieux, il tordait les branches des arbres dont je devinais dans les ténèbres les mouvements désespérés.
Le sentier montait toujours, traversant un bois inconnu et en même temps étrangement familier.
J'avais peur, mais il me fallait avancer. Quelque chose m'attendait au sommet de cette colline, quelque chose que je ne voulais pas voir et que pourtant je devais affronter, quelque chose de noir et terrible.

B. J'avançais discrètement à l'orée du bois, épuisette à la main pour enrichir ma collection de lépidoptères. Un papillon qui ne ressemblait à aucun de ceux que je connaissais voleta près de moi. Il fallait que je l'attrape. Je le suivis et pénétrai dans le bois sombre.
Soudain, les oiseaux cessèrent de chanter. Mon sang se glaça lorsque je crus voir une ombre planer au-dessus de moi. Cela semblait anormal, elle paraissait si grande, si menaçante.
Un cri terrifiant retentit dans les airs. Je restai figé sur place, ne sachant s'il fallait faire demi-tour ou bien continuer.

3 **Les situations suivantes te feraient-elles peur ? Explique pourquoi. Quels mots utilises-tu pour répondre ?**

- Il régnait un silence angoissant.
- Le hurlement sinistre s'éloignait.
- En entrant dans la cuisine, j'ai senti l'odeur du gâteau au chocolat.
- J'avançais à tâtons dans l'obscurité épaisse du souterrain.
- Un vent violent faisait claquer les volets et grincer la girouette.

sensations

l'étrangeté • la crainte • l'inquiétude • l'angoisse • la frayeur • l'effroi • la terreur • l'horreur • la stupeur • l'épouvante • l'appréhension • l'anxiété • l'affolement • la panique • la frousse

expressions

claquer des dents • se ronger les ongles • avoir le souffle coupé • avoir le cœur battant • avoir les mains moites / glacées / tremblantes • avoir les cheveux qui se dressent sur la tête • avoir la gorge nouée • avoir la chair de poule • avoir les jambes en coton • être plus mort que vif

causes

- des bruits : • un hurlement • des grincements • un fracas • des grattements
- le noir : l'obscurité • le sous-bois • l'ombre • la nuit
- le temps : le froid • le grand vent • la tempête • l'orage

manifestations physiques

frissonner • trembloter • transpirer • sangloter • pleurer • hurler • être pétrifié(e) • paralyser • tressaillir • sursauter

Je m'entraine

4 Complète les expressions avec ces parties du corps :
sang • sueur • cœur • jambes • ventre • visage.

– Avoir le ... qui se glace.
– Avoir le ... qui bat la chamade.
– Avoir les ... chancelantes.
– Sentir une ... froide couler le long de son dos.
– Avoir la peur au ... .
– Avoir le ... qui blêmit.

5 Recopie ces mots du moins angoissant au plus angoissant.

crainte • terreur • épouvante • frayeur • inquiétude

6 Relève les mots ou les expressions qui décrivent des manifestations physiques.

– Épouvantée par le vampire, elle tremblait de tous ses membres.
– Il claquait des dents et avait les mains moites, face à ces trois monstres aux dents pointues.
– Selma cédait à l'affolement, ses cheveux se dressaient sur sa tête, pourtant elle continuait à avancer.
– Cette vision de cauchemar lui donna la chair de poule.

7 Retrouve dans les listes de mots ci-dessus les verbes qui correspondent aux définitions.

– être changé en pierre
– empêcher d'agir
– avoir une brusque secousse musculaire

8 Complète le texte avec les mots :
grincement • hululement • épouvantée • sombre • chair de poule • glissement • lugubre.

La maison abandonnée se dressait devant nous. Le vent soufflait fort. Soudain, la porte s'ouvrit dans un énorme .... Le corridor mal éclairé était ... , on distinguait à peine son voisin. On entendit un cri ... puis un léger ... comme si quelqu'un s'approchait sans lever les pieds. Nous avions la ... et nous n'osions plus parler ou même bouger. Tout à coup, une chouette a lancé un ... . Alors là, j'ai pris mes jambes à mon cou, laissant mes camarades sur place. J'étais ... . C'était la pire expédition de cette semaine de vacances.

9 Transforme les mots en gras pour récrire ces phrases en langage courant. Évite d'utiliser le mot « peur ».

– Seule, dans cette grande maison, Claire **avait les pétoches**.
– J'**avais les jetons**. Il ressemblait à Dracula, avec sa cape noire et ses longues canines.
– Tu m'**as fichu la trouille** en criant aussi fort !
– En entrant dans cette forêt sombre, Léo **a eu la frousse**.

3 Écrire des récits qui font peur

Pour écrire un récit qui fait peur, je dois :
1. commencer par une situation habituelle ;
2. apporter des éléments étranges ;
3. insister sur ce que les personnages ressentent.

1 Je complète un texte

Recopie ce texte en le complétant pour obtenir un récit qui fait peur.

Tandis que nous parlions, on entendit au loin un cri **...1...** , de très loin, certes, mais nos chevaux se montraient maintenant véritablement **...2...** .
Sarah eut toutes les difficultés du monde à les calmer. Elle se tourna vers moi et me dit, la voix **...3...** :
– Je crois que nous nous sommes **...4...** .
Nous étions **...5...** , dans cette forêt **...6...** . Des branches **...7...** autour de nous. Nous étions **...8...** , jambes **...9...** , de la sueur **...10...** .

Je vérifie
- J'ai utilisé des **mots** qui font ressentir la peur ou l'étrangeté.

2 Je prolonge un texte qui fait peur

Termine le texte en t'aidant des questions.

Après le match de football, José prend sa voiture et rentre chez lui. On est en hiver, il est 18 h 00. Il fait nuit. La route est déserte. Il ne lui reste presque plus d'essence.
Brusquement, la voiture a des secousses. José s'arrête. Il sort de sa voiture, il ouvre le capot et prend le bidon d'essence. Soudain…

- **Qu'entend José ? Que se dit-il ?**

Il remonte dans sa voiture. Il s'assoit le cœur battant et tente de reprendre son souffle. Il met sa voiture en marche, mais elle refuse de démarrer. C'est alors qu'il aperçoit une jeune femme aux longs cheveux, enveloppée d'une cape blanche.

- **Que peut lui demander cette femme ?**
- **Que répond José ? Comment est sa voix ?**

José accepte de la faire monter dans sa voiture. Il remarque une expression froide et sévère sur son visage.
Sa peau craquèle peu à peu. Ses cheveux perdent toute leur blondeur et deviennent gris.

- **Comment se sent José ? Décris des parties de son corps qui montrent sa peur.**
- **Invente une fin au récit.**

Je vérifie
- J'ai utilisé les **guillemets** et le **pronom « je »** pour les pensées.

Je vérifie
- J'ai utilisé les **tirets** pour le dialogue.

Je vérifie
- J'ai décrit la peur de José.
- J'ai utilisé les **questions** pour écrire les différents épisodes du récit.

3 J'écris un texte qui fait peur

Situation 1

Observe le dessin. Écris ce que se dit l'enfant.

- Où est l'enfant ?
- Que voit-il ? Que devine-t-il ?
- Que ressent-il ?
- Que s'imagine-t-il ?

Situation 2

Lis ce début de récit dans lequel l'auteur décrit la nuit comme un personnage de l'histoire.

Leïla est assise sur son lit. Elle regarde la nuit emplir sa chambre peu à peu.

Elle s'étonne de la voir ramper, froide et cruelle, sur le plancher, les murs. Dehors, la nuit est vivante, traversée de bruits, de lumières et d'odeurs. Ici, à l'intérieur, elle est muette et noire comme un drap mort. Leïla frissonne quand elle sent la nuit s'enrouler autour de ses pieds, de ses genoux, puis monter, monter encore... Elle pourrait se lever, allumer la lumière, mais c'est plus fort qu'elle, quelque chose la paralyse, la cloue sur son lit, assise, mains jointes, le dos raide…

BERNARD FRIOT, *Encore des Histoire pressées*, Éd. Milan Poche.

Écris maintenant un texte court dans lequel l'eau est présentée comme un personnage terrifiant.

- Choisis un lieu : la mer, une rivière, une source, une fontaine…
- Choisis un personnage : qui est-il ? Où est-il ?
  Que fait-il ? (il se baigne, il regarde, il se penche au-dessus de l'eau…)
  Que ressent-il ? (montre sa peur qui grandit)
- Décris l'eau comme si c'était une personne inquiétante au début puis de plus en plus effrayante.

Situation 3

Décris une situation qui fait peur :

- trouve un lieu : la salle de classe, le parc, un terrain de football ;
- décris une situation habituelle ;
- décris des phénomènes étranges qui surviennent peu à peu ;
- décris l'angoisse de ton héros, dis comment il réagit, et ce qu'il ressent.

Je vérifie

- J'utilise trois couleurs pour souligner les **phrases qui situent le lieu, ce que ressent le personnage** et la **description du phénomène** étrange.

J'améliore mon texte

Grammaire pages 150-151 Pour exprimer ce que ressent le personnage, j'ai utilisé la 1re personne du singulier.

Grammaire pages 140-141 Pour bien marquer le moment où le personnage a peur, j'ai écrit des phrases courtes.

3 Oral

Parler de la peur

Situation 1

Lequel des textes *Que s'est-il passé ?* (pages 36-37) et *Une étrange rencontre* (pages 38-39) te semble le plus inquiétant ? Explique ton choix.

Pour te préparer

- Pour convaincre, tu dois choisir certains passages du texte et les dire avec une intonation qui attirera l'attention.

Pour écouter une ou un camarade

- Peux-tu dire pour quelles raisons ta ou ton camarade a choisi un des deux textes ?

Situation 2

Tu es agent immobilier. Tu fais visiter une grande maison abandonnée à une famille de vampires ou de fantômes.

Pour te préparer

- Observe bien la maison. Relève ce qui pourrait convaincre des vampires ou des fantômes de l'acheter.
- Trouve ce qui peut faire peur à chaque étage, dans chaque pièce : des volets qui claquent, un escalier qui grince, des planchers troués…
- Tu peux également faire visiter le jardin.

Pour bien parler

- Varie ton intonation. Rends-la mystérieuse, inquiétante, convaincue…

Pour écouter une ou un camarade

- Est-elle ou il convaincant(e) ? La maison décrite fait-elle peur ?

À vive voix

Lis ces phrases le plus vite possible.

Voici **v**enir **v**ingt **v**ampires **v**elus !
Six **s**tupides **s**orcières **s**ifflantes **s**urgissent,
Dix **d**ragons **d**égoutants **d**évorent **d**e **d**odus **d**indons.

Redis l'une des phrases qu'une ou un camarade vient de prononcer.

Unité 4

Des histoires en bandes dessinées

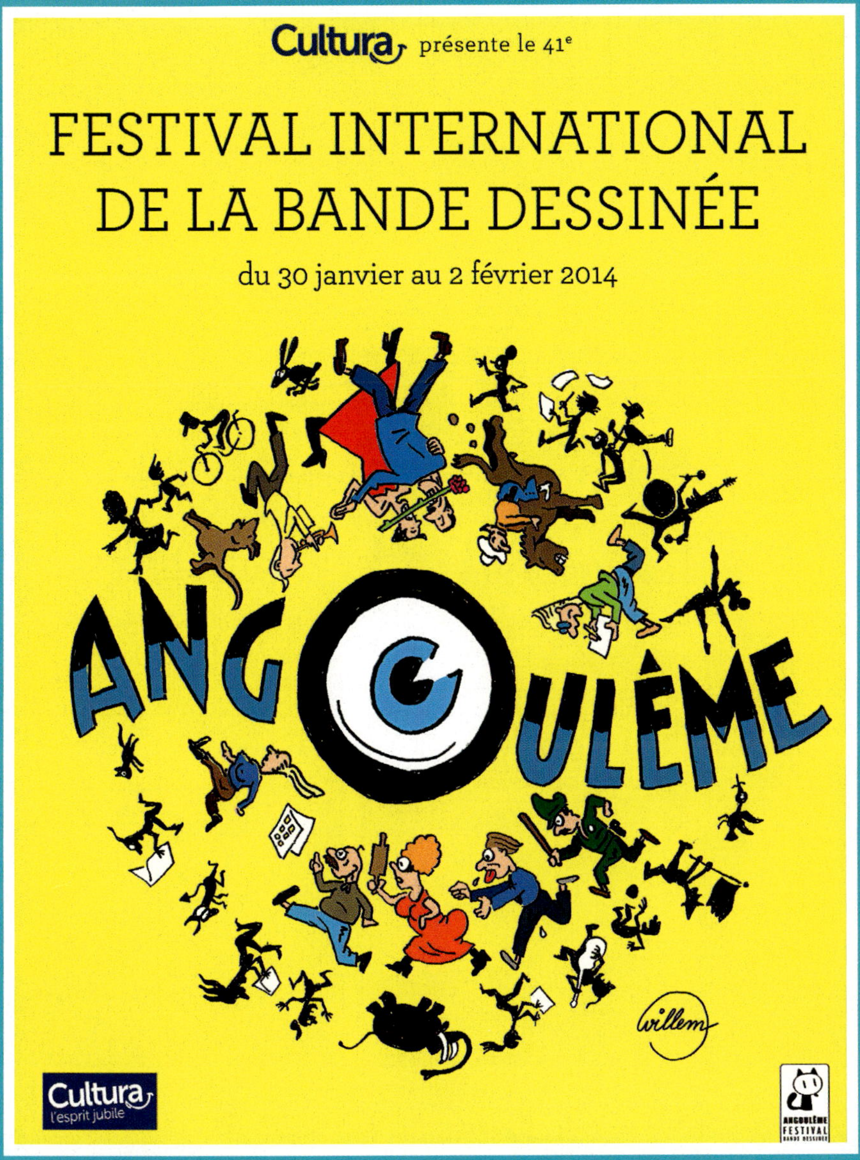

1 Qu'est-ce qu'un festival international de la bande dessinée ?

2 Les personnages ressemblent-ils à certains que tu connais ?

3 Lis-tu des bandes dessinées ? Lesquelles ?

Dans cette unité, tu vas :

- lire des bandes dessinées présentant des mondes étranges ;
- écrire des dialogues dans des textes et dans des bandes dessinées ;
- parler pour faire vivre une BD.

Le trio de l'étrange

Pol Pitron, un réalisateur, et Vic Vidéo, un caméraman, accompagnés d'une ingénieure, Yoko Tsuno, réalisent un reportage TV sur la spéléologie. Pour suivre une rivière souterraine qui disparait dans un siphon, Pol y verse un colorant rouge.*

* **un siphon :** un passage étroit en forme de tube.

Soudain, la catastrophe se déclenche... Le courant les entraîne inexorablement vers l'ouverture béante du siphon...
... où ils disparaissent...
La paroi rocheuse défile dans la lumière des projecteurs...
Remplacée bientôt par un conduit translucide...
WHiiiiiiiiiiiiiii

Roger Leloup, *Yoko Tsuno - Le Trio de l'étrange*, volume 1, © Éd. Dupuis.

Je comprends

1 Où se trouvent les personnages dans la première planche ?

2 Dans quelle vignette sait-on pourquoi Vic, Yoko et Pol sont entrainés dans l'eau par un fort courant ?

3 Que ressentent-ils principalement dans cet épisode ?

4 Dans la dernière vignette de la première planche, qu'indiquent les ronds blancs sous la bulle ?

5 Qu'est-ce qu'une coïncidence ?

6 Pourquoi Pol Pitron dit-il :
« Si ça se trouve, la télé va perdre trois de ses meilleurs spécialistes ! » ?

7 Relève différents éléments (décors, paroles…) qui indiquent que Pol, Vic et Yoko sont dans un endroit étrange, qu'ils ne connaissent pas.

8 Indique de quelle planche et de quelle vignette ces signes sont extraits. Puis explique ce qu'ils veulent dire.

9 Relève les écrits qui ne correspondent pas aux paroles des personnages. À quoi servent-ils ?

10 Regarde bien la dernière vignette. As-tu déjà rencontré ce type d'engin ?

Je lis à haute voix

- Lis avec deux camarades les dialogues de la première planche.
Marque bien l'intonation des mots écrits en gras ; respecte la ponctuation.

Échangeons autour du texte

- Penses-tu qu'il existe des civilisations inconnues sur ou sous la Terre ?
Explique ton point de vue.

J'ajoute des phrases à l'histoire

- Écris une bulle pour chaque personnage de la dernière vignette.

Philémon, le naufragé du A

Philémon est tombé dans un puits en voulant récupérer une bouteille contenant un message.

UN... UN REQUIN !?
J'ÉTOUFFE... DE... DE L'AIR... AHAAHHH...
PRIVÉ D'AIR, PHILÉMON PERD CONNAISSANCE. DES SECONDES, DES MINUTES OU DES HEURES ONT PASSÉ...
OH... MA TÊTE...
?
MA PAROLE, JE SUIS SUR UNE PLAGE !?
ENFIN QUOI, C'EST IMPOSSIBLE, ÇA !?.. UNE PLAGE À L'INTÉRIEUR D'UN PUITS... POURTANT, JE NE RÊVE PAS... C'EST DU SABLE...
MAIS... MAIS...
DEUX OMBRES ! J'AI DEUX OMBRES !?..
FRED

4 Lire des histoires en bandes dessinées

FRED, *Philémon, le naufragé du A*, volume 1, © Éd. Dargaud, 2016.

Je comprends

1 Quels éléments étranges relèves-tu dans chaque planche de cette histoire ?

2 Quelle vignette te permet de dire que Philémon est tombé dans l'eau du puits ?

3 Quelles sont les différentes émotions exprimées successivement par l'âne de Philémon ?

4 Comment comprends-tu les signes de la 2e planche, vignette 3 (ci-contre) ?

5 Quand Philémon remarque qu'il a deux ombres (planche 2), quel moyen le dessinateur utilise-t-il pour nous montrer son regard ?

6 Qu'est-ce qui provoque l'apparition des horloges (planche 3) ?

7 Quels mots choisirais-tu pour exprimer ce que tu as ressenti en lisant ces planches ?
étonnantes • amusantes • terrifiantes • inquiétantes • absurdes • angoissantes
Justifie ta réponse en citant des éléments du texte.

Je lis à haute voix

- Lis les propos de l'âne dans les six premières vignettes de la première planche.
Invente des mots ou des bruits pour la vignette 3 (ci-contre) ; fais ressentir ce que signifient les différents point de suspension dans les autres vignettes.

Échangeons autour du texte

- Aimes-tu lire des BD ? Explique pourquoi.

J'ajoute une phrase à l'histoire

- Écris les mots que Philémon a pu lire sur le message contenu dans la bouteille.

4 Pour mieux lire

Comprendre l'enchainement des vignettes

Je réfléchis

Observe les vignettes 5 et 6 de la planche page 52.

- Relève les éléments qui indiquent un changement de lieu : couleurs, cadrages et décor. Quels sont les éléments communs aux deux vignettes ?
- Qui parle dans la 2e vignette ? Comment le sais-tu ?

Observe les vignettes 7, 8 et 9 de la planche page 53.

- Quel est l'élément commun à ces trois vignettes ?
- Quelle impression a-t-on quand on les observe ?

Je retiens

Pour bien lire une BD, je dois faire attention à la manière dont les vignettes s'enchainent :

– d'une vignette à l'autre, un élément semble se rapprocher (effet de zoom) ;
– un détail ou plusieurs détails sont repris ;
– un dialogue se poursuit.

Je m'entraine

1 Sur quel élément zoomerais-tu pour dessiner ce début d'histoire en deux ou trois vignettes ?

C'est l'anniversaire de Théo. Toute la famille est réunie autour de la table. Sa petite sœur apporte le gâteau plein de crème avec les bougies. La petite fille trébuche et sa tête plonge dans le gâteau.

2 Quel(s) élément(s) graphique(s) reprendrais-tu dans la deuxième vignette pour marquer la continuité entre les deux images ?

3 Recopie ce dialogue dans l'ordre de l'histoire.

a. T'as cru à quoi ?
b. Comment tu sais ?
c. Je vous conseille de vous assoir confortablement…
d. … Ça peut durer longtemps !...
e. Ah ! Ah ! Ah ! Petits naïfs ! Moi aussi j'y ai cru !
f. … Ça fait cinq ans que j'attends !
g. Oh, une petite demi-heure !
h. … Que ma mère allait revenir !... Je parie qu'ils vous ont dit d'attendre ici et de ne pas bouger !

Méli Mélo

Dom, Fred et Lulu : qui est un garçon, qui est une fille ?

Salut Dom,
Fred et moi viendrons te voir ce soir. J'espère que tu ne seras pas partie. Fred sera sûrement épuisé après sa promenade en VTT, mais nous serons heureux de te retrouver.
Je suis content de te voir tout à l'heure.
Lulu

Faire le point

Les procédés de la bande dessinée

Je réfléchis

- *Philémon, le naufragé du A* (page 54) :
  – comment est-il indiqué qu'une horloge sort de terre puis explose ?
- Dans *Le trio de l'étrange* (page 48, vignette 4) :
  – qu'est-ce qui indique que le personnage est surpris par la montée de l'eau ?
  – quel signe indique que le personnage appuie rapidement sur le bouton ? (page 49, dernière vignette) ;
  – où est-il écrit « La paroi rocheuse défile dans la lumière des projecteurs… » ?

Je retiens

Dans une bande dessinée :

– certaines informations sont données par des onomatopées ou des signes graphiques.

– Les **onomatopées** signalent le bruit d'un objet : BOUM !

– Les **signes graphiques** précisent les sentiments et les actions des personnages ; ils indiquent aussi des mouvements.

– La **forme des bulles** ou **des lettres** correspond à la façon de dire des personnages.

– Des précisions sont parfois apportées par un **cartouche** : un petit encadré avec du texte placé en haut ou en bas de la vignette.

Je m'entraine

1 Quelle bulle placerais-tu dans la vignette ?

a Rapporte, mon chien.

b Rapporte, mon chien !

c Rapporte, mon chien.

d Rapporte, mon chien...

2 Choisis le cartouche qui convient pour la deuxième vignette.

Il était une fois...

Au même moment...

Et soudain...

D'autres bandes dessinées...

Laudec et Cauvin, ***Cédric Quelle mouche le pique ?***, volume 5, © Éd. Dupuis, 2016.

Morvan, Voulyzé, Lefebvre, ***Les Aventures de Tom Sawyer***, vol. 1, Éd. Delcourt.

Bill Wartterson, ***Calvin et Hobbes - Fini de rire !***, volume 5, Éd. Hors collection.

4 Enrichir son vocabulaire

Des mots pour construire un dialogue

Je réfléchis

1 Quel dialogue correspond le mieux à chaque vignette ?

A. – Mais… mais…, dit Philémon.
– Deux ombres ! J'ai deux ombres !?.., chuchote-t-il.

B. – Mais… mais…, explique Philémon.
– Deux ombres ! J'ai deux ombres !?.., répète-t-il.

C. – Mais… mais…, s'étonne Philémon.
– Deux ombres ! J'ai deux ombres !?.., s'exclame-t-il.

A. – Mais !?.. assure Yoko, il y a si peu de colorant !...
– Assez pour transformer l'Atlantique en mer Rouge !..., répond Vic. Ce produit est très puissant…, demande-t-il.

B. – Mais !?.. constate Yoko, il y a si peu de colorant !...
– Assez pour transformer l'Atlantique en mer Rouge !..., répond Vic. Ce produit est très puissant…, ajoute-t-il.

C. – Mais !?.. suggère Yoko, il y a si peu de colorant !...
– Assez pour transformer l'Atlantique en mer Rouge !..., répond Vic. Ce produit est très puissant…, grommelle-t-il.

2 Associe chaque verbe suivant à la forme de la bulle qui lui correspond le mieux.
crier • chuchoter • penser • dire • hurler • rêver • répondre • murmurer • réfléchir

a

b

c

d
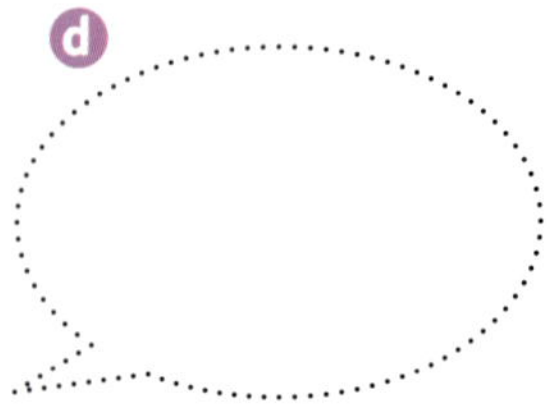

- **Trouve d'autres verbes pour chaque forme de bulle.**

Dire

demander • annoncer • remarquer • s'inquiéter • lâcher • proposer • insinuer • confirmer • déclarer • expliquer • raconter • exprimer • prononcer • articuler • suggérer

Répondre

ajouter • répéter • compléter • intervenir • surenchérir • riposter • objecter

Penser

se demander • rêver • songer • réfléchir

Dire à voix basse

souffler • grommeler • chuchoter • gémir • glisser

Dire à voix haute

grogner • hurler • s'écrier • crier • s'exclamer • s'indigner

Je m'entraine

3 Range ces verbes dans la liste de mots ci-dessus qui convient.

soupirer • murmurer • clamer • imaginer • constater • se plaindre • s'étonner • s'affoler • répliquer • tonner • exposer • marmonner • rectifier • avouer • susurrer

4 Retrouve, pour chaque verbe, la définition qui convient :

s'écrier • grommeler • rétorquer • gémir • s'inquiéter • chuchoter • protester.

a. Avoir du souci, se préoccuper de quelque chose ou de quelqu'un.
b. Exprimer sa souffrance ou sa peine par des plaintes faibles.
c. Parler à voix basse en articulant à peine pour ne pas être entendu.
d. Parler entre ses dents, sans articuler, en signe de mécontentement.
e. S'exclamer, dire subitement en criant.
f. Répondre vivement.
g. Déclarer avec force que l'on n'est pas d'accord.

5 Transforme ce dialogue en remplaçant le verbe dire par un verbe de sens plus précis.

– Bonjour, qui êtes-vous ? **dit** l'homme à la barbe blanche.
– Et vous ? **dit** Hélène, agressive.
– Je me nomme Socrate.
– Socrate ? **dit** Paul. Votre nom me dit quelque chose.
– Vous avez déjà certainement entendu parler de moi, je suis un philosophe grec.
– Un pholi quoi ? **dit** Hélène.
– Pas un pholi, un philosophe, **dit** Socrate.

6 Complète ce texte avec des verbes des listes de mots ci-dessus qui conviennent. Tu ne dois pas utiliser dire, demander et répondre.

Christopher et Capucine sont perdus dans la forêt. Ils sont à la recherche l'un de l'autre.

– Où es-tu, Capucine ? … Christopher.
– Ici ! … Capucine.

Christopher rejoint son amie devant un grand chêne sur lequel est accrochée une étrange forme ovale de couleur beige.

– C'est curieux comme nid ! … Christopher.
– Évidemment, c'est un nid de guêpes, … Capucine, vite fuyons !
– Aïe, … Christopher, je me suis fait piquer.

4 Écrire des dialogues

Pour écrire un dialogue à partir d'une BD, je dois :

1. repérer qui parle et respecter l'ordre de la prise de parole ;
2. reprendre le texte des bulles en ajoutant les verbes du dialogue ;
3. choisir les verbes du dialogue en tenant compte des indices donnés dans la vignette (forme des bulles et des lettres…) ;
4. respecter les règles de présentation d'un dialogue : aller à la ligne quand quelqu'un parle ; utiliser des tirets ou des guillemets ; placer une virgule avant le verbe de dialogue.

Pour écrire une BD à partir d'un dialogue, je dois :

5. identifier les personnages ;
6. repérer les paroles prononcées par les personnages ;
7. m'appuyer sur les verbes du dialogue pour choisir la forme des bulles et les onomatopées ;
8. rédiger éventuellement des cartouches pour apporter des informations complémentaires.

1 Je complète une BD à partir d'un dialogue

Réalise les bulles de dialogue pour chaque vignette.

– Tu sais, Alexandre, dit Amandine, même sans lunettes, j'ai bien vu que c'était toi qui avais gagné la course.
– Pourquoi tu ne mets pas tes lunettes si tu es myope ? grogne Alexandre.
– Parce que ça ne me va pas.
– Moi, je te trouve très jolie avec, déclare Alexandre, ça te donne l'air intelligente.
Amandine fronce les sourcils et se fâche.
– Parce que, sinon, j'ai l'air idiote ? s'écrie-t-elle.

Je vérifie

- J'ai **différencié** dans le texte **les paroles des personnages** et leur façon de s'exprimer.
- J'ai relevé les verbes du dialogue pour **utiliser des formes de bulles ou de textes** différentes selon les propos du personnage.

2 J'écris un dialogue à partir d'une BD

Écris un dialogue entre les deux personnages de la BD.
Aide-toi des onomatopées et des signes graphiques pour choisir les verbes qui indiquent comment les personnages parlent.

3 Je transforme un dialogue en BD

Une famille est à table, le papa, la maman et leur petit garçon. Ce petit garçon, un peu espiègle, refuse toujours de manger sa soupe.

– Hé, mais qu'est-ce que c'est que ce truc qui flotte dans ma soupe ? se plaint le petit garçon.
– Montre-le-moi, demande la maman.
– Regarde, crie le garçon, on dirait des pâtes et je déteste les pâtes dans la soupe !
– Mais non, affirme la maman. Ce ne sont pas des pâtes mais des larves de mouches, il en restait un paquet dans le sac de pêche de ton père.
– OUAAH ! hurle le garçon. Trop cool ! C'est super bon !
– Bon appétit, soupire le père.
– Et voilà comment réussir à lui faire manger sa soupe, chuchote la maman.

1. **Imagine ce scénario sous forme de bande dessinée en quatre vignettes.** Écris ce que tu mettrais dans chaque vignette : les personnages, le cadre, le décor…
2. **Rédige les textes de chaque vignette : les paroles du petit garçon, celles de la mère et celles du père.** Pense à utiliser des formes de bulles et de lettres adaptées à chaque situation.
3. **Réalise ta BD. Dessine d'abord le cadre et le décor, puis les personnages. Ajoute les bulles et écris les textes.** Pense à l'enchainement des vignettes en relisant le « Je retiens », page 56.
4. **Tu peux ajouter des informations complémentaires dans des cartouches et ajouter des onomatopées pour rendre ta BD plus vivante.**

Je vérifie
- J'ai identifié le ton utilisé dans les dialogues pour les **traduire avec des verbes appropriés.**
- J'ai écrit tous les **textes** des bulles **sous la forme de dialogues.**

Je vérifie
- J'ai **dessiné** ce que je ne pouvais pas écrire.
- J'ai ajouté des **cartouches** pour préciser certains éléments de l'histoire.

J'améliore mon texte

Orthographe pages 182-183 • J'ai bien accordé les verbes avec leurs sujets.

Faire parler une BD

Situation 1

Réalise avec plusieurs camarades la « bande son » de la première planche de *Philémon, le naufragé du A* (page 52).

Pour te préparer
- Répartissez-vous les différents rôles sans oublier les bruitages.
- Vous pouvez ajouter un narrateur.

Pour bien parler
- Dites les textes ou les onomatopées en mettant l'intonation qu'il convient.
- Réalisez les bruitages de manière réaliste.

Pour écouter des camarades
- Signale les onomatopées que tu as reconnues et celles que tu n'as pas reconnues.

Situation 2

Tu es journaliste. Tu dois faire un reportage pour la télévision en direct et raconter ce qui se passe dans la première planche du *Trio de l'étrange* (page 48).

Pour te préparer
- Relis bien la planche. Relève les différents moments.
- Utilise le pronom « nous ».
- Indique les moments d'inquiétude et de surprise pendant la montée de l'eau. Utilise des formulations comme : « Mais que se passe-t-il ? » ; « Ce n'était pas prévu. »…

À vive voix

Dis ces onomatopées ou d'autres de ton choix. Tes camarades devront comprendre ce que chacune représente.

ding dong • miahou • plouf • bang • vrroum • vlam

Redis l'onomatopée qui t'a le plus convaincu(e).

Unité 5

Des textes documentaires historiques

Détail de la tombe du pharaon Horemheb, 13e siècle avant J.-C., Égypte.

1 **Comment appelle-t-on les dessins et les signes de cette écriture ?**

2 **Dans quel pays les trouve-t-on ?**

3 **Si tu veux des renseignements sur l'histoire ancienne de ce pays, où peux-tu les trouver ?**

Dans cette unité, tu vas :

- découvrir des textes documentaires historiques ;
- écrire un texte documentaire historique ;
- décrire un objet du passé.

5 Lire des textes documentaires historiques

- Que représentent ces dessins ?
- Quel est leur point commun ?
- Comment sont-ils classés ?

D'abord les nombres...

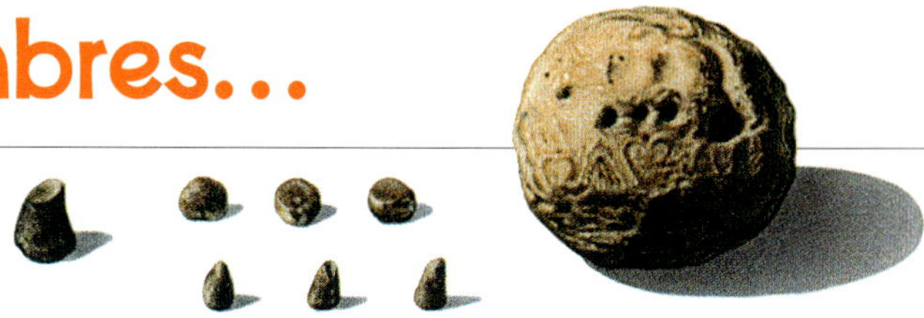

▲ *Bulle-enveloppe en argile portant des signes en forme d'encoches. À côté, quelques jetons utilisés pour compter. Les jetons en forme de cône représentent une petite mesure de grain, les sphères une grosse mesure, et les cylindres un animal.*

Les hommes préhistoriques vivent en petits groupes, se nourrissant de la chasse et de la cueillette de fruits, baies et racines. Le soir, ils se rassemblent autour du feu pour se raconter des histoires et échanger des informations qu'ils conservent gravées sur une pierre ou un os, ou dessinées sur les parois d'une caverne.

Plus tard, avec les premières villes, apparaissent les métiers : cultivateurs, éleveurs, artisans (potiers, tisserands, etc.). Les marchandises sont produites en nombre : on les échange et on les exporte dans des contrées plus lointaines.

Les commerçants sont ainsi les premiers à éprouver le besoin de conserver une trace de leurs transactions.

L'homme a appris à compter avant de savoir écrire, car échanger des biens exige des systèmes d'évaluation précis. Cette activité a d'abord été exercée par les scribes au service des temples ou des palais royaux, dans lesquels existaient de vastes entrepôts destinés à la conservation des marchandises.

Située entre le Tigre et l'Euphrate, la Mésopotamie est le berceau de l'écriture. Elle a vu naitre la brillante civilisation sumérienne (IVe-IIIe millénaire avant J.-C.). ▶

Je comprends

1. Pour quelles raisons a-t-on inventé l'écriture ?
2. Sur quels supports les hommes préhistoriques conservaient-ils leurs informations ?
3. Qu'est-ce qu'une *bulla* ? Qu'est-ce qui est gravé dessus ?
4. Qu'est-ce qu'un scribe ?
5. Pour quelle raison les scribes devaient-ils utiliser un système de comptage ?
6. Dans quel pays actuel se situait la Mésopotamie ?
7. Quels sont les différents éléments qui composent ce document ?
8. Trouve le nombre représenté sur le dessin de la page 65, en bas.
9. Comment pourrais-tu compléter le titre : « D'abord les nombres… » ?

L'écriture a donc été inventée à des fins pratiques : pour le commerce, l'enregistrement et l'évaluation des biens. Les premiers marchands de Mésopotamie utilisent des jetons d'argile cuite pour indiquer les quantités et qualités de leurs marchandises : cylindres, cônes, billes. Il s'agit d'une invention simple mais révolutionnaire.

Aux environs de 3 500 av. J.-C., ces jetons sont insérés dans l'orifice d'une boule d'argile de la taille d'une orange appelée *bulla*. La surface de cette bulle-enveloppe porte des signes en forme d'encoches identiques aux jetons renfermés à l'intérieur, ainsi qu'un sceau permettant d'identifier son propriétaire. Ce système constitue une première étape vers la formation de l'écriture.

Le destinataire brise l'enveloppe d'argile pour vérifier son contenu, ce qui détruit les inscriptions. Par la suite, on substitue à ces bulles-enveloppes des petits pains d'argile cuite ayant la forme des jetons.

Ils sont faciles à manipuler et à conserver, car inaltérables et très solides.

▲ *Ces marchands confient des marchandises à un caravanier. Elles sont identifiées par des bulles-enveloppes d'argile et le sceau de leur propriétaire. La bulle constitue une garantie pour le destinataire, et protège des vols et autres escroqueries.*

Tablette mésopotamienne. ▶
Les signes indiquent la quantité de marchandise. Un trait représente une mesure, un cercle dix mesures.

La Grande Encyclopédie de l'Écriture, Éd. Casterman.

Je lis à haute voix

- Lis les deux premiers paragraphes de la page 65.
- Entraine-toi à prononcer les mots difficiles : Mésopotamie, cylindres, cônes, *bulla*… Traduis l'abréviation « av. J.-C. ».

Échangeons autour du texte

- Était-il pratique d'utiliser des *bulla* ? Quels sont les avantages et les inconvénients de cette façon de compter ?

J'ajoute une phrase à l'histoire

- Quelle écriture utilisait-on en Égypte en 3000 avant J.-C. ?

5 Lire des textes documentaires historiques

• Connais-tu ce tableau ?
Son titre ? Son auteur ?

Léonard de Vinci

Léonard de Vinci est un homme étonnant. Sa curiosité semble ne pas connaitre de frontières. Musicien, ingénieur, inventeur, anatomiste, sculpteur, agriculteur, architecte, écrivain… Il s'est intéressé à presque tout, et toujours avec intelligence !

INCROYABLE !
Cet esprit si curieux refusait d'apprendre le latin quand il était jeune. Ensuite cela lui a manqué, et il a tenté d'étudier tout seul.

Qui est-il ?

On connait ses peintures, dont la plus célèbre est *La Joconde*. On connait aussi ses dessins, ses textes, ses projets de villes et de sculptures… Mais on sait très peu de chose sur sa vie ! Il n'a sans doute jamais été marié et n'a pas eu d'enfants.

Pourquoi a-t-il marqué son époque ?

Léonard a une façon bien à lui de voir le monde. Il ne veut rien faire comme les autres. Dans tout ce qu'il entreprend, il montre une telle originalité qu'il inspire de nombreux artistes. Après lui, la peinture en Occident n'a plus jamais été la même.

S'est-il inspiré d'autres artistes ?

Oui ! Il a sans doute lu Roger Bacon, qui au 13e siècle, conseillait d'observer la nature pour inventer des outils. Il a vu les études du corps humain du Romain Vitruve. Il apprécie la peinture à l'huile utilisée par les Flamands. Mais chaque fois, il va plus loin…

Textes de Sylvie Baussier, illustrations de Xavier Mussat et Oliviez Nadel, *Léonard de Vinci*, Questions/Réponses 8/10 ans, Éd. Nathan.

Je comprends

1 Quels sont les différents éléments de ce document ?

2 Quel âge avait Léonard de Vinci quand il a signé son premier dessin ?

3 En quoi peut-on dire qu'il est un génie universel ?

4 Dans quel pays Léonard a-t-il passé la majeure partie de sa vie ?

5 Qui était roi de France quand Léonard est arrivé en France ?

6 Existe-t-il des textes dans lesquels Léonard raconte sa vie ?

7 Fais la liste des villes où il a séjourné.

8 Relève le nom de son maitre.

9 Comment s'appelle le moyen de locomotion avec lequel Léonard est parti de Milan ?

LES GRANDES DATES DE LA VIE DE LÉONARD

Pendant plus de 50 ans, Léonard a peint, dessiné, imaginé des machines, côtoyé les puissants sans jamais s'arrêter.

1452 – **Naissance** de Léonard de Vinci, non loin de Florence.

Vers 1469 – Il entre dans l'atelier du peintre **Verrocchio**.

Premier dessin de Léonard

1473 – Léonard signe **son premier dessin** : *Paysage de Santa Maria della Neve*.

1482 – **Il quitte Florence** et part pour Milan.

Départ de Milan

1489 – Il organise **les festivités pour le mariage** de Gian Galeazzo Sforza et Isabella.

1499 – Léonard quitte Milan avec le **mathématicien Luca Pacioli**.

1500 – Il s'arrête **à Venise** puis revient à Florence.

1502 – Il entre au service **du redoutable prince César Borgia**, et le suit dans ses batailles.

Mort de Léonard

1513 – Il séjourne **à Rome**.

1517 – Il part pour la France. Il est accueilli à Amboise, **à la cour de François Ier**.

1519 – **Léonard meurt** à la cour de France.

Je lis à haute voix

- Lis l'un des paragraphes page 66 « Qui est-il ? » ou « S'est-il inspiré d'autres artistes ? ». Insiste sur les informations que tu veux mettre en valeur. Fais bien sentir ton intonation au point d'exclamation.

Échangeons autour du texte

- Parmi tous les métiers auxquels Léonard de Vinci s'est intéressé, lequel aimerais-tu faire ? Pourquoi ?

J'ajoute une phrase à l'histoire

- La dernière illustration de la page 66 représente deux inventions de Léonard. Choisis-en une. Trouve-lui un nom et explique à quoi elle sert.

5 Pour mieux lire

Repérer de quoi parle un paragraphe

Je réfléchis

- **Lequel des trois titres correspond le mieux au paragraphe page 65 « L'écriture… révolutionnaire » ? Explique ton choix.**
  – Les marchands de Mésopotamie
  – L'invention de l'écriture
  – Les bulles-enveloppes

Je retiens

Dans un texte documentaire, pour trouver le thème d'un paragraphe, on cherche de quoi il parle.
– Le plus souvent, **une phrase ou un groupe de mots** l'indique au début du paragraphe.
– Parfois, **un titre** précise le thème du paragraphe.

Je m'entraine

1 Trouve le titre de chacun de ces paragraphes. Explique ton choix.

1. **Les combats de gladiateurs**
2. **Les explorations des Vikings**
3. **Un grand navigateur**

A. Vasco de Gama est né en 1469 au Portugal. Il longea la côte Ouest de l'Afrique, puis dépassa le cap de Bonne Espérance pour remonter jusqu'à l'actuel Kenya. Là, un guide arabe le guida jusqu'en Inde. Il fut donc le premier Européen à atteindre ce pays par la mer.

B. Dans l'Antiquité romaine, des combattants se battaient dans une arène contre d'autres hommes ou des animaux féroces. Ils étaient souvent des esclaves qui ne pouvaient devenir libres que s'ils gagnaient tous leurs combats.

C. Au début du Moyen Âge, des navigateurs du nord de l'Europe se sont lancés dans de longues explorations ; ils ont été les premiers Européens à se rendre en Amérique.

2 Précise de quoi parle chaque paragraphe. Puis trouve un titre à chacun.

1. Au Moyen Âge, pour reproduire un livre, il fallait le recopier en entier à la main. C'était un travail très long et les livres étaient rares. Vers 1450, Gutenberg met au point l'imprimerie. Il assemble sur une plaque des petites lettres en plomb pour former une page de texte. On peut désormais imprimer plusieurs pages identiques, puis réutiliser les caractères (les lettres de l'alphabet en plomb) pour composer d'autres textes.

2. L'écriture chinoise est formée à partir de signes-images : des idéogrammes. Parfois, un seul signe peut correspondre à un mot. Mais le plus souvent, il faut associer plusieurs signes ensemble pour représenter un seul mot. Un Chinois doit apprendre l'équivalent de trois-mille-cinq-cents signes pour lire un journal.

Méli Mélo

Découvre ces caractères chinois.

中 milieu
日 Soleil
月 Lune
木 arbre
国 royaume

Associe les mots chinois à leur signification en français.

a. 中国	1. brillant
b. 森	2. Chine royaume du Milieu
c. 明	3. forêt

Faire le point

Les textes documentaires historiques

Je réfléchis

- **Dans les textes *D'abord les nombres…* (pages 64-65) et *Léonard de Vinci* (pages 66-67) :**
  – de quoi est-il question ?
  – de quelles époques datent les faits ?
  – quels différents éléments composent les textes ?
  – à quelles personnes et à quels temps sont-ils écrits ?

Je retiens

Un **texte documentaire historique** regroupe des informations sur un **thème** précis : époque, fait, évènement, personnage…
Il comprend des **illustrations** expliquées par des **légendes**.
Il peut aussi présenter une **chronologie**, une **carte** ou un **lexique**.
Les textes documentaires historiques sont le plus souvent **écrits au présent**.

Je m'entraine

1 Voici des titres de documentaires historiques. Classe-les en trois colonnes : époques, évènements, personnages.

Les chevaliers • Les Gaulois • Louis XI • Le général de Gaulle • La préhistoire • Charlemagne • La Renaissance • La Grande Guerre • La prise de la Bastille

2 Parmi ces trois résumés de livres, lequel ne concerne pas un documentaire historique ? Justifie ta réponse.

a. Cet éditeur poursuit sa collection sur l'art. D'Alexandre à la conquête du monde jusqu'aux premiers pas sur la Lune, voici une histoire des explorations et des découvertes au travers de la peinture.

b. 1628, Hollande. Un négociant en pierres précieuses nommé Cornélius est ruiné. La Compagnie des Indes lui propose d'annuler sa dette s'il part explorer l'océan Pacifique à la recherche d'un continent caché…

c. Cet ouvrage doté de nombreuses illustrations et de cartes nous permet de comprendre comment furent construits les châteaux forts.

D'autres documentaires…

Dominique Joly, ***Les hommes préhistoriques***, Éd. Nathan.

Christopher Gravett, photographies originales de Geoff Dann, ***Le temps des château forts***, Éd. Gallimard Jeunesse.

Andrew Langley, ***Vivre au Moyen Âge***, Éd. Gallimard Jeunesse.

5 Enrichir son vocabulaire

Des mots liés à une époque

Je réfléchis

1 Dans ce texte, à quelle époque Farida s'est-elle retrouvée ? Relève les mots qui te permettent de répondre.

Farida a une machine à remonter le temps. Elle appuie sur un bouton ; la machine se met à tourner, vite, de plus en plus vite. Elle virevolte, s'agite puis plus rien. Farida regarde par le hublot et aperçoit une forêt très dense. Au loin, près d'un lac, des hommes pêchent avec des harpons en os. Sur la droite, un chaman semble danser au pied d'un menhir. Farida descend, mais la terre se met à trembler. Elle se retourne et elle aperçoit un mammouth.

2 Trouve l'intrus dans chaque série.

a. une armure • un château fort • un cybercafé • une auberge • un page.

b. un propulseur • un mammouth • un silex • un manuscrit • Cro-Magnon.

c. un centre commercial • un téléphone portable • un satellite • une cotte de mailles • un gilet pare-balle.

3 Associe chaque texte à l'époque qui correspond : la préhistoire, le Moyen Âge ou aujourd'hui.

1. Les rois établissent leur pouvoir sur tout le royaume de France. Des sénéchaux ou des baillis sont envoyés dans les provinces pour les représenter.

2 En France, les réseaux de transport sont denses. Les échanges internationaux se font par avion. Les transports ferroviaires, excepté le TGV et les transports fluviaux, ont régressé.

3. Les hommes du Néolithique construisent des mégalithes : les menhirs et les dolmens. Les dolmens sont des nécropoles. La dalle verticale recouvre une tombe où on découvre parfois des ossements humains.

La préhistoire

une poterie • un silex • un propulseur • une grotte • des harpons • un percuteur • un mammouth • un dolmen • le Néolithique…

Le Moyen Âge

une armure • des éperons • une cotte de mailles • des armoiries • une herse • un fléau • un château fort • la Cour • une seigneurie • un chevalier • un écuyer…

Aujourd'hui

Internet • un visiophone • du biocarburant • des panneaux photovoltaïques • un logiciel • la télévision • un centre commercial • une navette spatiale • une station orbitale…

Je m'entraine

4 ●●● Classe ces mots dans les listes ci-dessus qui conviennent.

atomique • un biface • le Paléolithique • un templier • un adoubement • un blason • un troubadour • une automobile • un menhir

5 ●●● Complète les phrases avec les mots :

menhirs • blason • cybercafé • biface • enluminures • téléphone portable.

a. Dans la collection de BD *Astérix et Obélix*, Obélix fabrique des …1… . En réalité, ils ont été conçus bien avant l'époque gauloise.

b. Sur le …2… du chevalier, on peut deviner un château.

c. L'homme préhistorique utilisait un …3… pour découper sa viande.

e. Ma grande sœur a reçu un appel sur son …4… .

f. Les moines décoraient les manuscrits avec des …5… .

6 ●●● Retrouve pour chaque mot la définition qui convient :

un nomade • des éperons • un oppidum.

a. une construction fortifiée généralement située sur une hauteur.

b. une personne ou un peuple qui n'a pas d'habitation fixe et qui se déplace souvent.

c. des accessoires fixés sur les chevilles d'un cavalier lui permettant de diriger plus précisément son cheval.

7 ●●● Choisis les mots qui correspondent le mieux à chaque image. Trouve ensuite d'autres mots auxquels ces deux images te font penser.

un parchemin • un téléphone • Internet • une enluminure • un clavier • une plume • une imprimante • un moine • un ordinateur

a

Enluminure extraite de *L'histoire du Saint Graal*, 13e siècle, British Museum, Londres.

b

5 Écrire des textes documentaires historiques

Pour écrire un texte documentaire historique, je dois :

1. trouver un thème lié à une époque historique et un titre ;
2. écrire un texte de présentation du thème, puis des paragraphes qui développent chacun une information importante ;
3. utiliser une ou plusieurs illustrations, des photos, des cartes…
4. légender ces illustrations ;
5. organiser la page pour la rendre lisible.

1 J'écris une légende

Choisis une illustration et écris une légende de quelques lignes pour expliquer ce que font les paysans. Trouve ensuite un titre. Aide-toi du lexique ci-dessous.

Pietro Crescenzi, miniatures extraites du *Traité d'agronomie, calendrier des travaux agricoles du Rustican*, 1459, musée Condé, Chantilly.

Lexique

- **Battage** : action qui consiste à battre les épis pour en faire sortir les graines de céréales.
- **Céréales** : plantes dont les graines servent à nourrir les hommes ou les animaux (le blé, l'avoine, l'orge…)
- **Faucille** : instrument constitué d'une lame recourbée et d'un manche en bois, qui sert à couper les tiges des herbes et des céréales.
- **Fléau** : instrument qui sert à battre les céréales.
- **Gerbe** : botte de céréales coupées et liées ensemble.
- **Moisson** : récolte des céréales.

Je vérifie

- Je vérifie que tous les **mots du lexique** sont utilisés.

2 J'écris des légendes

Situation 1

Écris les légendes correspondant aux numéros 1, 2 et 3 sur l'illustration.
Aide-toi des questions suivantes.

1. Lors de la prise d'une ville fortifiée, que font les archers ? Où se positionnent-ils ?
2. Pourquoi les assaillants utilisent-ils des échelles ?
3. Avec quel matériau les assaillants chargent-ils les bombardes ? À quoi peuvent-elles servir ?

Les Chroniques de Jean Froissart, Le siège de la ville de Duras, 1377, BNF.

Je vérifie
- Les **légendes** sont des réponses aux questions posées.

Situation 2

Écris une légende pour expliquer ce qu'est un pont-levis et ce que sont les piques. Tu peux t'aider d'un dictionnaire.

3 J'écris un texte documentaire historique

1. **À partir de l'image ci-contre et de recherches complémentaires, écris un texte documentaire historique.**
2. **Trouve le thème et invente un titre.**
3. **Écris une introduction en répondant aux questions.**
   a. Que représente ce document ?
   b. Qui a découvert ces peintures ?
   c. Quand ? Où ? Comment ?
4. **Ajoute des légendes pour décrire les éléments qui composent cette peinture : les couleurs, les animaux…**
   Utilise les mots des listes, page 71.

Peinture rupestre, vers 15 000 av. J.-C. Grotte de Lascaux (Dordogne).

Je vérifie
- Mon **introduction** répond aux questions posées. Les **textes** et l'**illustration** se complètent.

J'améliore mon texte

- **Grammaire** pages 150-151 — J'ai rédigé mes textes à la 3e personne.
- **Grammaire** pages 152-163 — J'ai utilisé le présent ou le passé (passé composé, imparfait).

5 Oral

Décrire des objets anciens

Situation 1

Observe cette machine mise au point par Léonard de Vinci. Imagine son utilisation.

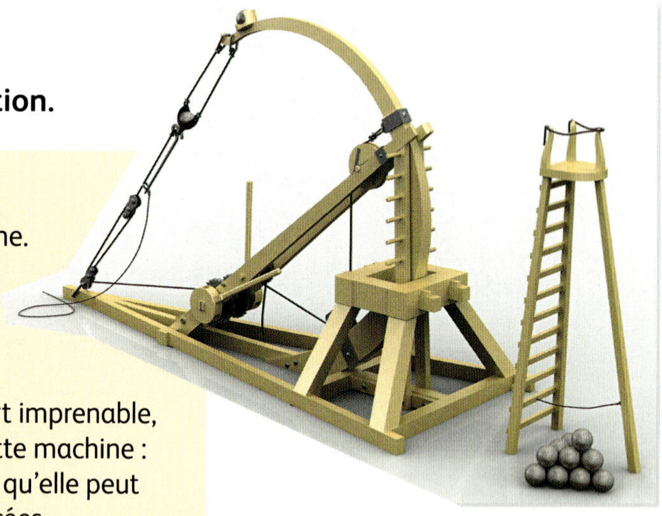

Contrairement aux modèles anciens qui utilisaient de lourds contrepoids et des cordes tordues, la **catapulte de Léonard de Vinci** exploite l'énergie produite en pliant une planche pour lancer le projectile.

Pour te préparer

- Décris les différentes parties de cette machine.
- Explique à quoi elle peut servir. Quelles sont ses améliorations par rapport aux machines existantes à l'époque ? Utilise la légende.
- Imagine un contexte (devant un château fort imprenable, par exemple) et invente les avantages de cette machine : sa force, la vitesse des projectiles, les dégâts qu'elle peut causer sur un mur épais, la longueur des lancées…

Pour écouter une ou un camarade

- Résume ce qu'a expliqué ta ou ton camarade.

Situation 2

Tu es guide dans un château et tu fais visiter la salle d'armes.

Pour te préparer

- Adresse-toi à tes camarades comme si tu ne les connaissais pas : « Mesdames, Messieurs », et vouvoie-les.
- Choisis un objet. Situe-le : « Face au mur, à votre gauche, on peut voir… »
- Puis décris-le en indiquant à quoi il sert.

Pour écouter une ou un camarade

- Quel objet t'a semblé le mieux décrit ? Pourquoi ?

À vive voix

Dis ce texte sans te tromper.

Salut, Sire chasseur, citoyen sage et plein d'âge, aux yeux chassieux, au sang chaud, sois chanceux ! Sache en ce jour serein, sans chagrin, chasser, chose aisée, ce chat sauvage caché sous ces chiches souches de sauge sèche. (Julos Beaucarne)

Ta ou ton camarade a-t-elle (il) mal prononcé certains mots ? Lesquels ?

Unité 6

Un conte détourné

Livre d'images, Londres, début du 20e siècle.

1. Quels personnages du *Petit Chaperon rouge* reconnais-tu dans les deux images ?
2. Dans l'affiche ci-dessous, quels autres personnages vois-tu ?
3. L'affiche porte le titre « La Véritable Histoire du Petit Chaperon rouge ». Qu'en penses-tu ?

Dans cette unité, tu vas :

- lire un conte célèbre et une version détournée de ce conte ;
- écrire en détournant un conte connu ;
- raconter à l'oral un passage de conte détourné.

6 Lire un conte célèbre

- Quel passage du conte *Le Petit Chaperon rouge* est illustré ici ?
- Connais-tu le nom de l'auteur ?
- As-tu déjà lu le texte original ?
- Peux-tu résumer l'histoire ?

Récit complet

Le Petit Chaperon rouge

Il était une fois une petite fille de village, la plus jolie qu'on eût su voir ; sa mère en était folle, et sa mère-grand plus folle encore. Cette bonne femme lui fit faire un chaperon rouge, qui lui seyait si bien, que partout on l'appelait le Petit Chaperon rouge. Un jour sa mère ayant cuit et fait des galettes, lui dit : « Va voir comme se porte ta mère-grand, car on m'a dit qu'elle était malade, porte-lui une galette et ce petit pot de beurre. » Le Petit Chaperon rouge partit aussitôt pour aller chez sa mère-grand, qui demeurait dans un autre village. En passant dans un bois elle rencontra compère le Loup, qui eut bien envie de la manger ; mais il n'osa, à cause de quelques bucherons qui étaient dans la forêt. Il lui demanda où elle allait ; la pauvre enfant qui ne savait pas qu'il est dangereux de s'arrêter à écouter un Loup, lui dit :

« Je vais voir ma mère-grand, et lui porter une galette avec un petit pot de beurre que ma mère lui envoie.

– Demeure-t-elle bien loin ? lui dit le Loup.

– Oh ! oui, dit le Petit Chaperon rouge, c'est par-delà le moulin que vous voyez tout là-bas, là-bas, à la première maison de village.

– Eh bien, dit le Loup, je veux l'aller voir aussi ; je m'y en vais par ce chemin ici, et toi par ce chemin-là, et nous verrons à qui plus tôt y sera. »

Le Loup se mit à courir de toute sa force par le chemin qui était le plus court, et la petite fille s'en alla par le chemin le plus long, s'amusant à cueillir des noisettes,

Je comprends

1 Pourquoi la petite fille s'appelle-t-elle le Petit Chaperon rouge ?

2 Quel sentiment ont la mère et la grand-mère pour la fillette ?

3 Que penses-tu de la façon dont le Petit Chaperon rouge répond au Loup ?

4 Comment définirais-tu le caractère de la fillette ?

5 Que signifie « Tire la chevillette, la bobinette cherra » ?

6 Pourquoi le Loup dévore-t-il la grand-mère ? Et pourquoi dévore-t-il la fillette ?

7 Quels mots ou expressions du texte n'emploie-t-on plus aujourd'hui ?

8 Connais-tu une autre fin à ce conte ?

à courir après des papillons, et à faire des bouquets des petites fleurs qu'elle rencontrait. Le Loup ne fut pas long à arriver à la maison de la mère-grand ; il heurte : Toc, toc. « Qui est là ?

– C'est votre fille, le Petit Chaperon rouge, dit le Loup, en contrefaisant sa voix, qui vous apporte une galette, et un petit pot de beurre que ma mère vous envoie. »

La bonne mère-grand qui était dans son lit à cause qu'elle se trouvait un peu mal, lui cria : « Tire la chevillette, la bobinette cherra. » Le Loup tira la chevillette, et la porte s'ouvrit. Il se jeta sur la bonne femme, et la dévora en moins de rien ; car il y avait plus de trois jours qu'il n'avait mangé. Ensuite, il ferma la porte, et s'alla coucher dans le lit de la mère-grand, en attendant le Petit Chaperon rouge, qui quelque temps après, vint heurter à la porte. Toc, toc.

« Qui est là ? » Le Petit Chaperon rouge, qui entendit la grosse voix du Loup, eut peur d'abord, mais croyant que sa mère-grand était enrhumée, répondit : « C'est votre fille, le Petit Chaperon rouge, qui vous apporte une galette et un petit pot de beurre que ma mère vous envoie. » Le Loup lui cria, en adoucissant un peu sa voix : « Tire la chevillette, la bobinette cherra. » Le Petit Chaperon rouge tira la chevillette, et la porte s'ouvrit.

Le Loup, la voyant entrer, lui dit en se cachant dans le lit sous la couverture : « Mets la galette et le petit pot de beurre sous la huche, et viens te coucher avec moi. » Le Petit Chaperon rouge se déshabille, et va se mettre dans le lit, où elle fut bien étonnée de voir comment sa mère-grand était faite en son déshabillé ; elle lui dit :

« Ma mère-grand, que vous avez de grands bras !

– C'est pour mieux t'embrasser, ma fille.

– Ma mère-grand, que vous avez de grandes jambes !

– C'est pour mieux courir, mon enfant.

– Ma mère-grand, que vous avez de grandes oreilles !

– C'est pour mieux écouter, mon enfant.

– Ma mère-grand, que vous avez de grands yeux !

– C'est pour mieux voir, mon enfant.

– Ma mère-grand, que vous avez de grandes dents !

– C'est pour te manger. » Et, en disant ces mots, ce méchant loup se jeta sur le Petit Chaperon rouge, et la mangea.

CHARLES PERRAULT, *Contes de ma mère l'Oye.*

Je lis à haute voix

- Lis la fin du conte à partir la ligne 38. Utilise trois façons différentes de dire les phrases selon qu'il s'agit :
  – du narrateur qui raconte ;
  – des paroles du Loup ;
  – des paroles du Petit Chaperon rouge.

Échangeons autour du texte

- Le livre de Perrault a eu aussi pour titre : *Contes du Temps passé, avec des Moralités.* Quelle moralité peut-on tirer de ce conte ?

J'ajoute une phrase à l'histoire

- Écris ce que se dit le Loup en constatant la présence de « quelques bucherons qui étaient dans la forêt ».

5 Lire un conte détourné

• À ton avis, où se passe l'histoire ?

Récit complet

Le Loup de la 135e

Hé ! Chili Vince, mon vieil ami ! Encore là ! Mon Prince, tu vas t'user les yeux à regarder les passants comme ça ! Allez, fais-moi une petite place…

Y a bien du monde à se promener aujourd'hui. C'est dimanche, tu m' diras… Oh ! Regarde celui-là comme il est beau ! Le petit rouge, là, tu vois ? Il me rappelle quelqu'un…

Moi, à son âge, j'allais tout comme lui, en rouge, aussi beau et tout pareil !

Rouge des pieds à la tête et de la tête aux pieds ! Tu te souviens ?

Pantalon rouge, chemise rouge, maillot rouge, chaussettes et souliers rouges.

C'était du temps où j'habitais là-haut, pas loin de chez toi, dans ce quartier pas trop rupin[1]. Des dollars, y en avait pas trop, mais pas moins que chez vous autres. Moi, j'étais pas malheureux pour autant : rien dans les poches, mais rien dans la cervelle non plus ! J'avais pas de soucis, quoi. Je passais mes journées à rêver… Ma mère, la pauvre, du temps pour rêver, elle en avait pas…

1. **rupin** : riche

Souviens-toi le jour où on s'est croisés pour la première fois, toi et moi : c'était dans une rue où j'aurais jamais dû être. Ma mère m'avait envoyé chez le vieux Johnson, le grand-père. Tu dois te rappeler de celui-là ! Y avait deux ou trois choses à lui porter, mais ma mère, elle avait trop à faire… Alors elle m'a collé le paquet sous le bras.

Y avait pourtant un sacré bout de chemin jusque chez le grand-père !

Ah çà ! Il habitait loin, le vieux Johnson ! De l'autre côté de la forêt… C'est vrai, cette ville, sans rire, c'est une vraie forêt ! Rouge et grise, et bien profonde, avec ses arbres de brique et de ferraille et ses grottes de béton. J'ai toujours pensé ça, pas toi ? Moi, je l'aimais bien, ma forêt grise…

Ma mère, elle s'inquiétait : « Fais bien attention. Ne traine pas, le chemin est long. Ne t'arrête pas en route. Et surtout ne parle à PERSONNE ! »

De quoi elle avait peur, ma mère ? Que je rencontre le loup peut-être !

Moi, avec ma tête vide, tout ce que je voyais c'était que j'avais une journée de balade devant moi, à flâner et à fouiner. À ramasser des trésors…

Finalement, ce jour-là, je l'ai rencontré, le LOUP !

Je veux dire… Oui Chili, c'était toi : Chili Vince, le loup du quartier !

T'étais de la grande classe, et plus vieux, et plus grand, et plus costaud que moi. Ça m'impressionnait, alors y avait pas à discuter !

Ah ! Mais je le regrette pas, tu sais ! Parce que si j'avais pas croisé ton chemin, peut-être bien que tu serais pas ici à m'écouter radoter aujourd'hui !

Enfin… à l'époque, tu avais su m'embrouiller avec tes belles paroles !

Rappelle-toi comme tu m'avais filouté ce jour-là !

Je sais plus trop ce que tu m'avais promis, mais moi, je t'ai donné l'adresse du vieux Johnson. Alors, tu m'as proposé de faire la course avec toi.

Faire la course avec Chili Vince, le loup de la 135e : ça, ça valait la peine d'être vécu !

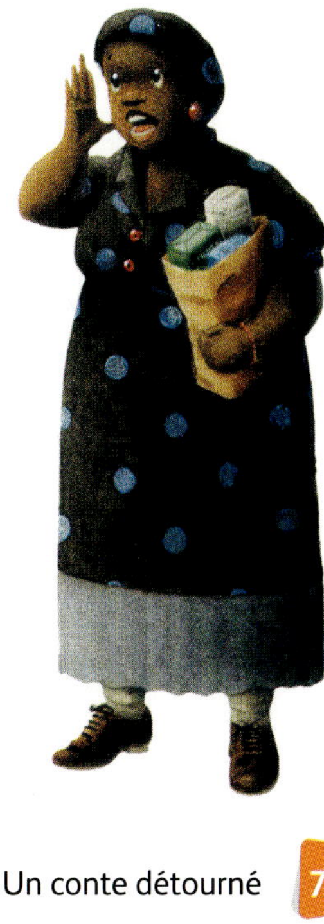

5 Lire un conte détourné

J'ai fait tout ce que tu m'as dit : « Passe par en haut, moi je passe par là-dessous… Le dernier chez Johnson est un peigne-cul ! » Et hop ! t'es parti sous terre ! Ça m'allait bien, parce que le métro, j'aimais pas beaucoup ça. Moi, j'aimais la lumière, le ciel, le monde, et la rue !

Oh ! Dis donc ! j'en avais mis du temps pour retrouver le vieux ! Au début, je pensais bien gagner la course, et puis après, les lumières et le beau monde, ça m'a tourné la tête !

Pendant que tu filais chez Johnson, moi j'ai trainé le long du parc pour regarder toutes ces choses qu'on voyait pas trop dans notre quartier. Toutes ces voitures – Cadillac, Pontiac, Buick, Lincoln ou Chevrolet Bel Air –, ça brillait ! Et la ferraille, toute joufflue, les phares levés comme des sourcils étonnés… Des bijoux de chrome, pas vrai ?

Je pouvais pas laisser passer ça, fallait que je caresse la tôle. J'ai tourné autour des engins pendant un moment. Y avait à voir, tu sais. Bien assez pour oublier le grand-père cinq minutes, et même bien assez pour t'oublier, toi, Chili Vince !

Après, j'ai filé en biais sur Broadway… Broadway ! BROADWAY ! Et là, on pouvait s'étourdir un moment encore, pas vrai ? Ah !... Broadway !...

Je comprends

1 Qui raconte l'histoire ? À qui ? Où se trouvent les personnages ?

2 Relève les mots indiquant que le texte raconte un souvenir. Pourquoi le narrateur se souvient-il tout à coup de sa jeunesse ?

3 Le narrateur parle d'un personnage habillé en rouge, d'un loup et d'une forêt. À qui ou à quoi ces mots renvoient-ils dans ce texte ?

4 Pourquoi, selon le narrateur, Chili Vince voulait-il arriver le premier chez le vieux Johnson ?

5 Pourquoi le narrateur traine-t-il en se rendant chez le vieux Johnson ?

6 Comment s'est terminée l'aventure ?

7 Le narrateur ne s'exprime pas dans un langage correct. Qu'est-ce que cela nous apprend sur lui ?

8 Maintenant que tu as lu le conte, explique le titre.

9 Quels points communs et quelles différences trouves-tu entre ce texte et celui de Perrault ?

Mais toi, Chili, Broadway, ça t'étonnait plus trop, pas vrai ? T'avais bondi de ton trou, et t'avais couru sonner chez le vieux Johnson…

Tu m'as jamais trop raconté ce qui s'était passé chez le grand-père… Je crois que le vieux, il n'a fait qu'une bouchée de toi ! Dis-moi, t'avais quoi dans l'idée ?

Tu comptais bien lui barboter quelques billets verts, pas vrai ?

Moi, j'avais pas passé le pont qu'il t'avait déjà remis droit dans tes bottes !

Tu en ris maintenant, mais à l'époque, t'étais pas aussi fier : Chili Vince, le caïd de la 135e, s'était fait tirer les oreilles par un grand-père ! Il s'en était pas laissé conter le vieux Johnson ! Tes chaussures à bout pointu et ton joli chapeau en poil de chameau, ça n'a pas dû l'impressionner beaucoup !

Quand je suis arrivé, il faisait nuit et j'avais les mains vides. Le paquet de ma mère, avec la galette et la crème, j'avais dû le laisser sur le capot d'une Cadillac de la 5e Avenue ! Moi aussi j'y avais eu droit à la leçon !

Alors, on est repartis la tête basse et les oreilles rouges. Vite, le pont de Brooklyn ! Vite, Broadway ! Vite, le long du parc ! Vite, retrouver la maison ! Il faisait nuit noire et c'était loin, nom de nom ! Moi puni, toi penaud, cent quarante blocs à monter, toute la forêt de Manhattan. Et plus de métro. Ah ! On a eu le temps de faire connaissance. Ça oui, on a eu quatre fois le temps de devenir les compères qu'on est !

Enfin, je parle, je parle, mais il fait presque nuit… On va encore se retrouver tous les deux à sillonner les rues dans le noir !

Texte de Rébecca Dautremer, illustrations d'Arthur Lebœuf, *Le Loup de la 135e*, © Éditions du Seuil, 2008.

Je lis à haute voix

- Lis un de ces passages de l'histoire :
  – le souvenir de la première rencontre (lignes 14 à 18) ;
  – les recommandations de la mère (lignes 24 à 26) ;
  – le départ de la course (lignes 37 à 49) ;
  – l'échec de Chili Vince (lignes 68 à 79).
- Ta façon de lire doit correspondre à la façon de parler du narrateur.

Échangeons autour du texte

- À ton avis, que s'est-il passé chez le vieux Johnson ?

J'ajoute des phrases à l'histoire

« Moi aussi j'y avais eu droit à la leçon ! »

- Raconte en deux ou trois phrases cette leçon que le grand-père a donnée au narrateur.

Distinguer récit, dialogue et commentaire

Je réfléchis

- **Dans quels passages de ce texte le narrateur raconte-t-il l'histoire ? Dans lesquels les personnages parlent-ils ?**

Le Loup ne fut pas long à arriver à la maison de la mère-grand ; il heurte : Toc, toc. « Qui est là ? – C'est votre fille, le Petit Chaperon rouge, dit le Loup, en contrefaisant sa voix, qui vous apporte une galette, et un petit pot de beurre que ma mère vous envoie. » La bonne mère-grand qui était dans son lit à cause qu'elle se trouvait un peu mal, lui cria : « Tire la chevillette, la bobinette cherra. » Le Loup tira la chevillette, et la porte s'ouvrit. CHARLES PERRAULT, *Le Petit Chaperon rouge*.

- **Le passage écrit en gras ci-dessous correspond-il a un dialogue entre les personnages ? une action appartenant à l'histoire ? un commentaire du narrateur ?**

Je ne sais plus trop ce que tu m'avais promis mais moi, je t'ai donné l'adresse du vieux Johnson. Alors, tu m'as proposé de faire la course avec toi. **Faire la course avec Chili Vince, le loup de la 135e : ça, ça valait la peine d'être vécu !** J'ai fait tout ce que tu m'as dit. RÉBECCA DAUTREMER, *Le Loup de la 135e*.

Je retiens

Dans un texte qui raconte une histoire, on trouve des passages qu'il ne faut pas confondre :
- le **récit** proprement dit, raconté par un narrateur ;
- les **dialogues** qui reproduisent les paroles des personnages (encadrées par des guillemets ou indiquées par des tirets) ;
- les **commentaires du narrateur** sur l'histoire qu'il raconte (parfois entre parenthèses).

Je m'entraine

1 ●○○ **Recopie en bleu les lignes du texte où le narrateur raconte l'histoire et en vert celles où un personnage parle.**

Le prince Oscar voudrait tant retrouver la jeune fille à la chevelure de feu qui lui a donné de l'eau à boire il y a quelques jours. Persuadé qu'il ne la reverra jamais, il est très malheureux. Son vieux maitre s'approche doucement et lui dit : « Monseigneur, vous devriez de nouveau retourner dans le vieux village où vous avez rencontré la demoiselle ». « À quoi bon ? » répond le prince. Pendant ce temps au village, la jeune Madelon pense à ce chevalier qui lui a si poliment demandé de l'eau alors qu'elle revenait du puits.

2 ●●○ **Recopie :**
– en bleu les lignes où le narrateur raconte l'histoire ;
– en rouge celles où il fait un commentaire ;
– en vert celles où un personnage parle.

Quand le loup est arrivé à la maison des petits chevreaux, il a pris une voix douce (je sais : c'est difficile pour un loup) pour dire ce qu'il avait préparé : « Petits chevreaux, ouvrez-moi, je suis une pauvre chevrette perdue. » Mais les cabris se sont mis à rire (comme les cabris savent rire) et ont répondu : « Pauvre loup, si tu crois que nous ne te reconnaissons pas, tu te trompes ! » Alors le loup est reparti furieux.

Méli Mélo

Une anagramme est un mot formé avec les lettres d'un autre mot. *Exemple* : AIMER → MAIRE.

Trouve les anagrammes des mots suivants : AUBE • POIGNE • ARBRE • MERCI • CARTE

Faire le point

Le conte détourné

Je réfléchis

- **Dans le texte *Le Loup de la 135ᵉ* (pages 78 à 81) :**
  - quels éléments de l'histoire du Petit Chaperon rouge retrouves-tu ?
  - les personnages sont-ils exactement les mêmes que ceux du conte d'origine ? et les lieux ? et l'époque ?
  - qu'est devenue la forêt du conte d'origine ?
  - le Loup de la 135ᵉ veut-il manger quelqu'un ?
- **Quel effet ce texte produit-il sur le lecteur ?**

Je retiens

***Le Loup de la 135ᵉ* est un conte détourné :**

- Un **conte détourné** est écrit à partir d'un conte célèbre. Il en reprend les principaux éléments.
- Certains éléments sont changés : les personnages, les lieux ou l'époque, les actions, même sa fin.
- On retrouve des mots ou des expressions venant des contes connus.
- Le conte détourné cherche à surprendre le lecteur et à le faire sourire.

Je m'entraine

1 ●○○ À quels contes connus ces histoires te font-elles penser ? Identifie les personnages et repère les modifications apportées.

A. Mademoiselle Sauve-qui-peut est une fillette espiègle et maligne. Partout où elle passe, tout le monde la fuit. Sa mère, excédée, l'envoie chez sa grand-mère porter un petit pot de beurre. Mais sa grand-mère n'est pas chez elle. Seul le loup est là à l'attendre. La fillette le jette aussitôt dehors. La grand-mère demande à sa petite-fille d'arrêter d'embêter cet animal très gentil.

D'après P. Corentin, *Mademoiselle Sauve-qui-peut*, © L'École des loisirs.

B. Une nuit, Yann réveille ses six frères ainés. Il faut fuir : leur père a menacé de les tuer. Irrésistiblement attirés par l'Océan, les sept enfants marchent vers l'ouest.

D'après J.-C. Mourlevat, *L'enfant Océan*, © Pocket Jeunesse.

2 ●●○ Lis cette version détournée du conte *Boucle d'or et les trois ours*, puis réponds aux questions.

Cheveux-Bleus rêvait d'explorer l'immeuble et, un jour que sa maman n'avait pas refermé la porte, il sortit, bien décidé à faire la connaissance des voisins. Au 4ᵉ étage, la porte de l'appartement 412 était entrouverte et une musique se faisait entendre. S'approchant sur la pointe des pieds, il jeta un coup d'œil. Il vit une cuisine et distingua trois bols fumants devant le micro-ondes : un très grand, un moyen et un tout petit.

a. Quelles sont les modifications apportées au conte d'origine ?

b. Certains éléments ont-ils été conservés ?

D'autres récits...

●○○ Philippe Lechermeier et Rébecca Dautremer (illustrations), ***Journal secret du Petit Poucet***, © 2009, Éd. Gautier-Languereau.

●●○ Christian Jolibois et Christian Heinrich, ***La Poule au Bois Dormant***, © Éd. Pocket Jeunesse un département d'Univers Poche, 2014.

●●● Gérard Moncomble, ***Romain Gallo contre Charles Perrault***, Éd. Pocket Jeunesse.

6 Enrichir son vocabulaire

Des mots pour détourner un conte

Je réfléchis

1 Classe les mots en orange en deux colonnes :
– ceux qui peuvent se trouver dans le conte traditionnel ;
– ceux qui montrent que le conte est détourné.

a. Ah çà ! Il habitait loin, le vieux Johnson ! De l'autre côté de la forêt… C'est vrai, cette ville, sans rire, c'est une vraie forêt ! Rouge et grise, et bien profonde, avec ses arbres de brique et de ferraille et ses grottes de béton. J'ai toujours pensé ça, pas toi ? Moi, je l'aimais bien, ma forêt grise…

b. Et hop ! t'es parti sous terre ! Ça m'allait bien, parce que le métro, j'aimais pas beaucoup ça. Moi, j'aimais la lumière, le ciel, le monde, et la rue !

c. Pendant que tu filais chez Johnson, moi j'ai traîné le long du parc pour regarder toutes ces choses qu'on voyait pas trop dans notre quartier. Toutes ces voitures – Cadillac, Pontiac, Buick, Lincoln ou Chevrolet Bel Air –, ça brillait ! Et la ferraille, toute joufflue, les phares levés comme des sourcils étonnés… Des bijoux de chrome, pas vrai ?

RÉBECCA DAUTREMER, *Le Loup de la 135e*, © Seuil Jeunesse.

2 Lis ces deux versions du conte *La Belle au Bois dormant*.

A. Au bout de quinze ou seize ans, le roi et la reine étaient allés à une de leurs maisons de plaisance. Il arriva que la jeune princesse, courant un jour dans le château, et montant de chambre en chambre, pénétra dans un petit galetas, où une bonne vieille était seule à filer sa quenouille. Cette bonne femme n'avait point ouï parler des défenses que le roi avait faites de filer au fuseau en présence de la princesse.
– Que faites-vous là, ma bonne dame ? demanda la princesse.
– Je file, ma belle enfant, lui répondit la vieille qui ne la connaissait pas.

B. Au bout de quinze ou seize ans, le général-président et son épouse étaient allés dans une de leurs résidences secondaires. Il arriva que leur fille unique, courant un jour dans la propriété, et montant d'étage en étage, pénétra dans une petite pièce isolée. Une vieille femme y était seule à regarder la télévision. Cette brave femme n'avait pas entendu parler de l'interdiction que le général avait faite de regarder la télévision en présence de sa fille.
– Que faites-vous là, madame ? demanda la jeune fille.
– Je regarde la télévision, ma belle enfant, lui répondit la vieille femme qui ne la connaissait pas.

a. Repère la version traditionnelle et la version détournée de ce conte.
b. Relève les mots qui ont changé entre les deux textes.

les personnages

- **traditionnel** : la mère-grand • la marâtre • le cadet • la demoiselle • la princesse • la sorcière • l'ogre • le croquemitaine
- **moderne** : le maire • le préfet • la star • l'artiste • le prestidigitateur • le boucher • le banquier • le docteur • le voleur • le bandit • le voyou

les lieux

- **traditionnel** : la maisonnette • la chaumière • le château • le palais • le galetas • la bicoque • la forêt • la grotte • le village…
- **moderne** : la villa • la résidence • le pavillon • l'appartement • l'immeuble • le bidonville • la caravane • la ville • la banlieue • le supermarché • la gare • l'aéroport

les transports

- **traditionnel** : le cheval • le carrosse • la diligence • les bottes de sept lieues • le balai de la sorcière
- **moderne** : la voiture • l'avion • la fusée • la péniche • le hors-bord • le train • le tramway • la mobylette • la trottinette • les rollers • le métro

les moyens de communication

- **traditionnel** : la colombe • le pigeon voyageur • la bouteille à la mer • le messager
- **moderne** : la télévision • le téléphone • le courriel • Internet • le facteur • le texto • la publicité

Je m'entraine

3 Associe chaque mot suivant à la définition et au dessin qui conviennent.

un galetas • une chaumière • un croquemitaine • une marâtre

a. Logement misérable et minuscule aménagé au dernier étage d'une maison, sous les toits.
b. Petite maison dont la toiture est recouverte de chaume, de paille de blé ou de tiges de roseaux.
c. Méchante belle-mère.
d. Personnage imaginaire qui fait peur.

1

2

3

4

4 Quels mots des listes ci-dessus correspondent aux définitions suivantes ?

a. Personne qui fait des tours de magie.
b. Voiture luxueuse tirée par des chevaux.
c. Petite maison mal construite et qui n'est pas très belle.
d. Grand véhicule de transport en commun, à l'intérieur d'une ville, qui circule sur des rails et avance grâce au courant électrique.
e. Maison avec un jardin.

5 Transforme ces phrases extraites de contes de Charles Perrault pour en faire une version détournée.

a. Lorsque cette belle fille arriva au logis, sa mère la gronda de revenir si tard de la fontaine.

Les Fées

b. Au moment où le bucheron et la bucheronne arrivèrent chez eux, le seigneur du village leur envoya les dix écus qu'il leur devait.

Le Petit Poucet

c. Le Maitre Chat, qui allait toujours devant, rencontra des moissonneurs, et leur dit : « Bonnes gens qui moissonnez, si vous ne dites que tous ces blés appartiennent à Monsieur le Marquis de Carabas, vous serez tous hachés menu comme chair à pâté. »

Le Chat botté

Gravure de Gustave Doré (1832-1883).

6 Écrire des contes détournés

Pour écrire un conte détourné, je dois :

1. choisir un conte connu ;
2. faire la liste des personnages et des lieux de ce conte en donnant leurs caractéristiques ;
3. modifier un ou plusieurs de ces éléments et transposer l'histoire dans une époque différente ou mélanger plusieurs contes ;
4. raconter les différentes étapes du conte avec les nouveaux éléments.

1 Je modifie des éléments d'un conte

Situation 1 Je change une ou plusieurs caractéristiques des personnages d'un conte.

Choisis un de ces personnages du conte *Le Petit Poucet*.
Change plusieurs de ses caractéristiques. Puis décris-le en quelques phrases en insistant sur les modifications que tu as opérées.

- **Le Petit Poucet** : garçon • petit • silencieux • le plus jeune des 7 frères • souffre-douleur de la famille • intelligent • curieux • courageux…
- **Le père** : bucheron • très pauvre • veut abandonner ses enfants dans la forêt…
- **La mère** : ne veut pas abandonner ses enfants • obéit à son mari • regrette de les avoir abandonnés…
- **Les frères du Petit Poucet** : au nombre de 6 • peureux • ne savent pas se défendre • plus grands et plus âgés que le Petit Poucet…
- **L'ogre** : géant • toujours affamé et assoiffé • mange les enfants • féroce • aime ses filles • très riche • possède des bottes magiques…
- **La femme de l'ogre** : femme • a pitié des enfants • craint son mari et lui obéit • met en garde le Petit Poucet et ses frères • essaie de les protéger…

Je vérifie

- J'ai modifié **une ou plusieurs caractéristiques** du personnage que j'ai choisi.
- Je peux souligner dans mon texte **les passages qui décrivent ces caractéristiques**.

Situation 2 Je change l'époque et le lieu d'un conte.

Imagine que le Petit Poucet vit à notre époque. Récris ces phrases en remplaçant les éléments en couleur pour détourner le conte d'origine. Tu peux t'aider des mots des listes page 85.

a. Les parents du Petit Poucet vivaient dans une chaumière, à la lisière de la forêt.

b. Une année, la famine fut si grande qu'ils décidèrent d'abandonner leurs enfants.

c. Le seigneur du village leur envoya cent écus qu'il leur devait depuis longtemps.

d. L'ogre rattrapa les enfants grâce à ses bottes de sept lieues.

e. Tout au long du chemin, le garçon laissa tomber des petits cailloux.

Je vérifie

- Les **mots** que j'ai proposés en remplacement sont **de la même catégorie** (lieu, personnage, objet…) que ceux des phrases de l'exercice.

2 J'écris un épisode de conte détourné

Situation 1

Écris un épisode de conte détourné de *Cendrillon*.
Introduis dans ton histoire un dialogue entre Cendrillon et un ou plusieurs personnage(s) et un passage de commentaire.
Aide-toi du « Je retiens » de la page 82.

Je vérifie

- On retrouve l'histoire de Cendrillon dans mon conte détourné. **J'ai fait parler les personnages. J'ai écrit un commentaire.**

Situation 2

Écris un épisode de conte détourné dans lequel tu utiliseras une de ces répliques extraites de contes célèbres.
« Par les poils de mon petit menton, il n'en est pas question. »
« Miroir, gentil miroir, dis-moi qui est la plus belle de toutes les femmes. »
« Anne, ma sœur Anne, ne vois-tu rien venir ? »

Je vérifie

- J'ai introduit la réplique célèbre par **un verbe comme *dire, s'écrier, supplier*...** Mon histoire correspond bien à cette réplique.

3 Je détourne des contes en les mélangeant

Une autre façon de détourner les contes est de les mélanger.
Écris le dialogue entre le Petit Poucet et le Petit Chaperon rouge qu'il rencontre alors qu'il cherche son chemin.
Choisis une de ces idées.

a. Le Petit Poucet s'aperçoit que le Petit Chaperon rouge a ramassé tous les cailloux ; ils se disputent.

b. Le Petit Chaperon rouge demande au Petit Poucet d'aller à sa place porter les provisions à sa grand-mère.

c. Le Petit Chaperon rouge propose au Petit Poucet et à ses frères de partager la galette et le petit pot de beurre.

Je vérifie

- J'ai écrit un **dialogue**. J'ai utilisé les pronoms ***je*** et ***tu*** pour faire parler le Petit Poucet ou le Petit Chaperon rouge.
- Chaque personnage prend la parole à son tour.
- Quand je relis, les répliques s'enchainent bien.

J'améliore mon texte

Grammaire pages 146-147 J'ai utilisé des compléments de phrase pour donner des précisions.
Orthographe pages 190-191 J'ai vérifié l'accord des adjectifs avec les noms.
Vocabulaire pages 210-211 J'ai utilisé un niveau de langue courant.

6 Oral

Jouer un conte

Situation 1

Tu es Chili Vince (texte pages 78 à 81).
Raconte ce qui s'est passé quand tu es arrivé chez le grand-père.

Pour te préparer
- Imagine la scène : le lieu, les sentiments des personnages.
- Prévois quelques dialogues qui donnent du rythme à ton histoire.
- Prépare une phrase pour finir ton récit.

Pour bien raconter
- Parle en disant « je ».
- Joue avec l'intonation pour mettre en valeur certains moments qui peuvent faire rire aux dépens du loup.
- Parle en regardant tes camarades.

Pour écouter une ou un camarade
- Résume ce qu'a dit ta ou ton camarade de la scène chez le grand-père.
- Redis une phrase qui t'a bien plu.

Situation 2

Tu es animatrice ou animateur d'un jeu télévisé.
Tu dois faire trouver à des candidats le titre d'un conte traditionnel. Propose des noms communs qui indiquent les lieux, les objets, les moyens de communication et de transport, les personnages du conte.

Pour te préparer
- Choisis un conte traditionnel : *Blanche-Neige*, *Le Petit Poucet*, *Le Chat botté*, *Hansel et Gretel*, *La Belle au bois dormant*…
- Établis une liste. Tu peux t'aider des listes de mots de vocabulaire page 85. Les noms propres des personnages ne doivent pas être prononcés. Ceux-ci doivent être désignés par leurs caractéristiques. Par exemple : le Petit Chaperon rouge → une petite fille avec un manteau rouge.

Pour écouter l'intervention d'une ou d'un camarade
- Quels indices t'ont permis de trouver le titre du conte ?

À vive voix

Prononce la phrase de la grand-mère du Petit Chaperon rouge « Tire la chevillette, la bobinette cherra », en changeant d'intonation : songeuse, en colère, déterminée, hésitante, amusée, terrifiante, chantante…

Quelle intonation t'a paru la plus réussie ?

Unité 7

Des récits mythologiques de l'Antiquité

Coupe du 5e siècle avant J.-C., Musée du Vatican, Rome.

1 Sur l'image du haut, le personnage ailé est le Sphynx. Connais-tu ce personnage ?

2 Sur l'image du bas, le personnage ailé est une sirène. Connais-tu une histoire avec des sirènes ?

3 Connais-tu d'autres personnages de la mythologie antique ?

Vase grec du 5e siècle avant J.-C., British Museum, Londres.

Dans cette unité, tu vas :

- lire des récits mythologiques ;
- écrire un épisode d'un récit mythologique ;
- présenter à l'oral un des travaux d'Hercule.

7 Lire des récits mythologiques de l'Antiquité

• Sais-tu qui est le Minotaure ? Qu'est-ce qu'un labyrinthe ?

Thésée et le Minotaure

Le roi de Crète Minos doit fournir régulièrement au Minotaure quatorze jeunes gens, que le monstre dévore, enfermé dans un labyrinthe. Thésée, fils du roi d'Athènes, décide de combattre le Minotaure. Au palais, il rencontre Ariane, fille du roi Minos. Ils tombent amoureux et Thésée lui promet de l'épouser. Celle-ci décide alors de l'aider et lui remet une bobine de fil blanc…

– Attache le fil à cette pierre et laisse-le se dérouler selon sa loi. Il te conduira où tu désires.

Déjà Thésée s'élance, mais Ariane l'arrête.

– N'oublie pas ta promesse, fils d'Égée.

Le héros la rassure d'une brève étreinte, puis s'enfonce entre les parois de pierre. Il marche lentement, une main tenant le fil, l'autre palpant les murs. La pénombre est épaisse, chassée parfois par la lueur vague d'une torche, que Thésée devine au fond d'un passage, au croisement d'un carrefour. Le silence surtout est effroyable. Seuls résonnent les pas étouffés du héros et, par moments, le crissement du fil qui se déroule. « Mène-moi dans le repaire du monstre », a chuchoté Thésée.

Je comprends

1. Quelle rencontre fait Thésée à son arrivée au palais de Minos ?
2. En quoi cette rencontre sera-t-elle importante ?
3. Qui dit la première phrase ? À qui ?
4. Quels mots évoquent le labyrinthe ?
5. « La bobine de fil s'est arrêtée et roule à terre. » De quoi s'agit-il ?
6. Comment Thésée comprend-il que le Minotaure est proche ?
7. Relève les passages qui présentent le Minotaure à la fois comme un animal et comme un homme.
8. Cite d'autres créatures de la mythologie qui ont un corps mi-homme, mi-animal.
9. Avec quelles armes Thésée combat-il le Minotaure ?
10. « Mène-moi dans le repaire du monstre. » ligne 10. À qui Thésée parle-t-il ?

Le jeune homme hume soudain une odeur puissante, entend une respiration haletante. La bobine de fil s'est arrêtée et roule à terre. Thésée sent sa poitrine battre à grands coups, il serre ses poings. Lentement il s'avance, et découvre celui qu'il cherche. Sous le halo[1] d'une torche, le Minotaure est allongé sur le sol. Il dort, mais d'un sommeil tumultueux, car il tressaille, il grogne… Thésée s'approche, n'ayant que ses mains nues pour armes.

C'est alors que la bête se dresse en un sursaut terrible, ses yeux rouges fixant Thésée qui recule. Dans la lueur jaunâtre, l'énorme tête aux cornes effilées, au mufle écumant, semble occuper l'antre tout entier. Un long cri, pareil à un rugissement, et il ouvre ses bras immenses. Thésée va être broyé, piétiné, dévoré.

Mais le héros s'est ramassé comme un fauve et bondit à la tête de son adversaire. Il empoigne les cornes et, de toute sa hargne, de toute sa force, l'oblige à mettre un genou à terre, puis deux. Malgré les bras qui l'enserrent et l'étouffent, il tord peu à peu le cou épais, jusqu'à entendre craquer l'os.

C'est fini. Le Minotaure s'affaisse, sans vie. Et Thésée, pantelant[2], épuisé, s'effondre à son tour sur le corps inerte du monstre. Lorsqu'il se relève enfin, il pousse un cri de triomphe, qui dit à tous qu'il a vaincu la nuit, la peur et la mort.

Saisissant une torche, il retourne sur ses pas. Sans peine aucune, puisque le fil blanc lui montre le chemin.

GÉRARD MONCOMBLE, JULIE FAULQUES, *Les plus belles légendes de la mythologie racontées par Zeus*, Éditions Nathan.

1. **un halo :** un cercle de lumière aux contours flous qui entoure un point lumineux.
2. **pantelant :** qui respire avec peine.

Je lis à haute voix

- Lis le passage des lignes 5 à 21. Marque bien les arrêts entre chaque phrase pour montrer la progression de Thésée dans le labyrinthe et l'ambiance pesante.

Échangeons autour du texte

- Qu'est-ce qui peut inspirer au lecteur de la crainte, de l'admiration, du plaisir ?

J'ajoute une phrase à l'histoire

- Écris ce que Thésée dira à son père quand il rentrera à Athènes.

7 Lire des récits mythologiques de l'Antiquité

- Connais-tu des créatures qu'Hercule a dû affronter ?
- Lequel de ces monstres va-t-il combattre dans le texte qui suit ?

Récit complet

Hercule et l'Hydre de Lerne

Hercule est condamné à accomplir douze travaux pour le compte de son cousin Eurysthée. Il doit faire face à des épreuves périlleuses.

Hercule avait déjà entendu parler de l'Hydre et savait qu'elle habitait un marais sans fond où seuls les voyageurs perdus s'aventuraient encore. Ce monstre au corps de chien, qui soufflait une haleine empoisonnée, était doté de cinquante têtes, dont une avait la particularité d'être immortelle.

Alors que le fils de Jupiter songeait à tout cela, il eut la surprise de voir venir à lui son cousin Iolas. Celui-ci, qui avait eu vent de l'épreuve imposée à son parent, venait mettre sa force et son courage à son service. Hercule fut heureux de le voir et c'est ensemble qu'ils arrivèrent au bord du marais. L'endroit était aussi sombre qu'il était atrocement puant et ils durent mettre un pan de leur habit sur leur visage pour pouvoir continuer à respirer. Iolas, rassemblant du bois mort, fit un grand feu. Il espérait ainsi amener le monstre à se montrer. Un temps infini passa. Les deux hommes retenaient leur souffle et envisageaient de rebrousser chemin, lorsque la bête fit brusquement jaillir ses têtes immondes hors du cloaque[1].

Hercule abattit sa massue sur celle qui était la plus proche de lui et la réduisit en bouillie. Mais, horreur ! Trois nouvelles têtes poussèrent aussitôt à sa place ! Le héros, ne sachant que faire, recula plus loin sur la berge. Il n'acceptait pas de

1. **un cloaque :** un endroit boueux, malpropre.

Je comprends

1. Quel exploit Hercule réalise-t-il ?
2. Relève les mots ou les expressions qui décrivent l'Hydre. Quelles sont ses principales caractéristiques ?
3. Les marais sont-ils accueillants ?
4. D'après le texte et son titre, peux-tu savoir ce que désigne le nom « Lerne » ?
5. Pourquoi Iolas vient-il rejoindre Hercule ?
6. De quelle manière se débarrassent-ils définitivement du monstre ? Précise les différentes étapes du combat.
7. Qui est le père d'Hercule ?
8. À l'origine, ces récits sont grecs. Comment s'appellent en grec les personnages d'Hercule et de Jupiter ?
9. Qu'est-ce qui montre la force extraordinaire d'Hercule ?

s'avouer vaincu, quels que soient les pouvoirs de son ennemi. Une idée lui vint en voyant Iolas tenter de ranimer son feu.

– Monte avec moi sur le char et prends avec toi une torche enflammée.

Le jeune homme ne posa pas de question et fit ce qu'on lui demandait. Hercule fouetta le cheval, qui se mit à galoper à folle allure sur la berge. De sa main libre, il faisait tournoyer son épée et décapitait la bête. À peine une tête était-elle tranchée qu'il posait aussitôt la torche incandescente[2] sur la plaie de son cou. Même si Hercule semblait sur le point de vaincre l'Hydre, le plus difficile restait à accomplir. Que faire en effet de la dernière tête, celle que l'on disait immortelle ? La fureur du monstre ne connaissait maintenant aucune limite. Il crachait son souffle fétide[3] avec une telle force qu'Hercule tomba de son char et laissa échapper son épée dans les eaux noires. Il se trouva face à la bête et, par réflexe plus que par espoir, il se mit à fouiller l'eau de la main.

Soudain, il sentit quelque chose de froid et de dur qu'il brandit devant son visage. C'était une serpe d'or. D'un seul geste, il décapita l'Hydre, dont le corps coula au fond du marais. Alors que les deux hommes reprenaient leur souffle, ils entendirent un hurlement terrifiant. Iolas désigna la tête du monstre restée sur la berge.

– Regarde, elle vit encore !

Hercule souleva alors un énorme rocher et le fit tomber sur ce qu'il restait de l'Hydre. Privée de corps, écrasée sous la pierre, même si elle continuait à siffler jusqu'à la fin des temps, elle ne nuirait à quiconque.

Les douze travaux d'Hercule, adaptation d'Anne Jona, Éditions Milan Jeunesse.

2. incandescent : brillant et brulant.
3. fétide : qui a une odeur très désagréable.

Je lis à haute voix

- Lis le début du texte jusqu'à la ligne 15. Montre l'opposition entre le calme des préparatifs et la tension après l'apparition de l'Hydre.

Échangeons autour du texte

- Qu'est-ce qui rend le combat d'Hercule particulièrement difficile ?
- Quelles qualités Hercule manifeste-t-il pour faire face à cette épreuve ?

J'ajoute une phrase à l'histoire

- Écris ce qu'Hercule pourrait dire à Iolas après avoir neutralisé l'Hydre définitivement.

Bien comprendre *à qui* ou *à quoi* renvoient les pronoms

Je réfléchis

- **Lis ce texte. Puis indique quels pronoms en gras désignent Iolas, l'Hydre et Hercule.**

Hercule avait déjà entendu parler de l'Hydre et **il** savait qu'**elle** habitait un marais sans fond. Alors que le fils de Jupiter songeait à tout cela, **il** eut la surprise de voir venir à lui son cousin Iolas. **Celui-ci** venait mettre sa force et son courage à son service. Hercule fut heureux de **le** voir et c'est ensemble qu'**ils** arrivèrent au bord du marais. Iolas, rassemblant du bois mort, fit un grand feu. **Il** espérait ainsi amener le monstre à se montrer.

Je retiens

Pour bien comprendre une histoire, je dois savoir de *qui* ou de *quoi* parle le texte.

Quand je rencontre un **pronom sujet** (*Elle habitait un marais*) ou un **pronom complément** (*Hercule fut heureux de* ***le*** *voir*), je dois chercher ***à qui*** ou ***à quoi*** il correspond.

Je m'entraine

1 ●○○ **Recopie les pronoms écrits en gras. Puis indique *à qui* ou *à quoi* ils correspondent.**

Les biches avaient deviné la présence de Diane et s'enfuirent en bondissant. La déesse de la chasse était rapide, **elle** aussi. Elle réussit à en attraper quatre et **les** attela à son char, mais la cinquième **lui** échappa. C'était **celle-là** que devait capturer Hercule. Pendant une année entière, Hercule tenta de **l'**approcher. **Il** voulait **la** prendre vivante, et surtout ne pas **la** blesser.

2 ●●○ **Complète le texte avec les pronoms ils, il, l', lui, elle, les.**

Thésée s'avance dans la lumière blême de la lune, où l'attend Ariane. ...1... s'enlacent, elle ...2... dit que son cœur ne s'est remis à battre que lorsqu'elle ...3... a vu sortir du labyrinthe. ...4... rit de bonheur. ...5... montèrent à bord du bateau qui ...6... attendait et s'éloignèrent de la Crète. Ariane, fatiguée par cette aventure, s'endormit en songeant à tous ceux qu' ...7... avait abandonnés pour sauver et suivre Thésée.

Méli Mélo

Avec les lettres **CEIHN**, tu peux écrire des mots différents : CHIEN, NICHE, CHINE

Écris des mots avec les lettres de chaque étiquette ci-dessous.
Recopie et complète les phrases.
L'étiquette et le mot à trouver sont de la même couleur.

IOLN — AEEINRT

Dans la [ ] de l'animal, la bataille qu'Hercule avait menée avec sa massue contre le [ ] avait été insuffisante. Il engagea un corps à corps qui l' [ ].
Il était [ ] de se douter que d'autres épreuves l'attendaient.

Faire le point

Les récits mythologiques

Je réfléchis

- **Dans les textes *Thésée et le Minotaure* (pages 90-91) et *Hercule et L'Hydre* (pages 92-93) :**
  - qui est le personnage principal ?
  - que doit-il faire ?
  - quelle créature doit-il affronter ?
  - qui l'aide ?

Je retiens

Dans un récit mythologique :

- un héros doit accomplir un exploit qui semble impossible ;
- le héros réussit en utilisant la ruse et la force ; il est parfois aidé.
- les descriptions des actions et des personnages sont souvent exagérées.

Je m'entraine

1 Lis le texte. Identifie le héros, précise sa mission et les personnages qui l'aident.

Eurysthée ordonne au fils de Jupiter de dérober les pommes d'or du jardin des Hespérides. En chemin, il délivre Prométhée, puni par Jupiter pour avoir donné le feu aux Hommes. Celui-ci, pour le remercier, lui indique que les pommes d'or sont gardées par un dangereux dragon à cent têtes. Il lui conseille de demander l'aide d'Atlas.

2 Remets ces phrases dans l'ordre.

a. Hercule lui fracassa la tête d'un coup de massue, et put ainsi ramener une partie du troupeau à Eurysthée.

b. Quand il arrive, le troupeau est gardé par un terrible chien à deux têtes.

c. Hercule doit d'abord traverser l'Océan.

d. Eurysthée exige d'Hercule qu'il lui ramène les bœufs de Géryon, un terrifiant berger.

e. Après de longues et pénibles discussions, le dieu Hélios lui prête une grande coupe d'or en forme de nénufar dans laquelle il pourra naviguer.

f. En souvenir de son passage entre la Méditerranée et l'Océan, Hercule érigea de ses poings deux monts de part et d'autre de l'actuel détroit de Gibraltar. Ils portent le nom de « colonnes d'Hercule ».

3 Dans le texte que tu viens de remettre en ordre :

a. quelle est la mission d'Hercule ?

b. quelle créature doit-il affronter ?

c. qui aide Hercule ? Qui tente de l'empêcher ?

D'autres récits...

Christian Grenier, ***Les douze travaux d'Hercule***, Éd. Nathan.

Claude Pouzatoux, ***La Mythologie grecque***, Éd. Nathan.

Marie Bertherat, ***Les Mythes racontés par les peintres***, Éd. Bayard Jeunesse

Des mots pour exagérer

Je réfléchis

1 Compare les textes A et B. En quoi sont-ils différents ? Relève les mots et les expressions ajoutés dans le deuxième texte.

A. Les marins suivirent Ulysse et ils pénétrèrent dans la caverne. Quand leurs yeux se furent un peu habitués à l'obscurité, ils découvrirent plusieurs fromages exposés sur des feuilles de vigne.

B. Les marins suivirent Ulysse et ils pénétrèrent dans la sombre caverne. Quand leurs yeux se furent un peu habitués à l'obscurité, ils découvrirent plusieurs gigantesques fromages exposés sur d'immenses feuilles de vigne.

Ulysse contre le Cyclope, adaptation de Nathalie Brisac, EPM Jeunesse.

2 Lis le texte, puis réponds aux questions.

Le sixième travail sollicite les qualités d'Hercule que sont sa force colossale, sa vigueur physique et sa grande habileté dans le maniement de l'arc.

Eurysthée ordonne au héros d'exterminer l'horrible nuée d'oiseaux qui terrifie la cité de Stymphale. Tout au long de son voyage, il constate les terribles dommages que provoquent les attaques incessantes de ces rapaces : les victimes dévorées par les carnassiers se comptent par centaines lors de chaque assaut.

Le héros mesure le désespoir grandissant des populations, et, bien décidé, il part en quête de ces maudits oiseaux. Les paysans qu'il rencontre le guident sur les traces des volatiles car tout le monde sait que le fils de Jupiter est seul à pouvoir supprimer le sinistre fléau qui les frappe. D'atroces cris perçants guident Hercule jusqu'à leur refuge au bord du lac Stymphale.

a. Relève les mots et les expressions qui indiquent les qualités morales et physiques d'Hercule.

b. Quelles épreuves et quels dangers Hercule doit-il affronter ? À l'aide de quels mots ces épreuves et ces dangers sont-ils présentés comme extraordinaires ?

qualités morales

- **courageux** : audacieux • hardi • téméraire • intrépide • héroïque • valeureux
- **persévérant** : ferme • tenace • résolu • déterminé • décidé
- **bon** : compatissant • bienveillant • clément • noble
- **malin** : rusé • habile • astucieux • doué • malicieux • subtil • futé

qualités physiques

- **fort** : vigoureux • robuste • imbattable • invulnérable
- **beau** : magnifique • éblouissant • splendide • sublime
- **grand** : immense • gigantesque • colossal • titanesque • imposant

épreuves et dangers

- impossible • insurmontable • inimaginable • incroyable • terrible • atroce • terrifiant • sanglant • sanguinaire • abominable
- engloutir • dévorer • déchiqueter • déchirer • massacrer • anéantir • raser • combattre • écraser
- un enlèvement • une destruction • une transformation • un déluge • un monstre • un maléfice

Je m'entraîne

3 Dans quelles listes ci-dessus ajouterais-tu les mots suivants ?

anéantir • généreux • charitable • désastre • puissant • calamité • démesuré • détruire

4 Complète ce texte avec des mots des listes ci-dessus.

La force d'Hercule est supérieure à celle des hommes ordinaires et peu de choses lui sont ...1... . Sa résistance est telle qu'il faut un ...2... niveau de puissance pour le blesser. Il est ...3... au combat à mains nues, au maniement de l'arc et de la massue.

5 Complète la phrase à l'aide des adjectifs :

honnête • habile • grand • rusé • loyal.

Le centaure Chiron était un ...1... sage, un chirurgien ...2... , un chasseur ...3... , un ami ...4... et ...5... des dieux et des hommes.

6 Relève, dans les listes ci-dessus, l'adjectif qui te semble le moins fort et celui qui te semble le plus fort pour évoquer : la persévérance, la force, la beauté, la grandeur.

	adjectif le moins fort	adjectif le plus fort
Le courage	valeureux(euse)	héroïque
La persévérance	...	...
...	...	...

7 Iolas met sa force et son courage au service d'Hercule. Choisis deux autres mots dans les listes de qualités ci-dessus. Rédige une phrase avec les mots pour compléter la description de Iolas.

8 Observe l'illustration d'Atlas portant le monde.

Choisis des mots dans les listes ci-dessus pour désigner ses qualités physiques et qualifier l'épreuve qu'il subit.

9 Rédige un paragraphe décrivant une héroïne en utilisant des adjectifs pour décrire ses qualités morales et physiques.

7 Écrire des récits mythologiques de l'Antiquité

Pour écrire un récit mythologique, je dois :

1. préciser l'exploit que devra réaliser le héros, cet exploit doit être démesuré ;
2. indiquer le moyen utilisé par le héros pour réussir l'exploit ;
3. employer des adjectifs, des noms ou des verbes pour exagérer certaines actions ou certaines qualités.

1 Je récris un récit

Lis ce début de récit.
Puis récris-le en l'enrichissant avec des expressions :
mille années terrestres • hauts comme des montagnes • un immense fracas • haut comme un volcan • armée redoutable • une lumière éblouissante • fous de terreur • se sauver en tous sens.

Une longue guerre oppose Jupiter, dieu du ciel et de la Terre, à son père Cronos.
Cronos est aidé par les Titans, Jupiter est soutenu par les autres membres de sa famille. Le combat est terrible, mais Jupiter fait fuir les Titans en utilisant la foudre et le tonnerre.

Je vérifie
- J'ai employé **la plupart des mots** ou des **expressions** proposés.

2 J'écris une partie d'un récit

Situation 1

Dès son arrivée à Athènes, Thésée doit combattre un puissant taureau qui ravage les environs de Marathon.

Imagine comment il parvient à tuer ce taureau pour le ramener à son père Égée, le roi d'Athènes. Utilise des mots des listes page 97 pour exagérer le récit.

C. Van Loo, esquisse pour *Thésée vainqueur du taureau de Marathon*, 1745, musée d'art du comté de Los Angeles (États-Unis).

Thésée arriva à Athènes où il avait été précédé par la nouvelle de ses exploits. La population l´accueillit en héros. Cependant, personne ne soupçonnait qu'il s'agissait du fils du roi Égée. La femme d'Égée, qui était magicienne, se douta de quelque chose et décida de se débarrasser de Thésée. Elle suggéra à Égée de le faire combattre contre le taureau de Marathon.

Je vérifie
- J'ai décrit le taureau et les actions du combat en utilisant des **mots** ou des **expressions pour exagérer**.
- J'ai expliqué **comment** Thésée tue le taureau.

Situation 2

À l'aide de l'illustration, décris l'adversaire qu'Hercule doit affronter et raconte le combat qu'il doit livrer.
Pense à utiliser des mots des listes page 97 pour donner une image très impressionnante du chien.

Pour l'ultime épreuve, Eurysthée demanda à Hercule de lui ramener vivant Cerbère, le chien d'Hadès, dieu des enfers. Seul Hercule pouvait s'aventurer vivant dans le monde des ténèbres qu'il rejoignit par un passage secret au terme d'un long voyage. Hadès autorisa le héros à emmener Cerbère, à la condition qu'il parvienne à maitriser l'animal. Celui-ci était…

Je vérifie
- J'ai décrit le chien Cerbère en utilisant des **mots pour exagérer**.
- J'ai expliqué **comment** Hercule arrive à le vaincre.

Céramique grecque, 525 avant J.-C.
Musée du Louvre, Paris.

3 J'écris un récit complet

Raconte le quatrième travail d'Hercule à partir des éléments suivants.
- **L'épreuve** : ramener vivant un sanglier géant.
- **Le lieu** : sur les pentes accidentées d'une montagne nommée Érymanthe.
- **L'obstacle** : Hercule doit affronter une bande de centaures, des monstres mi-hommes, mi-chevaux. C'est l'hiver et il neige quand il arrive près du lieu où se trouve le sanglier.
- **L'aide** : grâce aux empreintes du sanglier laissées dans la neige, Hercule parvient à le suivre puis à lui tendre un piège.
- **La fin** : Hercule affronte le sanglier et le ramène à Eurysthée.

Je vérifie
- J'ai respecté **les cinq parties**.
- J'ai décrit un personnage et ses actions en utilisant **des mots ou des expressions pour exagérer**.

J'améliore mon texte

Grammaire pages 170-171 J'ai utilisé des pronoms ou d'autres noms accompagnés d'adjectifs à la place des noms propres pour éviter les répétitions.

Grammaire pages 166-167 J'ai utilisé des adjectifs, des verbes et des noms pour rendre les personnages extraordinaires et exagérer les actions.

Grammaire pages 152-163 J'ai choisi d'écrire mon récit soit au présent, soit au passé en respectant l'enchainement des actions.

Raconter un épisode mythologique

Situation 1

Parmi les travaux d'Hercule que tu connais, présente celui qui te semble le plus difficile.

Pour te préparer
- Note les étapes de l'épreuve choisie.
- Trouve des adjectifs ou des comparaisons qui montrent l'aspect extraordinaire des personnages et des situations.

Pour bien raconter
- Tu dois montrer l'aspect extraordinaire de l'exploit d'Hercule. Pour cela, repère les descriptions importantes. Dis-les avec une intonation qui attirera l'attention des auditeurs.

Situation 2

L'un ou l'une d'entre vous est Ulysse ; un ou une autre est le Cyclope. D'autres sont les compagnons d'Ulysse. Présentez votre aventure sous la forme d'une saynète en vous aidant de ces informations.

Ulysse vogue avec ses compagnons. • Soudain, une forte tempête a lieu. • Le bateau échoue. • Ulysse cherche refuge sur une ile • Il trouve une caverne qui contient de la nourriture. • le Cyclope arrive avec ses moutons. • Il se met en colère. • Le Cyclope cruel bloque la sortie de la caverne. • Il dévore un homme. • Il faut s'enfuir. • Ulysse cherche une ruse.

Pour vous préparer
- Cherchez les phrases de dialogue (les paroles des personnages) qui vont remplacer les informations données ci-dessus.
- Utilisez des pronoms pour remplacer les noms qui reviennent trop souvent.
- Dites les phrases pour faire comprendre vos sentiments pendant cette aventure.

Pour écouter des camarades
- Laisse tes camarades exposer leur travail jusqu'au bout.
- Note les questions que tu voudrais leur poser.
- Quels conseils pourrais-tu leur donner ?

À vive voix

Dis à voix haute sans te tromper le plus grand nombre possible de noms :

« Qu'ils ont de jolis noms tous ces héros : Achille, Agamemnon, Bellérophon, Déjanire, Dionysos, Héraclès, Œdipe, Mnémosyne, Polyphème et Pygmalion... »

Quels noms as-tu retenus ?

Unité 8

Des fables d'hier et d'aujourd'hui

Tableau de Chagal, *Le Loup et l'Agneau*, collection particulière, DR.

1 À ton avis, que représente ce tableau ?

2 Quelle définition peux-tu donner d'une fable ?

3 Quels auteurs de fables connais-tu ?

Dans cette unité, tu vas :

- lire des fables d'hier et d'aujourd'hui ;
- écrire une fable, entièrement ou en partie ;
- dire une fable et en parler.

8 Lire des fables d'hier

- À quels titres de fables correspondent ces images ?
- Peux-tu raconter les histoires ?

La Grenouille qui veut se faire aussi grosse que le Bœuf

Une Grenouille vit un Bœuf
Qui lui sembla de belle taille.
Elle, qui n'était pas grosse en tout comme un œuf,
Envieuse, s'étend, et s'enfle, et se travaille
Pour égaler l'animal en grosseur,
Disant : « Regardez bien, ma sœur ;
Est-ce assez ? dites-moi ; n'y suis-je point encore ?
– Nenni. – M'y voici donc ? – Point du tout. – M'y voilà ?
– Vous n'en approchez point. » La chétive pécore
S'enfla si bien qu'elle creva.
Le monde est plein de gens qui ne sont pas plus sages :
Tout bourgeois veut bâtir comme les grands seigneurs,
Tout prince a des ambassadeurs,
Tout marquis veut avoir des pages.

JEAN DE LA FONTAINE,
Fables, Livre I, fable 3.

Je comprends

La Grenouille qui veut se faire aussi grosse que le Bœuf

1 Pourquoi la grenouille veut-elle tant grossir ?

2 Avec qui dialogue-t-elle dans les vers 6 à 9 ?

3 Explique la morale avec tes propres mots.

4 L'illustration te semble-t-elle bien correspondre à la fable ?

Le Renard et le Bouc

5 Quel est le caractère de chacun des deux personnages ?

6 Pourquoi descendent-ils dans un puits ?

7 Quel problème se pose à eux ?

8 D'après toi, de quelle machine s'agit-il au vers 14 ?

9 Que penses-tu de l'attitude du Renard et de celle du Bouc ?

10 Que signifie la morale de cette fable ?

Le Renard et le Bouc

Capitaine Renard allait de compagnie
Avec son ami Bouc des plus haut encornés[1].
Celui-ci ne voyait pas plus loin que son nez ;
L'autre était passé maitre en fait de tromperie.
La soif les obligea de descendre en un puits.
Là chacun d'eux se désaltère.
Après qu'abondamment tous deux en eurent pris,
Le Renard dit au Bouc : « Que ferons-nous, Compère !
Ce n'est pas tout de boire ; il faut sortir d'ici.
Lève tes pieds en haut, et tes cornes aussi :
Mets-les contre le mur. Le long de ton échine
Je grimperai premièrement ;
Puis sur tes cornes m'élevant,
À l'aide de cette machine,
De ce lieu-ci je sortirai,
Après quoi je t'en tirerai.
Par ma barbe, dit l'autre, il est bon ; et je loue
Les gens bien sensés comme toi.
Je n'aurais jamais, quant à moi,
Trouvé ce secret, je l'avoue. »
Le Renard sort du puits, laisse son Compagnon,
Et vous lui fait un beau sermon
Pour l'exhorter à patience.
« Si le Ciel t'eût, dit-il, donné par excellence
Autant de jugement que de barbe au menton,
Tu n'aurais pas à la légère
Descendu dans ce puits. Or adieu, j'en suis hors ;

Tâche de t'en tirer, et fais tous tes efforts ;
Car, pour moi, j'ai certaine affaire
Qui ne me permet pas d'arrêter en chemin. »
En toute chose il faut considérer la fin.

JEAN DE LA FONTAINE, *Fables*, Livre 3, fable 5.

1. **des plus haut encornés :** muni de cornes.

Je lis à haute voix

- Lis une de ces fables avec deux camarades. Répartissez-vous les rôles : narrateur et personnages. Lisez la fable devant la classe. Cherchez à adopter le ton qui convient pour chacun des rôles.

Échangeons autour du texte

- En lisant ces fables, te représentes-tu facilement les scènes en te faisant un petit film dans ta tête ? Quels éléments des textes utilises-tu ?

J'ajoute des phrases à l'histoire

- Écris en quelques phrases un résumé de l'histoire que raconte l'une ou l'autre de ces deux fables.

8 Lire des fables d'aujourd'hui

Le petit chat blanc

Un petit chat blanc
qui faisait semblant
d'avoir mal aux dents
disait en miaulant :
« Souris mon amie
J'ai bien du souci
Le docteur m'a dit :
Tu seras guéri
si entre tes dents
tu mets un moment
délicatement
la queue d'une souris. »
Très obligeamment
souris bon enfant
s'approcha du chat
qui se la mangea.

MORALITÉ
Les bons sentiments
ont l'inconvénient
d'amener souvent
de graves ennuis
aux petits enfants
comme-z-aux souris.

Claude Roy, *Enfantasques*,
© Éditions Gallimard Folio Junior.

Le moqueur moqué

Un escargot
se croyant beau, se croyant gros,
se moquait d'une coccinelle.
Elle était mince, elle était frêle !
Vraiment, avait-on jamais vu
un insecte aussi menu !
Vint à passer une hirondelle
qui s'esbaudit du limaçon.
– Quel brimborion !
s'écria-t-elle
c'est le plus maigre du canton !
Vint à passer un caneton.
– Cette hirondelle est minuscule,
voyez sa taille ridicule !
dit-il sur un ton méprisant.
Or, un faisan
aperçut le canard et secoua la tête :
– Quelle est cette minime bête
au corps si drôlement bâti ?
On n'a jamais vu plus petit !
Un aigle qui planait, leur jeta ces paroles :
– Êtes-vous fous ? Êtes-vous folles ?
Qui se moque du précédent
sera moqué par le suivant.
Celui qui d'un autre se moque
à propos de son bec, à propos de sa coque,
de sa taille ou de son caquet,
risque à son tour d'être moqué.

Pierre Gamarra, *La Mandarine et le Mandarin*,
Éd. La Farandole.

Je comprends

Le petit chat blanc

1 Quel est le caractère de chaque personnage ?

2 Que penses-tu de la morale ?

Le moqueur moqué

3 Quels animaux sont cités dans cette fable ?

4 Qui se moque de qui ? Pourquoi ?

5 Quel animal exprime la morale de cette fable ? Explique avec tes propres mots.

Le chat et l'oiseau

6 Qu'est-il arrivé à l'oiseau ?

7 La petite fille peut-elle être consolée par ce que lui dit le chat ?

8 La morale correspond-elle bien à la scène racontée ?

Le chat et l'oiseau

Un village écoute désolé
Le chant d'un oiseau blessé
C'est le seul oiseau du village
Et c'est le seul chat du village
Qui l'a à moitié dévoré
Et l'oiseau cesse de chanter
Le chat cesse de ronronner
Et de se lécher le museau
Et le village fait à l'oiseau
De merveilleuses funérailles
Et le chat qui est invité
Marche derrière le petit cercueil de paille
Où l'oiseau mort est allongé
Porté par une petite fille
Qui n'arrête pas de pleurer
Si j'avais su que cela te fasse tant de peine
Lui dit le chat
Je l'aurais mangé tout entier
Et puis je t'aurais raconté
Que je l'avais vu s'envoler
S'envoler jusqu'au bout du monde
Là-bas où c'est tellement loin
Que jamais on n'en revient
Tu aurais eu moins de chagrin
Simplement de la tristesse et des regrets

Il ne faut jamais faire les choses à moitié.

JACQUES PRÉVERT, *Histoires et d'autres histoires*,

Je lis à haute voix

- Choisis l'une de ces fables. Lis-la avec un ou plusieurs camarade(s).
- Cherchez à bien faire sentir l'atmosphère de la fable par le ton que vous adopterez.

Échangeons autour du texte

- Quels points communs et quelles différences trouves-tu entre les fables d'aujourd'hui et celles de La Fontaine ?

J'ajoute des phrases aux histoires

- Écris une autre morale pour ces fables. Tu peux le faire pour une, pour deux ou pour les trois.

Repérer les différents mots qui désignent un personnage

Je réfléchis

- **Dans les fables *La Grenouille qui veut se faire aussi grosse que le Bœuf* et *Le Renard et le Bouc*, qui est désigné par les groupes nominaux suivants ?**
  l'animal • la chétive pécore • son Compagnon
  Ces noms ou groupes nominaux apportent-ils des informations sur les personnages ?
- **Dans *Le moqueur moqué*, la coccinelle est désignée par les mots *elle*, *insecte* (vers 4, 6). Par quel nom ou groupe nominal pourrait-on remplacer le mot *hirondelle* (vers 13) ?**
- **Dans les vers 16 à 20 du *Chat et l'oiseau*, à quels personnages correspondent les pronoms personnels, je, te, lui, j', l', t' ?**

Je retiens

– **Pour bien comprendre un texte**, il faut repérer les mots qui désignent les personnages. Il peut s'agir de pronoms (il, elle…), de noms propres ou de groupes nominaux (« l'animal » désigne le bœuf).
– Souvent, les groupes nominaux utilisés donnent des informations supplémentaires sur le personnage. Ils permettent aussi d'éviter les répétitions.

Je m'entraine

1 ●○○ **Lis ce résumé d'une fable de La Fontaine. Recopie-le en remplaçant les mots en gras par les groupes nominaux suivants :**
les humides batraciennes • le roi des astres • les vertes rainettes • l'astre des jours • les citoyennes des étangs.

Le soleil un jour voulut se marier. **Les grenouilles** aussitôt se mirent à se plaindre, disant : que ferons-nous si **le soleil** a des enfants ? **Les grenouilles** en effet avaient déjà du mal à supporter un soleil. Comment feraient-elles pour en supporter deux ? Et s'il y avait six soleils, toutes les mares seraient asséchées… **Les grenouilles** avaient sans doute raison de penser ainsi.

2 ●●○ **Récris ce texte en replaçant les groupes nominaux suivants. Y a-t-il une seule possibilité ?**
sa mère • la Chèvre • cet animal • le Loup • au Chevreau

Une Chèvre sortit de son étable pour aller paitre, recommandant à son Chevreau de n'ouvrir la porte à personne durant son absence. À peine était-elle sortie, qu'un Loup vint heurter à la porte de l'étable, contrefaisant la voix de **…1…**, et il commanda **…2…** de lui ouvrir. **…3…**, profitant des leçons de **…4…**, regarda par une ouverture, et reconnut **…5…**.
« Je n'ouvrirai point, lui répliqua-t-il ; car quoique tu contrefasses la voix d'une Chèvre, je vois bien à ta figure que tu es un Loup, et que tu ne cherches qu'à me dévorer. »

Méli Mélo

Retrouve les proverbes.

d'un plus petit que soi	on a souvent besoin	rien ne sert de courir,
ménage sa monture	il faut partir à point	qui veut voyager loin

Faire le point

La fable

Je réfléchis

- **Rappelle brièvement l'histoire de chaque fable que tu viens de lire.**
  - Quels personnages y interviennent ?
  - Les animaux se comportent-ils comme des animaux ordinaires ?
  - Quelle fable ne contient pas de dialogues ?
  - Retrouve la morale de chacune.
  - Pourquoi peut-on dire que les fables sont des textes poétiques ?

Je retiens

Une fable est un texte particulier.

- Elle raconte une **histoire assez courte** dont les personnages sont des animaux ou des êtres humains.
  De nombreux dialogues rendent le texte vivant.
- La fable propose **une morale**, souvent énoncée à la fin du texte. C'est une **leçon de vie** qui nous fait réfléchir.
  Il faut parfois la deviner à travers le récit.
- Elle est présentée comme un **texte poétique**.
  Depuis La Fontaine, la fable est souvent écrite en **vers** qui se terminent par des **rimes**.

Je m'entraine

1 ●○○ **Recopie cet extrait d'une fable de Florian (1755-1794), *La Taupe et le Lapin*, en rétablissant la disposition en vers. Tu dois obtenir 14 vers. Pour t'aider, retrouve les rimes.**

Près d'un bois, le soir, à l'écart, dans une superbe prairie, des lapins s'amusaient, sur l'herbette fleurie, à jouer au colin-maillard. Des lapins ! Direz-vous, la chose est impossible. Rien n'est plus vrai pourtant : une feuille flexible sur les yeux de l'un d'eux en bandeau s'appliquait, et puis sous le cou se nouait. Un instant en faisait l'affaire. Celui que ce ruban privait de la lumière se plaçait au milieu ; les autres alentour sautaient, dansaient, faisaient merveilles, s'éloignaient, venaient tour à tour tirer sa queue ou ses oreilles.

2 ●●○ **Lequel des textes suivants présente les caractéristiques d'une fable ? Justifie ta réponse.**

La mouche qui louche

Chaque fois que la mouche qui louche
Veut se poser au plafond
Elle s'y cogne le front
Et prend du plâtre plein la bouche
Moralité :
Pauvres mouches qui louchez
Posez-vous sur le plancher

JEAN ORIZET,
La peau bleue des rêves,
© Le Cherche midi éditeur

Du jour au lendemain

Un coq m'a dit
c'est l'aurore
Un mouton m'a dit
c'est enfin le matin
Un éléphant m'a dit
il est bientôt midi
Les pintades m'ont dit
il faut travailler travailler
Les hirondelles m'ont annoncé
c'est le soir puis la nuit
et mon enfant m'a dit
Bonsoir et bonne nuit
Il est temps de dormir

PHILIPPE SOUPAULT

D'autres fables...

●●○ Jean-Marie Henry, ***Le Fabuleux Fablier***, Éd. Rue du Monde

●●○ Gudule, ***Après vous, M. de La Fontaine***, Le Livre de Poche

●●● Marc Chagall, ***Les fables de La Fontaine***, Éditions RMN-Grand Palais

8 Enrichir son vocabulaire

Des mots et des expressions pour parler des animaux

Je réfléchis

1 Lis ce début de la fable de La Fontaine *Le Chat et le Rat*. Puis réponds aux questions.

Quatre animaux divers, le Chat Grippe-fromage,
Triste-oiseau le hibou, Ronge-maille le Rat,
Dame belette au long corsage,
Toutes gens d'esprit scélérat,
Hantaient le tronc pourri d'un pin vieux et sauvage

a. Relève le nom que l'auteur donne aux quatre animaux.
b. Comment ces noms sont-ils formés ?

2 Associe les images aux expressions que La Fontaine utilise pour désigner les animaux.

1. les coursiers aux longues oreilles
2. l'animal à longue échine
3. sa majesté fourrée
4. la rampante bête
5. la gent trotte-menu
6. l'oiseau chasseur

- **Sur quoi La Fontaine s'est-il fondé pour inventer ces expressions ?**

3 Pour parler d'un animal encore jeune, La Fontaine emploie le nom précis qui correspond. Quel nom de l'animal adulte correspond à celui du petit indiqué en gras ?

1. Un **Souriceau** tout jeune et qui n'avait rien vu
   Fut presque pris au dépourvu
2. Ceci ne me plait pas, dit [l'Hirondelle] aux **Oisillons**.
3. Un **carpeau**, qui n'était encore que fretin
   Fut pris par un pêcheur au bord d'une rivière

4 La Fontaine donne parfois aux animaux un titre qui normalement s'applique aux humains. Recopie les titres utilisés dans ces vers.

1. Maitre Corbeau, sur un arbre perché
   Tenait en son bec un fromage…
2. Compère le Renard se mit un jour en frais
   Et retint à diner commère la Cigogne…
3. Sire Rat accourut…
4. Capitaine Renard allait de compagnie
   Avec son ami Bouc…

5 Dans certaines fables, La Fontaine désigne les animaux par un terme scientifique. Quel terme pourrais-tu utiliser pour désigner un serpent ? une mouche ? un pigeon ?

un nom propre - un prénom

Jeannot Lapin • l'âne Martin • Grisette la Chatte • Médor le Chien

un titre

maitre Renard • sire Rat • demoiselle Belette • monsieur l'Alligator

un diminutif

un souriceau • un carpillon • un éléphanteau • un oisillon

un terme scientifique

le saurien • le reptile • le quadrupède • le pachyderme

une expression

la bestiole à huit pattes • la cigogne au long bec • sa majesté fourrée • le coursier aux longues oreilles

Je m'entraine

6 Trouve des prénoms qui pourraient rimer avec les noms d'animaux suivants.

Exemple : **Mireille** l'abeille

a. … le lézard
b. … le poussin
c. … le grillon
d. … le hamster
e. … le crocodile

7 Retrouve, dans chaque liste, le nom qui désigne le petit de l'animal en gras.

a. **l'aigle** : l'aiglet • l'aigleau • l'aiglon • l'épervier
b. **le lapin** : le lapinot • le garenne • le lapereau • le lapinou
c. **le merle** : le merlan • le merlon • le merleau • le merlin
d. **la perdrix** : la caille • le perdreau • le perdrisseau • le perdrisset
e. **l'oie** : l'oisillon • l'oiselet • le jars • l'oison
f. **le sanglier** : le sanglot • le marcassin • le porcelet • le sanglion
g. **le loup** : le loupiot • le lupin • le loulou • le louveteau
h. **la truite** : la truitelle • le truitonne • la trottine • l'alevine

8 Donne une caractéristique à chaque animal.

Exemple : La cigogne **au long bec**

a. la girafe • l'éléphant • le lion • le zèbre • le rhinocéros • la gazelle
b. le coq • le cheval • le cygne • la souris • la vache • le hérisson

9 À quels noms d'animaux peux-tu penser en lisant ces expressions ? Pourquoi ?

a. l'amphibien pustuleux
b. le ruminant du désert
c. le lent reptile à carapace
d. le quadrumane aux couleurs changeantes
e. l'oiseau coloré et bavard
f. le plantigrade chasseur de miel
g. le gastéropode couleur de carotte
h. le bourdonnant insecte

10 Associe chaque animal à l'expression qui le désigne.

1. l'araignée • 2. la cigale
3. le hibou • 4. la hyène
5. le lézard • 6. le pou
7. le requin • 8. le rossignol

a. le coureur des murailles
b. la tisseuse de pièges
c. la crécelle des oliviers
d. le rêveur nocturne aux grands yeux
e. l'ogre des océans
f. la terreur des cheveux
g. le gai siffleur du soir
h. la rieuse des savanes

11 À la manière de La Fontaine, trouve un nom propre pour chacun de ces animaux. Donne-lui un titre. Puis invente une expression qui le désigne.

une poule • une mésange • une otarie • un poney • une tortue • un chat • un perroquet

8 Écrire des fables

Pour écrire une fable, je dois :

1. choisir une morale ;
2. inventer une histoire en rapport avec cette morale ;
3. choisir deux ou trois personnages ;
4. faire parler les personnages ;
5. disposer éventuellement le texte en vers.

1 J'écris la morale d'une fable

La morale des deux fables suivantes n'est pas précisée. Écris-la en une phrase.

Situation 1 De l'Aigle et de la Corneille

Un Aigle voulant manger une huitre, ne pouvait trouver moyen, ni par force, ni par adresse, de l'arracher de son écaille. La Corneille lui conseilla de s'élancer au plus haut de l'air, et de laisser tomber l'huitre sur des pierres pour la rompre. L'Aigle suivit ce conseil.
La Corneille qui était demeurée en bas pour en attendre l'issue, voyant qu'il avait réussi, se jeta avidement sur le poisson qu'elle avala, ne laissant à l'Aigle que les écailles pour le prix de sa crédulité.

Situation 2 Le Loup et la Cigogne

Les Loups mangent gloutonnement.
Un Loup donc étant de frairie[1],
Se pressa, dit-on, tellement
Qu'il en pensa perdre la vie ;
Un os lui demeura bien avant au gosier.
De bonheur pour ce Loup, qui ne pouvait crier,
Près de là passe une Cigogne.
Il lui fait signe, elle accourt.
Voilà l'opératrice aussitôt en besogne.
Elle retira l'os ; puis, pour un si bon tour
Elle demanda son salaire.
« Votre salaire ? dit le Loup ;
Vous riez, ma bonne commère.
Quoi ! ce n'est pas encor beaucoup
D'avoir de mon gosier retiré votre cou ?
Allez, vous êtes une ingrate ;
Ne tombez jamais sous ma patte. »

JEAN DE LA FONTAINE, *Fables*, Livre III, fable 9.

1. **étant de frairie :** faisant un bon repas.

Je vérifie

- Pour chacune des fables, la **morale** donne une leçon.

2 J'écris l'histoire d'une fable

Récris en quelques phrases l'histoire de cette fable en conservant les personnages et les évènements principaux.

L'Âne et le Chameau

L'Âne avec le Chameau faisait un jour voyage.
En bons amis, marchant du même train,
Tous deux allaient, dans un pays lointain,
Recueillir certain héritage.
Un torrent tout à coup s'oppose à leur passage.

La largeur du torrent et sa rapidité
N'arrêtent pas l'animal haut monté.
Son compagnon reste sur le rivage :
Il hésitait, en âne sage ;
Mais ayant vu son ami traverser,
« c'est bon, dit-il, je puis passer,
Puisqu'on n'en a que jusqu'au ventre. »
Dans le torrent bravement donc il entre :
Quelques pas faits, il avait perdu pied.
Où chameau passe, âne est noyé.

CHARLES-GUILLAUME SOURDILLE DE LA VALETTE (1792-1852)

Je vérifie

- J'ai remplacé les vers par quelques phrases donnant les **informations les plus importantes** pour comprendre la situation.

3 J'écris une fable

1 Choisis une morale et imagine une histoire pour l'illustrer.

1. « Qui se moque sera à son tour moqué.»
2. « On a toujours besoin d'un plus petit que soi. »
3. « Il ne faut pas faire à autrui ce que l'on ne veut pas que l'on nous fasse. »
4. « Tout sourire n'est pas gentil. »
5. « Un bienfait n'est jamais perdu. »

a. Que signifie la morale que tu as choisie ? Reformule-la avec tes propres mots.
b. Dans quelle situation de la vie quotidienne pourrais-tu penser à cette morale ?

2 Choisis deux personnages :
un escargot • une coccinelle • une hirondelle • un caneton • un faisan • un aigle • une souris • un éléphant

Tu peux choisir d'autres animaux et faire intervenir un ou plusieurs être(s) humain(s).

a. Présente tes personnages. N'oublie pas de les nommer. Tu peux t'aider des listes de mots page 109.
b. Où sont les personnages ? Pourquoi se rencontrent-ils ?
c. Fais la liste de ce que pourrait dire ou faire chaque personnage que tu vas mettre en scène.

3 Écris maintenant la fable en entier, avec son histoire et sa morale. Tu peux disposer le texte en vers.

Je vérifie

- **J'ai désigné les personnages** de façon variée.
- **J'ai fait parler** les personnages.
- J'ai disposé éventuellement le texte en **vers**.
- J'ai formulé une **morale** en rapport avec l'histoire.

J'améliore mon texte

Grammaire pages 164-170 — J'ai utilisé des noms propres et des noms communs pour distinguer les personnages.

Orthographe pages 186-189 — J'ai accordé les adjectifs selon le genre et le nombre des personnages.

9 Lire des textes de théâtre

• En regardant cette image, imagine quels personnages tu vas rencontrer dans cette pièce.

Je m'appelle Titus

TITUS
Je m'appelle Titus
Je suis un petit garçon qui se tait
Les Grands voudraient que je parle
Tout le monde voudrait que je parle
Mes parents mes grands-parents
Mon maitre à l'école
Tous les gens que je rencontre
Je le vois dans leurs yeux
On voit tout dans les yeux
Les yeux disent mieux que les bouches
Pourquoi j'aurais besoin de parler ?

MÈRE & PÈRE
Tu es où ?
Tu veux quelque chose ?
Tu as faim ?
Tu veux jouer ?
Tu t'ennuies ?
Tu as besoin de quelque chose ?
Pourquoi tu ne dis rien ?
TITUS TITUS TITUS TITUS ????

TITUS
Les Grands répètent tout le temps la même chose
Ils essaient tout le temps de me capturer

MÈRE & PÈRE
Il est où ?
Tu ne peux pas le surveiller ?
Je croyais que c'était toi
Non toi
Non toi
Il est dans sa chambre ?
Non
Dans le jardin ?
Non
Sur le chemin ?
Dans la salle de bains ?
Au grenier ?
Non
Il est où ?
Il fait quoi ?

RÊVE
Il rêve
Fichez-lui la paix
Chanson des pays pas sages
Je vais dans des pays pas sages
Des pays de mon âge
Des pays paysages
Je voyage
Dans un livre d'images
Je vais je vole je m'envole
Je vogue vague divague
Je sable et pluie et neige
Je vagabonde et j'hirondelle
À tire d'ailes
J'ai pour seul bagage
Un livre d'images
Un grand livre d'images
Je suis un roi Je suis un mage
Un magicien dans mon pays pas sage
Mon pays paysage

MÈRE & PÈRE
Il est là
Où là ?
Sur l'escalier
Il fait quoi sur l'escalier ?
Je ne sais pas
Titus
Qu'est-ce que tu fais sur l'escalier ?

ESCALIER
Ignore-les

MÈRE & PÈRE
Ce n'est pas un endroit pour s'installer
Pour rêver
C'est froid et pas confortable

ESCALIER
Comment ils peuvent dire ça
Ils me courent dessus matin et soir
Ils ne s'assoient jamais
Tu as froid ?

TITUS
Non je suis bien
Cette marche est plus large que les autres

Je comprends

1 Quels personnages interviennent dans cette scène ?

2 Es-tu surpris par certains d'entre eux ? Justifie ta réponse.

3 Parmi tous ces personnages, quel est le principal ?

4 Qu'a-t-il de particulier ?

5 Que reproche Titus aux grands ?

6 Qu'apprend-on des parents à partir de ce qu'ils disent et des répliques des autres personnages ?

7 Avec quels personnages Titus parle-t-il dans ce texte ?

8 À qui s'adresse-t-il tout au début ?

9 Dans leur deuxième réplique, à qui parlent Mère et Père ?

10 À quoi Titus passe-t-il son temps ?

11 Quels mots peut-on utiliser pour désigner une personne qui ne parle pas ?

ESCALIER
C'est un défaut de fabrication
Ils étaient pressés de finir le chantier
Ils m'ont un peu raté

TITUS
Tant mieux
Je peux me glisser tout au fond et lire mes histoires

MÈRE & PÈRE
Si au moins tu avais un livre Titus
On saurait ce que tu fais

HISTOIRE
Ils sont trop bêtes
Comme si les histoires n'habitaient que dans les livres
Et dans vos têtes grands cornichons qu'est-ce qu'il y a ?
Des petits pois ?

TITUS
Quand même tu parles à mon père et à ma mère

CLAUDINE GALEA, *Après grand c'est comment ?*,
Éditions Espaces 34, collection « Théâtre Jeunesse ».

Je lis à haute voix

- Lis la deuxième réplique de Mère et Père.
Ta façon de parler doit faire comprendre qu'il y a deux personnages.

Échangeons autour du texte

- Trouves-tu intéressant de donner la parole au rêve, à l'escalier et à l'histoire ?
Justifie ta réponse.

J'ajoute une réplique à la scène

« Les yeux disent mieux que les bouches. »

- Écris ce que Titus voit dans les yeux de ses parents.

9 Pour mieux lire

Suivre l'enchainement des répliques

Je réfléchis

- **Que remarques-tu dans ces répliques qui se suivent ?**

  PAPA : Silencieusement.
  MOUSTIQUE : Silencieusement ?!
  Mais comment on fait ?

- **À qui parle l'escalier quand il dit :**

  « Comment ils peuvent dire ça ?
  Ils me courent dessus matin et soir.
  Ils ne s'assoient jamais. »

Je retiens

Pour bien comprendre un dialogue dans un texte de théâtre, il faut observer le lien entre les paroles des personnages (les répliques). Un personnage peut :
- reprendre les mots ou les idées du personnage précédent et y répondre ;
- couper la parole et prolonger la réplique du personnage précédent ;
- refuser de répondre et passer à un autre sujet.

Un personnage peut aussi s'adresser à lui-même ou au public.

Je m'entraine

1 ●○○ Dans la saynète suivante, indique par A, B ou C comment les répliques s'enchainent.

- Le personnage qui parle coupe la parole à son interlocuteur : A.
- L'interlocuteur refuse de répondre : B.
- L'interlocuteur reprend les mots ou les idées du personnage précédent : C

Le brahmine : Oh ! frère chacal, dis-nous ce que tu penses. Est-ce que vraiment tu trouves juste que ce tigre veuille me manger, après que je l'ai délivré de sa cage ?

Le chacal *(d'un ton distrait)* : Cage ?

Le brahmine : Oui, oui, sa cage. Nous voulons avoir ton avis. Penses-tu…

Le chacal : Oh ! Vous voulez avoir mon avis ? Alors je vous prierai de parler bien distinctement car je suis quelquefois lent à comprendre. Qu'est-ce qu'il y a ?

Le brahmine : Penses-tu qu'il soit juste que ce tigre veuille me manger quand c'est moi qui l'ai fait sortir de sa cage ?

Le chacal : Quelle cage ?

SARAH CONE BRYANT, *Le Tigre, le Brahmine et le chacal*, Comment raconter des histoires à nos enfants, Éd. Nathan.

2 ●●○ Les répliques ont été mélangées. Reconstitue la saynète en terminant par la réplique qui ne s'adresse pas à un personnage. Enchaine bien les autres.

PARENT : Que s'est-il passé ?
PARENT : Comment se fait-il que ton cahier est si sale ?
PARENT : Ah que ces enfants me donnent du souci !
PARENT : Et ta trousse ?
ENFANT : Ma trousse ? Il l'a gardée !
ENFANT : C'est Mathieu qui me l'a prise … .
ENFANT *(boudeur)* : … .

Méli Mélo

Comme dans la *Chanson des pays pas sages*, on peut s'exprimer avec plus ou moins de mots :
« Je sable et pluie et neige
Je vagabonde et j'hirondelle »

Supprime des mots pour transformer ces phrases à la manière de la chanson.
Je sens le parfum de la rose et admire ses pétales et ses couleurs
Je poursuis le papillon et suis des yeux une mésange
Je suis un nuage dans le ciel et je rêve de le suivre.

Faire le point

Le personnage de théâtre

Je réfléchis

- **Souviens-toi des textes que tu as lus pages 114 à 119.**
  – Où est indiqué le nom de chaque personnage qui prend la parole ?
- **Dans *Dis papa...*, que fait comprendre l'indication écrite en italique ?**
  MOUSTIQUE – *(doucement)* Alors c'est ça la langue paternelle ?
  Qu'indique la ponctuation ?
- **Dans *Je m'appelle Titus* :**
  – quels personnages peuvent sembler inattendus ?
  – à qui se présente Titus au début ?

Je retiens

Le personnage de théâtre prend vie (existe pour le lecteur ou le spectateur) :
– par sa désignation (son nom est écrit devant chacune de ses répliques) ;
– par ses gestes et ses attitudes (décrits en particulier dans les **didascalies**, en italique) ;
– à travers ce qu'il dit et comment il le dit
→ à d'autres personnages
→ à lui-même ou au public.
Le personnage n'est **pas toujours un être humain.**

Je m'entraine

1 Retrouve les répliques des deux personnages, Samia et son père. Puis présente ce dialogue de théâtre correctement. Place les didascalies aux endroits qui conviennent.

a. **Répliques :**
– Non.
– Pourquoi, t'avais promis…
– Parce que j'ai une mauvaise nouvelle. On a emmené ta grand-mère à l'hôpital.
– Papa, papa ! On va à la fête foraine ?

b. **Didascalies :**
Samia arrive en courant. • *(avec tristesse)* • *(insistant)* • *Il s'accroupit pour se mettre à la hauteur de la petite fille.*

2 Indique qui pourraient être les personnages de ce dialogue. Comment te les représentes-tu ?
– Pas encore en tenue ? Qu'est-ce que t'attends ?
– J'veux pas jouer, m'sieu, j'ai la trouille.
– La trouille ? Tu vas voir, ce sera un beau match, vous êtes bien entrainés.
– Ouais, mais si j'laisse entrer le ballon dans l'but, les autres, vont m'massacrer.
– T'inquiète pas, le foot, c'est un jeu d'équipe. On va en parler tous ensemble avant la rencontre.
– Je sens que je vais pouvoir aller jusqu'au fond du but dans ce camp-là !

- **Recopie le dialogue en indiquant le nom des personnages. Ajoute des didascalies pour que l'on se représente mieux leur attitude.**

D'autres pièces de théâtre...

Guillaume Le Touze, Christophe Lécullée, ***Les Nuits de Léo***, Éd. Actes Sud Junior, Poche Théâtre.

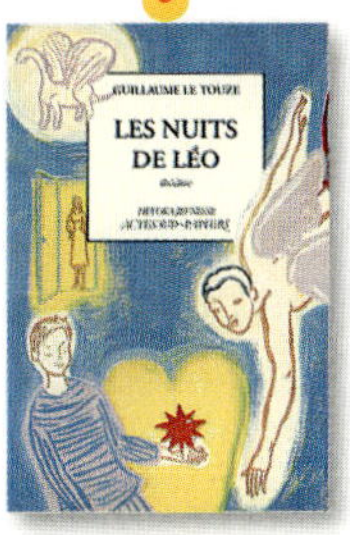

Sabine Tamisier, ***Anatole et Alma,*** Éditions Théâtrales Jeunesse.

Yves Lebeau, ***C'est toi qui dis, c'est toi qui l'es***, T.1, Éditions Théâtrales Jeunesse.

9 Enrichir son vocabulaire

Des mots pour évoquer des relations d'opposition

Je réfléchis

1 Indique le ou les résumés qui présentent une opposition entre des personnages.

a. Prendre l'avion à neuf ans, c'est une aventure ! Surtout quand il faut le faire sans ses parents. Heureusement, il y a Céline, la cousine qui n'a peur de rien.

b. Lucie rentre de l'école en larmes. Elle est toujours la cible de moqueries de la part des autres élèves. Ce n'est pas facile de bien parler le français quand on vient d'arriver d'un autre pays. Mais cette année, Lucie pourra prendre sa revanche.

c. Chaque fois, c'est la même chose. Le petit dernier vient embêter Boris dans sa chambre. Cela dégénère en bagarre et c'est Boris qui est puni ! Boris est hors de lui. Il décide de changer de famille…

2 Relève les mots qui indiquent que les personnages s'opposent.

DÉDÉ : Hé, les gros malins, virez-vous d'ici !
GARRY : On était là avant vous.
AGATHE : La cabane, c'est nous qui l'avons construite, on est chez nous ici !
DÉDÉ : Bande de minus ! Je vais la détruire, votre bicoque !
FRED : Essaie un peu !
Il saisit Dédé aux épaules et le repousse.
AGATHE : Ça suffit ! On se calme, Fred, on se calme !
FRED : Grrr !!

3 Place ces didascalies dans la saynète en indiquant à quel numéro elles correspondent.
(se retenant) • (indigné) • (argumentant) • (agressif) • (rouge de colère)

DÉDÉ (1) : Hé, les gros malins, virez-vous d'ici !
GARRY (2) : On était là avant vous.
AGATHE (3) : La cabane, c'est nous qui l'avons construite, on est chez nous ici !
DÉDÉ : Bande de minus ! Je vais la détruire, votre bicoque !
FRED (4) : Essaie un peu !
Il saisit Dédé aux épaules et le repousse.
AGATHE : Ça suffit ! On se calme, Fred, on se calme !
FRED (5) : Grrr !!

des verbes

- rejeter • refuser • critiquer • repousser • s'opposer • contredire
- haïr • détester • maudire
- s'offusquer • s'indigner
- se disputer • se quereller • se battre • se bagarrer

des adjectifs

offensé • désapprobateur • exaspéré • injurieux • boudeur • indigné • dédaigneux • querelleur • méprisant • combatif • agressif • violent

des expressions

rouge de colère • en colère • en rage • en furie • en larmes • hors de lui (d'elle) • vert de rage • à bout • prendre la mouche • sortir de ses gonds

Je m'entraine

4 ●○○ Dans la liste de verbes ci-dessus, relève ceux qui indiquent que l'on s'oppose en parlant. Classe-les de l'opposition la plus faible à la plus forte.

5 ●○○ Écris les adjectifs de la liste ci-dessus au féminin.

6 ●○○ Sur quel ton dirait-on les phrases suivantes ?

ton dédaigneux • ton exaspéré • ton désapprobateur • ton boudeur • ton offensé • ton capricieux

a. « Si c'est comme cela, je ne jouerai plus avec vous. » → …

b. « Encore une bêtise de ce genre et vous êtes tous punis ! » → …

c. « Je ne peux pas vous laisser dire cela ; ça ne s'est pas passé comme cela. » → …

d. « Ces habits ne sont pas assez beaux pour moi. » → …

e. « Tu te rends compte ! Il a cru que je lui avais menti. Jamais je n'aurais fait cela. » → …

f. « Tu es un minus, un trouillard, je ne t'emmènerai plus jamais avec moi. » → …

7 ●●○ Associe les verbes et les expressions de même sens.

Verbes	Expressions
a. contredire	1. être choqué(e)
b. s'offusquer	2. Juger de façon défavorable
c. critiquer	3. Soutenir le contraire
d. s'emporter	4. Répondre vivement
e. riposter	5. Prendre la mouche
f. se vexer	6. Monter sur ses grands chevaux
g. pleurer	7. fondre en larmes

8 ●●○ Complète ce texte avec les expressions ou les mots proposés.
Il faudra parfois conjuguer les verbes.

dispute • refuser • prendre la mouche • contredire • fondre en larmes • méprisant

On frappe à la porte. Louise … de répondre. Elle s'est enfermée dans sa chambre après sa … avec Théo. Pendant le petit déjeuner, il n'arrêtait pas de la … quand elle racontait à leur père le match de volleyball des filles de l'école. Elle … et l'a foudroyé du regard. Devant son air … , elle s'est mise à crier avant de … .

9 ●●● Ajoute des didascalies à ces répliques pour que l'on comprenne bien l'état d'esprit des personnages.
Tu peux utiliser des mots des listes ci-dessus.

Paul (…) : C'est pas vrai ! C'est pas vrai ! Pas vrai du tout !

Sidonie (…) : Si, je t'ai vu ! C'est toi qui l'as fait tomber.

Paul (…) : Je n'étais même pas à côté d'elle !

Sidonie (…) : Depuis que tu es arrivé dans la classe, il y a toujours des histoires !

Paul (…) : En tout cas, cette fois, ce n'est pas moi.

9 Écrire des scènes d'opposition

Pour écrire une scène d'opposition entre deux personnages, je dois :

1. faire parler les personnages en utilisant du vocabulaire qui évoque le conflit ;
2. utiliser la ponctuation : point d'interrogation, d'exclamation… ;
3. ajouter des didascalies ;
4. varier l'enchainement des répliques : un personnage peut couper la parole à un autre, refuser de répondre, reprendre les mots ou les idées du personnage précédent, se parler à lui-même ou au public.

1 Je précise le ton des répliques

Ajoute des didascalies à ce dialogue pour montrer l'opposition des deux personnages.

LA DAME (…) : Regardez ! Les arbres !
LE VOISIN (…) : Quoi, les arbres ?
LA DAME (…) : Mettez vos lunettes !
LE VOISIN : (…) Ah ! Super !
On est venu couper leurs branches avant l'hiver, c'est pas trop tôt !
Marre de ramasser les feuilles !
LA DAME (…) : Super ? Les oiseaux n'osent plus se poser dessus !
C'est trop laid !

Je vérifie

- J'ai employé des **adjectifs** ou des **expressions pour préciser le ton** sur lequel les personnages se parlent.

2 J'écris un dialogue

Situation 1

Choisis une de ces phrases pour commencer un dialogue, puis ajoute quelques répliques.
Pense à utiliser des didascalies.

– Allez, les enfants en voiture !
– Laisse-moi entrer, petit cochon.
– Une avalanche s'est produite en haut de la montagne.
– J'ai une grande faim.

Je vérifie

- J'ai utilisé la **ponctuation** nécessaire.
- J'ai indiqué le caractère des personnages à l'aide des **didascalies**.

6. Comment faisiez-vous pour trouver votre chemin ?

Dans les pays d'Europe de l'Est, les voitures de police nous ouvraient le chemin. Au Kazakhstan, une route unique toute droite traverse les steppes. En Chine, il y avait toujours un habitant pour nous indiquer de la main la direction à emprunter en cas de doute.

7. Il a fait beau ou il a plu ?

On a tout eu ! La neige au début (c'étaient les giboulées de mars), puis la pluie, donc la boue. Et puis, il a fait de plus en plus chaud. En Chine, c'était très chaud et très humide.

8. Comment avez-vous été accueillis dans les différentes villes ?

On était accueillis avec une grande hospitalité, par des chants et des danses. Dans les pays de l'Est, on vous offre la brioche et le sel pour vous souhaiter la bienvenue. Je me souviens de ces femmes vêtues de blanc qui ont dansé pour nous dans les steppes du Kazakhstan. C'était féerique.

9. Comment avez-vous fait pour tenir tout au long du voyage ?

Pour les cyclotouristes, la solidarité n'est pas un vain mot. Si quelqu'un rencontre un problème, il y aura toujours un autre cycliste pour l'épauler. Quand on roulait dans le désert, le vent augmentait au fur et à mesure que la journée avançait. Alors, on se relayait en tête.

10. À quelle place êtes-vous arrivée ?

Le cyclotourisme, c'est tout sauf une course. Le but, c'est d'arriver à destination. À vélo, pour durer, il ne faut pas aller trop vite. La consigne était d'observer une allure moyenne de 22 km par heure. Et nous sommes arrivés tous ensemble à Pékin !

11. Étiez-vous contente de rentrer ?

Non ! On n'a pas envie de rentrer. J'aurais aimé continuer. Pendant quatre mois, c'étaient des grandes vacances et il nous fallait revenir à la vie réelle.

Qui est Liliane Perdriel ?

- Date de naissance : 10 septembre 1946
- Taille : 1,60 m
- Poids au départ : 58 kg
- Poids à l'arrivée : 47 kg

12. Qu'est-ce que ce voyage vous a apporté ?

Une confiance en moi. Le mythe de la femme fragile est faux. Je suis prête à aller partout à vélo et j'ai appris comment bien pédaler.

13. Vous ferez un autre voyage à vélo ?

Oui ! Si on me l'offrait car ce n'est pas gratuit… Mais depuis mon retour de Chine, j'ai fait d'autres randonnées à travers la France, vers les côtes, dans les montagnes. J'ai grimpé le col du Galibier sous un violent orage… J'ai parcouru environ 11 000 kilomètres : autant que Paris-Pékin !

Propos recueillis par la classe de CM2 de l'école « Trois Fontaines » de Reims.

Je lis à haute voix

- Imagine que tu interviewes Liliane Perdriel à la télévision ou à la radio. Lis l'introduction comme si tu t'adressais aux téléspectateurs et enchaine avec la première question.

Échangeons autour du texte

- Comme Liliane, aimerais-tu découvrir des pays inconnus à vélo ? Pourquoi ?

J'ajoute des questions à l'interview

- Écris deux questions que tu aimerais poser à Liliane Perdriel :
  – une question sur la personne elle-même ;
  – une question sur le cyclotourisme.

10 Lire des interviews variées

Entretien avec Claude Picasso

Claude Picasso est le fils de Picasso et de Françoise Gilot. Il a raconté à Léonard et Joconde ses souvenirs d'enfance pour les lecteurs du *Petit Léonard* !

Léonard (consultant ses notes) : Bonjour monsieur Picasso. Vous êtes né en 1947 de deux parents artistes – Pablo Picasso et Françoise Gilot – et vous avez une sœur, Paloma. Les lecteurs du *Petit Léonard* ont très envie que vous évoquiez quelques souvenirs de votre père !
Joconde (qui se dresse sur ses petites pattes) : Était-il un papa « modèle » ?

Claude : C'était un artiste. C'est différent d'un papa médecin, ingénieur ou conducteur de locomotives. Mais c'est plutôt agréable et sympa car mes parents étaient des gens intéressants, curieux et intelligents. Avec ma sœur, nous étions très indépendants.

Voici Claude petit, en train de dessiner, **avec sa sœur** *Paloma* **peint par Picasso en 1954.**

PABLO PICASSO, *L'atelier de Californie*, 1956.

Dans l'atelier de Californie
Picasso a représenté à de nombreuses reprises son atelier où les animaux et les enfants étaient rois !

Léonard : Vous aviez le droit de rentrer dans l'atelier de votre père ?
Claude : Oui, bien sûr. Mon père disait que dans un atelier, on pouvait laisser entrer les enfants et les animaux. Avec eux, il n'arrivait jamais rien. Les catastrophes se produisaient toujours avec les adultes. Alors on courait à travers l'atelier, on sautait par-dessus les toiles, et il n'y a jamais eu le moindre accident !

Joconde : Je serais bien rentrée moi aussi dans l'atelier de Picasso pour grignoter quelques toiles...
Léonard (qui lui fait les gros yeux !) : Et vous dessiniez aussi ?
Claude : Comme tous les enfants de mon âge. D'ailleurs, je signais mes dessins Matisse comme le grand peintre, et mon père enrageait. À l'époque,

Je comprends

1 De quel magazine ce document est-il extrait ?

2 Quels sont les différents éléments qui le composent ?

3 À quoi sert l'introduction ?

4 Quel est l'intérêt d'interviewer Claude Picasso ?

5 Par qui est-il interviewé ?

6 Léonard s'adresse-t-il toujours à Claude Picasso sous forme de questions ?

7 Quelle information a particulièrement retenu ton attention dans cette interview ?

8 De quelles œuvres de Picasso est-il question ?

9 Qui est Matisse ?

10 Où sont les petites voitures de Claude Picasso ?

11 Penses-tu que l'interview retranscrit exactement les paroles de Claude Picasso ? Justifie ta réponse.

il n'y avait rien de mieux que Matisse pour moi. Nous allions souvent lui rendre visite mon père et moi. Je pensais que c'était mon grand-père car il avait une barbe blanche et était couché. Chez lui, il y avait des découpages partout sur les murs, c'était fantastique. J'ai aussi fait de la gravure avec mon père. J'adore l'odeur de la térébenthine, de l'huile de lin et même de la gomme à effacer qui a un peu chauffé.

Joconde : **Ça ne vaut pas l'odeur d'un camembert bien fait !**
Léonard : **Joconde s'il te plait, arrête d'interrompre monsieur Picasso ! Et parlez-nous des sculptures qu'il réalisait car c'était un bricoleur de génie !**
Claude : Mon père ramassait toujours les trucs que j'avais cassés. Alors, un jour, j'ai ramassé des choses jetées dans la poubelle et je lui ai dit « C'est pour toi ! ». Mais ce qui m'a le plus énervé, c'est quand il a pris mes petites voitures pour créer la sculpture de sa guenon. C'était une grosse bagarre !

Léonard : **Il vous en a racheté d'autres, j'espère !**
Claude : C'était le grand marchand d'art parisien Kahnweiler qui me les avait données et ce qui est drôle c'est que j'ai récupéré mes petites voitures quand il m'a revendu l'œuvre !

Et dans la tribu Picasso, tu verras aussi au musée…
Maya, la demi-sœur de Paul en train de jouer à la poupée.

Léonard : **Savez-vous combien votre père a réalisé d'œuvres ?**
Claude : On estime l'ensemble à plus de 40000 œuvres. Mais, ce n'est pas extraordinaire sachant qu'il a commencé à peindre très jeune et qu'il est mort à 92 ans. Mon père ne détruisait pas les œuvres qu'il considérait comme ratées. Il les gardait comme points de repère contrairement à d'autres artistes comme Matisse ou Braque.

Joconde : **Si mes calculs sont bons, ça fait un peu plus d'une œuvre par jour ! C'est comme le fromage en France : il en existe un différent pour chaque jour de l'année.**
Léonard : **Et vous avez une œuvre préférée ?**
Claude : Celle que j'adore c'est la tête de taureau réalisée en 1942 avec une selle et un guidon de vélo. C'est à tomber par terre. Mon père me disait que ce serait rigolo de la jeter dans la poubelle et de voir si quelqu'un referait un vélo avec !

Le Petit Léonard,
n° 196, novembre 2014, © Succession Picasso, 2016.

Je lis à haute voix

- Lis le passage qui t'a le plus intéressé(e) : la question et sa réponse. Souligne ce qui te semble important en jouant sur ton intonation et le rythme des phrases.

Échangeons autour du texte

- Être le fils ou la fille d'un homme ou d'une femme célèbre, est-ce un avantage ou un inconvénient ?

J'ajoute des questions à l'interview

- Écris une ou deux questions pour obtenir d'autres renseignements sur Pablo Picasso. Tu peux chercher les réponses dans la documentation de l'école ou sur Internet.

Comprendre sur quoi porte une question

Je réfléchis

- **Quelles questions extraites des interviews pages 128 à 131 portent sur la personne interviewée et sur le sujet de l'interview ?**
  – Combien de jours a duré le voyage ?
  – Quel âge avez-vous ?
  – Savez-vous combien votre père a réalisé d'œuvres ?
  – Aviez-vous le droit de rentrer dans l'atelier de votre père ?
  – Pourquoi avez-vous fait Paris-Pékin à vélo ?
  – Comment avez-vous fait pour tenir tout au long du voyage ?

Je retiens

Pour bien comprendre une interview, je repère dans les questions les mots interrogatifs et les mots importants.
Les questions peuvent porter sur :

– la **personne interviewée** (son identité, ses motivations…) ; dans ce cas on trouve souvent les mots tu, vous, ton, votre…
– le **thème de l'interview** (un évènement, une activité, une passion…).

Je m'entraine

1 ●○○ Voici des questions qui portent sur une personne interviewée.
– Avez-vous des enfants ?
– Où êtes-vous née ?
– Est-ce important pour vous de recevoir un prix littéraire ?
– Qu'est-ce qui vous a donné envie d'écrire des romans policiers ?
– Allez-vous abandonner votre travail de coiffeuse ?
– Est-ce important pour vous de recevoir un prix littéraire ?

a. **Indique si les questions portent :**
(1) sur l'identité de la personne,
(2) sur ses motivations, (3) sur son parcours,
(4) sur ses sentiments ou (5) sur ses attentes.

b. **En te fondant sur les questions posées, que sais-tu de la personne interviewée ?**

Méli Mélo

L'**alphabet morse** était un **code** utilisant un alphabet composé de traits et de points. Inventé en 1835, il permettait de transmettre un message, par une série de signaux courts ou longs sur de grandes distances.

A •–	E •	I ••	M ––	Q ––•–	U ••–	Y –•––
B –•••	F ••–•	J •–––	N –•	R •–•	V •••–	Z ––••
C –•–•	G ––•	K –•–	O –––	S •••	W •––	
D –••	H ••••	L •–••	P •––•	T –	X –••–	

Qui a inventé le morse ? Traduis la réponse à cette question en t'aidant du code ci-dessus.

––/–––/–• /•••/••/•/•••–/•–• ––/–––/
•–•/•••/•

Faire le point

L'interview dans la presse écrite

Je réfléchis

- **Dans les interviews de cette unité :**
  - Quels sont les titres des articles ?
  - Qui sont les deux personnes interviewées ? Où sont-elles présentées ?
  - Que peut-on lire avant les questions et les réponses de l'interview ?
  - Qui a réalisé ces interviews ?
  - Les questions et les réponses sont-elles présentées de la même façon ?
  - Repère les trois manières de poser les questions.
  - Y a-t-il des réponses ne comportant que le mot *oui* ou le mot *non* ? Pourquoi ?

Je retiens

Dans une interview écrite :
- Le **titre indique le thème** (de quoi on va parler) ;
- **l'introduction** présente en quelques lignes la **personne interviewée** ;
- le nom de l'intervieweuse ou de l'intervieweur est indiqué à la fin de l'article ou dans l'introduction ;
- on peut trouver **des documents** (une fiche d'identité, des photographies, des cartes...) ;
- on peut poser des questions de **trois manières** ;
- on évite les questions fermées dont la réponse est *oui* ou *non*. On pose le plus possible de **questions ouvertes**.

Je m'entraine

1 ●●● Remets dans l'ordre les questions et les réponses de ce début d'interview.

a. **Pourquoi les pirates attaquent-ils d'autres navires ?**

b. **Barbe Noire, c'est votre vrai nom ?**

c. Non, au départ, j'étais corsaire au service de l'Angleterre mais j'ai dû me mettre à mon compte !

d. **Comment s'organise la vie sur le navire ?**

e. Pour les piller. Depuis que le commerce avec les Indes et l'Amérique s'est développé, il y a beaucoup de richesses dans les cales des navires qui reviennent chargés d'or et de marchandises.

f. Je suis anglais. Je suis né à Bristol en 1689.

g. Barbe Noire est un surnom. On me l'a donné à cause de ma barbe épaisse que je rendais encore plus effrayante lors des combats en y mettant des mèches à canon allumées !

h. **De quelle nationalité êtes-vous ?**

i. **Avez-vous toujours été pirate ?**

j. La vie à bord est régie par des règles strictes. Par exemple, il est interdit de jouer aux cartes. Cela pourrait favoriser les bagarres. Pour se distraire, on chante ou on écoute de la musique.

2 ●●● Voici les réponses de la suite de l'interview de l'*exercice 1*. Retrouve les questions qui ont pu être posées.

a. On hisse le pavillon noir pour dire au bateau poursuivi qu'il doit se rendre sans combattre. Si ce dernier refuse de s'arrêter, on hisse alors le pavillon rouge. Cela signifie que le combat sera sans merci.

b. Quand on n'avait plus de nourriture fraiche, on se contentait de biscuits de marin. C'est un pain très, très dur qui peut se conserver plusieurs années.
Les marins le mangent dans le noir pour ne pas voir les moisissures et les insectes qui se trouvent dedans !

c. Les bandeaux, les pirates les portent pour se protéger le front lors des batailles.

3 ●●● Trouve un titre à cette interview.

4 ●●● Quelle introduction choisirais-tu pour cette interview ?

a. Notre journaliste a retrouvé Barbe Noire, célèbre pirate du XVIIIe siècle. Il nous raconte sa vie tumultueuse. Il regrette le temps de la navigation à la voile.

b. Le succès de la série de films *Pirates des Caraïbes* témoigne de l'intérêt que nous portons au monde cruel des aventuriers des mers. Le célèbre pirate des Caraïbes Barbe Noire nous renseigne sur la vie à bord.

10 Enrichir son vocabulaire

Des mots pour poser des questions

Je réfléchis

1 Voici des questions extraites d'interviews.
Relève celles qui commencent par un mot interrogatif.

a. Pourquoi êtes-vous devenu aviateur ?
b. Quand a eu lieu le premier vol Paris-Saint-Louis ?
c. Avez-vous eu peur ?
d. Avez-vous subi des pannes ?
e. À quel âge avez-vous commencé à voler ?
f. C'est difficile de piloter un avion ?
g. Vous vivez en France ?
h. Entraineur de foot, vous y pensiez avant ?
i. Combien de fois vous entrainez-vous par semaine ?

2 Pour chaque réponse, retrouve la question posée.
Elle doit commencer par un mot interrogatif.

Exemple : Je travaille jour et nuit. → **Quand** travaillez-vous ?

a. Je ne jouerai pas au foot parce que je me suis fait mal au pied.
b. Elle écrit trois ou quatre livres dans l'année.
c. Mon livre préféré, c'est *Le Petit Prince*.
d. Elle travaille actuellement sur une BD.

3 Classe chaque question dans la colonne du tableau qui convient.

a. À quel moment de la journée préférez-vous travailler ?
b. Dans quelle ville avez-vous donné votre premier spectacle ?
c. De quelle manière vous débarrassez-vous du trac avant d'entrer en scène ?
d. Pour quelles raisons ne voit-on pas les escargots pendant l'hiver ?
e. En quelle année avez-vous commencé les cours de danse ?

où ?	quand ?	pourquoi ?	comment ?
...	...	...	...

4 Associe les mots interrogatifs de la première colonne aux parties de phrase de la deuxième colonne pour former des phrases interrogatives qui conviennent.

a. À l'intérieur de quel
b. Pour quelle(s) raison(s)
c. À quel moment
d. Par quel moyen

1. utilisez-vous un crayon alors que j'ai demandé un stylo ?
2. placard sont rangés les verres ?
3. regardez-vous la télévision ?
4. communiquez-vous avec votre famille au Sénégal ?

Où ?

À quel endroit ? • Dans quel lieu, endroit, village… ? • Sur quel… ? • Vers quel… ? • À côté de quel… ? • Sous quel… ? • Aux alentours de quel… ?

Quand ?

À quel âge ? • À quel moment ? • À quelle époque ? • À quelle période ? • En quelle année ? • Avant quel… ? • Après quel… ? • À quelle date… ?

Pourquoi ?

Pour quelles raisons ? • Pour quel motif ? • Dans quel but ? • À quel effet ? • Pour quel objectif ? • À quelle fin… ?

Comment ?

De quelle manière ? • Par quel moyen ? • Avec quel objet ? • À l'aide de quoi… ?

Je m'entraine

5 ●○○ Dans quelles listes ci-dessus rangerais-tu les groupes de mots interrogatifs suivants ?

À l'intérieur de quel… ? • De quelle façon… ? • Vers quelle heure… ? • Par où… ? • Dans quelle intention… ? • Par quel procédé… ? • À partir de quand… ?

6 ●●○ Dans ces questions, les mots interrogatifs ont été mélangés.
Récris-les avec le mot interrogatif qui convient.

a. Dans quelle direction peut-on commencer la natation ?
b. À quel âge est la piscine la plus proche ?
c. En quelle année souhaitez-vous pratiquer un sport ?
d. Pour quelles raisons Laure Manaudou est-elle devenue championne du monde ?
e. À quel endroit sont les prochains jeux Olympiques ?
f. À quelle date se situe la piscine « Nautilud » ?

7 ●●○ Complète cette interview avec des mots interrogatifs qui conviennent.
Attention ! tu n'as pas le droit d'utiliser les mots *où*, *pourquoi*, *comment* et *quand*.
Aide-toi des listes de mots ci-dessus.

À la rencontre d'un chercheur d'or

a. **… trouve-t-on de l'or ?**
– On en trouve surtout dans les rivières.

b. **… cherchez-vous de l'or ?**
– Uniquement par passion et par plaisir.

c. **… cherche-t-on de l'or ?**
– On a besoin d'une pelle, d'un tamis et d'une batée.

d. **… avez-vous commencé ?**
– Je m'en souviens très bien, il a fait très chaud cette année-là, c'était en 1976.

e. **… travaillez-vous ?**
– Près de Vichy, dans une rivière qu'on appelle la Sioule.

f. **… est la plus propice pour trouver de l'or ?**
– On peut chercher de l'or n'importe quand, mais c'est plus agréable quand il fait beau.

8 ●●● À l'aide des listes de mots ci-dessus, récris les questions pour éviter d'employer *quand*.

L'interview d'un réalisateur de film

a. **Quand avez-vous réalisé votre premier film ?**
– J'avais 15 ans environ.

b. **Quand se déroule l'histoire de votre film ?**
– Pendant la Seconde Guerre mondiale.

c. **Quand le personnage principal rencontre-t-il le sage dans la forêt ?**
– Après avoir vaincu les hommes de la sorcière et juste avant d'affronter la montagne magique.

d. **Quand le film doit-il sortir dans les salles de cinéma ?**
– Le 8 juillet.

10 Écrire des interviews variées

Pour écrire une interview, je dois :

1. trouver un titre ;
2. rédiger une introduction de quelques lignes ;
3. écrire les questions (phrases interrogatives), retranscrire les réponses correspondantes ;
4. présenter différemment les questions de l'intervieweuse ou de l'intervieweur et les réponses de l'interviewé(e) ;
5. varier la forme des questions et éviter les questions fermées ;
6. citer le nom de l'intervieweuse ou de l'intervieweur.

1 J'écris les questions ou les réponses d'une interview

Situation 1 Lucie collectionne les timbres.

Voici les réponses à l'interview de Lucie.
Retrouve les questions qui lui ont été posées, puis écris-les.

a. À 8 ans.
b. Un jour, mon oncle m'a montré sa collection de timbres. Il m'en a donné quelques-uns.
c. Environ 1 500, mais c'est difficile de savoir précisément.
d. Mes amis m'en donnent ; je fais des échanges avec les timbres que j'ai en double.
e. Les timbres français uniquement.
f. Celui que j'ai trouvé au fond d'une armoire, chez ma grand-mère. Il vaut plusieurs centaines d'euros.

Je vérifie
- J'ai utilisé des **mots interrogatifs** : quel, combien, comment…
- J'ai terminé chaque phrase par un **point d'interrogation**.
- Chaque question correspond à une réponse.

Situation 2 Imagine qu'une ou qu'un journaliste t'interviewe.

Écris les réponses aux questions suivantes.
Tu peux utiliser un mot, un GN, une ou plusieurs phrase(s).

a. Quel âge as-tu ?
b. Quelle est ton activité préférée ?
c. Comment imagines-tu l'école de tes rêves ?
d. Qu'est-ce que tu aimerais pouvoir faire plus tard ?
e. Tu souhaiterais interviewer une personne célèbre ?
f. Aimerais-tu aller en Chine ?
g. Si tu étais interviewé(e), à quelles questions aimerais-tu répondre ?

Je vérifie
- **Chaque réponse correspond** bien **à la question posée.**

2 J'invente des questions pour une interview

Situation 1

Écris les questions que tu souhaiterais poser sur cette personnalité et sur son activité.

Daniel Radcliffe est né en Angleterre, à Londres, le 23 juillet 1989. En 1999, il a fait ses débuts au cinéma dans *David Copperfield*. Il est très connu pour avoir joué le rôle d'Harry Potter dans les films du même nom.

Je vérifie
- J'ai repéré dans le texte les mots qui me donnent des **informations sur la personne** et les mots en relation avec **son métier**.

Situation 2

Imagine que tu interviewes Louise. À partir d'une page de son journal intime, rédige les questions et les réponses.

Mardi 4 octobre.

On m'appelle Louise mais mon second prénom est Anh.
C'est celui que je préfère.
Il va bien avec mes yeux en amande et mes cheveux noirs. C'est un prénom vietnamien.
Je suis née au Québec où mes parents ont trouvé refuge quand ils ont fui le Vietnam.
Ils ont voyagé pendant de longues semaines, entassés sur de petits bateaux, vivant dans des conditions épouvantables.
Ils avaient laissé derrière eux tout ce qu'ils avaient : leurs biens, leurs métiers et aussi leur famille.
Aujourd'hui, je veux retrouver cette histoire qui est aussi la mienne et l'écrire dans mon journal.

Je vérifie

- J'ai rédigé les **questions en fonction des informations** du texte.
- Les réponses correspondent bien aux questions.

3 J'écris une interview

1. **Imagine que tu interviewes un ou plusieurs personnages ci-dessous. Quelles questions lui ou leur poserais-tu ? Écris-les.**
   - Un dinosaure qu'on vient de retrouver vivant et capable de parler.
   - Le Père Noël.
   - Titeuf ou Astérix : leur dernière bande dessinée vient de sortir.
   - Une extraterrestre arrivée sur Terre.
2. **Rédige les réponses aux questions posées.**
3. **Présente ton interview comme un article publié dans un journal : avec un titre, une introduction, la carte d'identité du personnage et éventuellement une photo ou une illustration. N'oublie pas de signer ton article.**

Je vérifie

- J'ai bien organisé la **mise en page** de mon interview :
  – j'ai placé le titre et l'introduction au début ;
  – j'ai signé à la fin ;
  – j'ai différencié les questions et les réponses.

J'améliore mon texte

Grammaire pages 148-149
J'ai écrit des phrases interrogatives de formes variées.
J'ai utilisé différents mots interrogatifs.

Grammaire pages 170-171
J'ai posé des questions en utilisant la 2e personne du singulier ou du pluriel.
J'ai répondu aux questions en disant « je ».

Interviewer et être interviewé(e)

Situation 1

Par groupe de 2, vous jouez le rôle de l'intervieweur(euse) et de l'interviewé(e) du texte *J'ai fait Paris-Pékin à vélo !* (pages 128-129) ou *Entretien avec Claude Picasso* (pages 130-131).

Si tu es l'intervieweuse ou l'intervieweur, pose les questions avec les mots du texte.
Si tu es l'interviewé(e), réponds en redisant les réponses avec tes propres mots.

Pour te préparer

- Si tu es l'intervieweuse ou l'intervieweur, relis les questions pour bien les poser.
- Si tu es l'interviewé(e), relis le texte pour savoir quoi répondre.

Pour bien parler

- Montre par ton intonation l'intérêt de la question posée.
- Réponds sans marquer d'hésitation.

Pour écouter ta ou ton camarade

- Dis quelle question et quelle réponse t'ont paru le plus clairement exprimées.

Situation 2

Tu es animatrice ou animateur de télévision.

Tu reçois sur le plateau une personne célèbre :
une chanteuse ou un chanteur, une actrice ou un acteur, une femme ou un homme politique...
Ce personnage est joué par une ou un de tes camarades.

Pour vous préparer

- Avec ta ou ton camarade, cherchez des informations sur le personnage à interviewer :
  sa date de naissance, son activité, ses passions...
- Faites une courte liste des thèmes qui vous semblent les plus intéressants à aborder lors de l'interview.
- Préparez une liste de questions possibles et une liste de réponses.

Pour écouter tes camarades

- Enregistre l'interview menée par deux camarades. Écoute-la et dis si tu comprends bien les questions et les réponses.

À vive voix

Dis ce poème de Jean Tardieu en changeant de voix selon les questions et les réponses.

Redis de mémoire une question et une réponse de ce poème.

Comment ça va sur la Terre ?
– Ça va ça va, ça va bien.

Les petits chiens sont-ils prospères ?
– Mon Dieu oui merci bien.

Et les nuages ?
– Ça flotte.

Et les volcans ?
– Ça mijote.

Et les fleuves ?
– Ça s'écoule.

Et le temps ?
– Ça se déroule.

Et votre âme ?
– Elle est malade
le printemps était trop vert
elle a mangé trop de salade

Étude de la langue

Grammaire page 140

Orthographe page 172

Vocabulaire page 196

La phrase simple

Je réfléchis

A Le sujet et le prédicat

ⓐ Deux femmes discutent.
ⓑ Un hélicoptère survole la ville.
ⓒ Une jeune femme sort de sa voiture.

1. Lis les phrases ⓐ, ⓑ et ⓒ.
Par quoi commencent-elles ?
Par quoi se terminent-elles ?

2. Observe le dessin et relis la phrase ⓐ.
De qui parle-t-on dans cette phrase ?
Tu as trouvé le **sujet**. Qu'est-ce qu'on en dit ?
Tu as trouvé le **prédicat**.

3. Dans les autres phrases, trouve le sujet
et le prédicat. Peuvent-ils être supprimés ?

4. Peux-tu trouver le sujet et le prédicat dans cette phrase ?
Un jeune garçon en laisse un chien tient.
   - Ces mots forment-ils une phrase ? Pourquoi ?

B Le groupe nominal sujet et le groupe verbal

5. Recopie le sujet de chaque phrase de l'étape A.
Chaque sujet est composé d'un **groupe nominal.**
Trouve le nom dans chaque groupe nominal.

6. Dans une phrase, le prédicat est composé d'un **groupe verbal**
ou parfois d'un **verbe seul**.
Dans quelle phrase de l'étape A le prédicat est-il formé d'un verbe seul ?
Recopie le groupe verbal des prédicats des autres phrases et souligne le verbe.

Je retiens

1. À l'écrit, une phrase commence par une majuscule et se termine par un point.
Dans une phrase, on distingue le **sujet** (de qui ou de quoi on parle)
et le **prédicat** (ce qu'on en dit).
Les mots d'une phrase sont organisés pour lui donner un sens.

2. Le **sujet** se compose d'un **groupe nominal**.
Le **prédicat** est composé du verbe ou d'un groupe de mots contenant le verbe :
le **groupe verbal**.

Fichier d'exercices : des exercices supplémentaires et des évaluations.

Je m'entraine

1 Recopie le texte en changeant de couleur de stylo pour chaque phrase.

Un nouveau pont géant enjambe la Gironde. C'est le plus haut pont levant d'Europe. Une partie de sa route monte comme un ascenseur. Les gros bateaux peuvent ainsi passer en dessous.

2 Remplace chaque sujet en gras par un de ceux proposés :

Un félin • Ce super héros • Des essaims de criquets • L'Etna • Le kangourou et le koala.

a. **Des millions d'insectes** ont traversé deux pays.
b. **Le volcan sicilien** crache de la lave.
c. **Un lion** court à travers la savane.
d. **Des animaux étonnants** vivent en Australie.
e. **Superman** a de nombreux pouvoirs.

3 Remplace chaque prédicat en gras par un de ceux proposés :

éteignent un incendie • présente des peintres connus • étudient les astres • explorent les alentours de leur trou • font le travail des hommes.

a. Des astronomes **observent les planètes**.
b. Une grande exposition **montre des tableaux célèbres**.
c. Les marmottes **jouent à l'extérieur de leur terrier**.
d. Plusieurs pompiers **luttent contre les flammes**.
e. Les robots **sont utilisés dans les usines**.

4 Trouve le sujet et le prédicat dans chaque phrase.

a. L'araignée noire ne tisse pas de toile.
b. Les températures deviennent de plus en plus chaudes.
c. Les tortues déposent leurs œufs sur la plage.
d. Les élèves du collège partent en voyage.

5 Récris les phrases pour qu'elles aient un sens.

a. De gros nuages au loin noirs apparaissent.
b. Le vent les branches secoue du sapin.
c. Ont les trains du retard souvent.
d. La pelouse du château tond le jardinier.
e. Le courrier distribue la factrice du lundi au samedi.

6 Remplace chaque prédicat en gras par un prédicat de ton choix.

a. Le gardien **surveille l'entrée des élèves**.
b. Trois petits léopards **viennent de naitre**.
c. Cette chercheuse **a découvert un nouveau vaccin**.
d. Le loup **aperçoit la Lune au fond du puits**.

7 Recopie chaque groupe nominal sujet.

a. La nature se réveille.
b. Cette jeune cavalière reste sur son cheval.
c. Beaucoup de routes sont coupées.
d. Le robot a récolté de la poudre de roche.

8 Recopie chaque verbe seul ou chaque groupe verbal.

a. Des troupeaux broutent de la bonne herbe.
b. Des rivières ont débordé.
c. Certains animaux provoquent des accidents.
d. Les chevaux se reposent.

9 Remplace chaque groupe nominal sujet par un de ceux proposés :

L'engin spatial • Les promeneurs • Les Parisiens • Le Roi Soleil.

a. Le souverain très autoritaire contrôle tout le monde.
b. La fusée a explosé.
c. Les habitants attaquent la prison de la Bastille.
d. Les visiteurs achètent des souvenirs.

10 Remplace le groupe souligné par un groupe de ton choix.

a. Tom le journaliste traverse l'Afrique en train.
b. Les oiseaux migrateurs reviennent des pays chauds.
c. Le héron attrape un poisson.
d. Les enfants rangent leur chambre.
e. L'enfant dessine une maison.
f. La sportive dévore un sandwich.

J'écris

▶ **Écris une phrase pour chaque dessin.**

Le sujet du verbe

Je réfléchis

A Trouver le sujet du verbe

Un chat, un merle et un coq à la crête d'or **vivaient** au milieu de la forêt. Ces trois animaux **habitaient** dans une petite isba. Le chat et le merle **disent** un jour au coq :
– Nous **partons** très loin, tu **restes** à l'isba pour faire le ménage. Si la renarde **vient**, tu ne regardes pas par la fenêtre et tu **restes** silencieux.
Chanteclair **promet** de ne pas chanter.

D'après un conte populaire russe, *Le Coq à la tête d'or* (à suivre).

1 Trouve le sujet de chaque verbe en vert.
Pour repérer le sujet de chacun de ces verbes, réponds à la question **qui est-ce qui… ?**
Tu peux aussi encadrer le sujet par **c'est … qui** ou **ce sont … qui**.
À quelles personnes sont conjugués ces verbes ?

2 Indique le sujet de chaque verbe en noir.
À quelle classe grammaticale les sujets appartiennent-ils ?
À quelles personnes les verbes sont-ils conjugués ?

B La place du sujet

Un cocorico retentissant monte du fond de l'isba. **La renarde**, aussitôt, accourt.
– Mon Chanteclair, **je** t'entends. Mais où es-**tu** ? J'ai pour toi des petits pois bien tendres.

D'après un conte populaire russe, *Le Coq à la tête d'or* (suite p. 143).

3 De quel verbe chaque mot ou groupe de mots en gras est-il le sujet ?
Où le sujet est-il placé par rapport au verbe ?

4 Par quoi le sujet est-il séparé du verbe dans la 2e phrase ?

Je retiens

1. Le sujet du verbe peut être un **groupe nominal**, un **nom propre** ou un **pronom personnel**.
Quand le **sujet** est un groupe nominal ou un nom propre, il répond à la question **qui est-ce qui ?** ou **qu'est-ce qui ?**. Il peut être encadré par **c'est … qui** ou **ce sont … qui**.
Le verbe se met alors à la 3e personne du singulier ou du pluriel.
La renarde vient. → Qui est-ce qui vient ? → **C'est** la renarde **qui** vient.
Ces trois animaux habitaient dans une petite isba. Chanteclair promet.
Quand le sujet est un pronom personnel, le verbe se conjugue selon la personne.
Nous partons. Tu regardes.

2. Le sujet est le plus souvent placé avant le verbe. Mais il peut aussi être placé après le verbe dans une phrase interrogative ou séparé du verbe par un complément :
Nous partons. Où es-tu ? La renarde, aussitôt, accourt vers l'isba.

Je m'entraine

1 ●○○ Récris les phrases en encadrant les sujets par c'est… qui ou ce sont… qui.

a. La lune se reflète dans le lac.
b. Les lions courent dans la savane.
c. Les clients choisissent leurs produits.
d. Un bébé pleure dans son berceau.
e. Un nouveau lampadaire éclaire la cour.

2 ●○○ Recopie les phrases. Entoure les sujets des verbes soulignés.

a. Chaque jour, la poule blanche pond un œuf.
b. Les grosses vagues passent par-dessus la digue.
c. Dans le bois, tu chercheras du muguet.
d. Max et Julie jouent aux billes.
e. La mer use la falaise.

3 ●○○ Recopie chaque sujet souligné. Puis indique sa classe grammaticale : groupe nominal, nom propre ou pronom personnel.

a. Ma petite sœur déteste la soupe brulante !
b. Mathis monte à cheval et parfois il tombe.
c. Il écrit à ses cousines, elles résident au Sénégal.
d. Les animaux bien dressés présentent leur numéro, puis ils saluent le public.

4 ●●○ Recopie chaque phrase avec le sujet qui convient.

a. Aujourd'hui, (*il / ils*) ont du retard.
b. (*Elle / Elles*) parle de son dernier livre.
c. (*Nous / Vous*) prenez du thé ou du café ?
d. Ce soir (*je / nous*) partirai.
e. (*Zoé / Zoé et Émilie*) font des crêpes.

5 ●●○ Récris chaque phrase en remplaçant le groupe nominal sujet par le pronom personnel qui convient.

a. Le nouvel ordinateur est déjà en panne !
b. Les vaches se sont échappées.
c. Karim et toi êtes les plus gentils.
d. Les maçons construisent notre future maison.
e. Papa et moi allons au supermarché.

6 ●●● Récris chaque phrase avec un sujet.

a. … n'oublient jamais mon anniversaire.
b. … marche avec un groupe de randonneurs.
c. … penses à poster le courrier ?
d. … dessinez mieux que moi !

7 ●●● Complète chaque phrase avec un sujet appartenant à la classe grammaticale indiquée.

a. *pronom personnel* – manges trop vite !
b. *groupe nominal* – taille les rosiers.
c. *nom propre* – répare son vélo.
d. *noms propres* – décorent la salle des fêtes.

8 ●○○ Recopie le sujet de chaque verbe en gras.

La renarde **saisit** le coq dans ses griffes. Elle l'**emporte** dans son trou. Le coq, alors, **crie** de toutes ses forces. Le chat et le merle **entendent** les cris du coq. Ils **poursuivent** la renarde et ils la rattrapent. Avec son bec, le merle la **pique**, et le chat la **griffe**.

D'après un conte populaire russe,
Le Coq à la tête d'or (fin).

9 ●●○ Recopie le sujet de chaque verbe en gras.

a. Quand **planteras**-tu les nouveaux pommiers ?
b. Les seigneurs, au Moyen Âge, **faisaient** souvent la guerre.
c. Ma cousine, à la prochaine rentrée, **ira** au CP.
d. D'où **viennent** ces gros nuages noirs ?

10 ●●● Recopie uniquement les phrases dans lesquelles le groupe nominal en gras est sujet.

a. **Un doux parfum de rose** flotte dans l'air.
b. Les villageois, **ce soir**, respirent un parfum de jasmin.
c. Que deviennent **les vieilles calèches de Papi** ?
d. **À quelle heure** les animaux regagneront-ils l'étable ?

J'écris

Explique en plusieurs phrases ce que fait un coiffeur.

- Utilise les verbes : coiffer, laver, sécher, couper, lisser, brosser, peigner…
- Emploie des sujets variés : groupes nominaux, noms propres, pronoms personnels.

3 Grammaire

Le verbe et les compléments du verbe

Je réfléchis

A Le verbe, noyau du groupe verbal

La découverte de la grotte Chauvet

Le 18 décembre 1994, dans une falaise de l'Ardèche, deux hommes et une femme **explorent** une petite cavité. Pendant plusieurs heures, ces spéléologues **empruntent** un étroit passage. Enfin, ils **atteignent** le sommet d'un puits. Ils **s'engagent** à l'intérieur. Dans une vaste galerie, la lumière de leur lampe frontale **révèle** des stalactites étincelantes. Bientôt, sur les parois d'une salle immense, ils **aperçoivent** des dessins et des gravures. Ils n'en **croient** pas leurs yeux. Tout spéléologue **rêve** d'une telle découverte ! Aussitôt, ils **pensent** à son importance.

1. Trouve le sujet et le groupe verbal dans chaque phrase. Indique le verbe.
2. Lis le texte sans les verbes. Est-il compréhensible ? Chaque verbe est le noyau du groupe verbal.
3. Quand le sujet est un pronom, quels noms reprend-il ?

B Les compléments du verbe

4. Quelle précision apportent les groupes de mots situés après chaque verbe dans le groupe verbal ?
5. Peux-tu supprimer ou déplacer ces groupes de mots ? Pourquoi ?
6. Quels compléments sont directement reliés au verbe ? Lesquels sont reliés par la préposition à ou d' ?

Je retiens

1. Le **verbe** est le **noyau du groupe verbal**.
Deux hommes et une femme **explorent** une petite cavité.

2. Dans le groupe verbal, des **compléments du verbe** que l'on ne peut ni déplacer, ni supprimer précisent le sens du verbe.
Ils **empruntent** un étroit passage. Le complément du verbe indique ce qu'ils empruntent.
Ils **s'engagent** à l'intérieur. Le complément du verbe indique où ils s'engagent.
Tout spéléologue **rêve** d'une telle découverte ! Le complément du verbe indique de quoi rêve tout spéléologue. Ils **pensent** à son importance. Le complément du verbe indique à quoi ils pensent.
Certains compléments du verbe sont reliés au verbe par **à** ou **de**.

Fichier d'exercices :
des exercices supplémentaires et des évaluations.

Je m'entraine

1 Recopie le groupe verbal. Souligne le verbe.

a. L'agriculteur laboure son champ.
b. Le directeur a grondé Pierre.
c. Elle invitera des copains.
d. Pinocchio mentait à Gepetto.
e. Les cyclistes franchissent le col.

2 Remplace chaque verbe souligné du groupe verbal par un de ceux proposés :
regarde • nettoie • bâtissent • détruit • participez.

a. Les castors construisent des barrages.
b. Il lave la vaisselle.
c. Vous assistez à un grand défilé.
d. La mer démolit le château de sable.
e. La jeune femme lit une revue scientifique.

3 Complète chaque groupe verbal avec un des verbes proposés :
perd • cueille • écris • apporte • embrasse.

a. Le livreur … une pizza.
b. Roxane … le bébé.
c. Lilou … ses clés.
d. Tu … à tes parents.
e. David … des pommes.

4 Complète chaque groupe verbal avec un verbe de ton choix.

a. Le client … un chou et du persil.
b. Il … les abeilles.
c. Nous … des crêpes.
d. Le lion … la gazelle.
e. Marc … un cercle.

5 Recopie le complément du verbe de chaque groupe verbal.

a. Des enfants ont découvert la grotte de Lascaux.
b. La sorcière chevauche son balai.
c. Elle veut un grand verre d'eau.
d. Le médecin soigne le malade.
e. Aïcha récite un poème.

6 Complète chaque groupe verbal avec un complément du verbe :
la ligne d'arrivée • de la pâte à pizza • des arbustes • la cuisine • le chien.

a. Simon achète … .
b. Elle détache … .
c. Teddy replante … .
d. Les sportives passent … .
e. Le peintre repeint … .

7 Complète chaque groupe verbal avec un complément du verbe de ton choix.

a. L'agricultrice nourrit … .
b. Je regarde … .
c. Nous avons reçu … .
d. Le client a attendu … .
e. Suzie se moque de … .

8 Recopie les compléments du verbe séparés du verbe par une préposition.

a. Nadia parle à son frère.
b. Le soleil éclaire la chambre.
c. Les enfants rêvent de s'envoler.
d. Elle a trouvé des champignons.
e. Ils ont discuté de tous les derniers évènements.

9 Complète chaque groupe verbal avec un complément du verbe introduit par à ou de.

a. Samia écrit … .
b. Les promeneurs profitent … .
c. Vous avez téléphoné … .
d. Le jeune homme sort … .
e. Les athlètes participent … .

J'écris

Raconte en quelques phrases ce que font des enfants le mercredi. Tu peux utiliser les verbes :
jouer, lancer, attraper, regarder, lire…

Les compléments de phrase

Je réfléchis

A Repérer les compléments de phrase

En Afrique, une nuit, un jeune garçon, Martin, part précipitamment avec Oulé pour retrouver son ami Fofana.

Tingreda. La cité des forgerons… Mes camarades en parlaient parfois avec un mélange de respect et de crainte.
Au pied des collines de fer, les hauts-fourneaux de terre lançaient des jets de flamme. Près de chacun d'eux, on distinguait une silhouette d'ombre et de lumière.
« Les gardiens du feu… Viens », me dit Oulé.

CHRISTIAN MAUCLER, *Le Maitre des éléphants*, Éd. Magnard Jeunesse.

1 Retrouve le sujet et le groupe verbal dans les phrases où des groupes de mots sont en couleur.

2 Relis le texte en changeant de place les groupes en couleur, puis en les supprimant. Que constates-tu ?

3 Ces groupes de mots sont des **compléments de phrase**. Comment repères-tu un complément de phrase ?

B Les informations données par les compléments de phrase

À la cité des forgerons, Oulé et Martin ont retrouvé Fofana mais celui-ci refuse de les suivre. **Le lendemain**, le père de Martin rencontre le sorcier. **Dans la case**, il parle **longuement** avec lui. Il lui offre plusieurs pièces d'argent. **Pendant de longues minutes**, tous deux discutent **avec calme** du retour de Fofana.

4 Classe les compléments de phrase en gras selon les informations qu'ils apportent.

Quand ? (temps, durée)	Où ? (lieu)	Comment ? (manière)
…	…	…

Je retiens

1. Les **compléments de phrase** peuvent être **déplacés** ou **supprimés**.
Au pied des collines de fer, les hauts-fourneaux de terre lançaient des jets de flamme.
Les hauts-fourneaux de terre, **au pied des collines de fer**, lançaient des jets de flamme.

2. Ils apportent des informations complémentaires à la phrase : sur le lieu, le temps ou la durée, la manière.
Dans la case, pendant de longues minutes, ils discutent du retour de Fofana **avec calme**.

Je m'entraine

1 ●○○ Recopie le texte en supprimant les compléments de phrase soulignés.

Fofana rentra <u>deux jours plus tard</u>, <u>à ma plus grande joie</u>. Le soir de son retour, les tambours de guerre résonnèrent. « Ils annoncent un malheur », dit mon père. <u>Le lendemain soir</u>, je descendis <u>à Bakali</u> avec lui. Le vieux Yann, le maitre des éléphants, était mort.

2 ●○○ Recopie le texte en changeant de place les compléments de phrase soulignés.

<u>Dans une feuille de papier</u>, Tim découpe une fleur. Il plie les pétales. Il pose <u>délicatement</u> la fleur sur une assiette remplie d'eau. Les pétales s'ouvrent ! Alors, <u>un autre jour</u>, <u>chez des amis</u>, Tim recommence l'expérience : la fleur s'ouvre encore.

3 ●○○ Recopie chaque phrase en plaçant le complément de phrase à l'endroit indiqué :
derrière sa maison • avec une grande émotion • très souvent • pendant la nuit • d'année en année.

a. ..., les enfants ont souvent peur des bruits.
b. J'ai lu votre message ... .
c. Il construit son garage lui-même ... .
d. ..., ce garçon devient plus raisonnable.
e. ..., Hugo a du mal à se lever.

4 ●●○ Recopie les phrases sans les compléments de phrase.

a. Tous les jours, cette boulangerie ouvre à 7 heures.
b. Régulièrement, Papi fait la sieste dans son fauteuil le dimanche.
c. Depuis un mois, des tableaux de peintres célèbres sont exposés dans cette nouvelle galerie.
d. Vous trouverez la poste au prochain carrefour, sur votre droite.

5 ●●○ Complète les phrases avec ces compléments que tu placeras aux endroits de ton choix :
patiemment • chaque jour • hier • autour de la maison.

a. On a vu un accident.
b. Tony promène son chien.
c. Nous posons du grillage.
d. Les spectateurs attendent l'ouverture du guichet.

6 ●●● Classe les compléments soulignés : compléments du verbe / compléments de phrase.

a. <u>Hier</u>, le vent a déraciné plusieurs arbres.
b. Les promeneurs, dans le pré, ont ramassé <u>des champignons</u>.
c. <u>À cause du soleil</u>, les enfants ont mis <u>un chapeau</u>.
d. Le chien enterre <u>un os</u> <u>dans le jardin</u>.

7 ●○○ Indique quelle information donne chaque complément de phrase souligné : lieu, temps, manière.

a. <u>Dans les Alpes</u>, cette cycliste grimpe avec peine.
b. <u>La nuit</u>, <u>parfois</u>, on voit des étoiles filantes.
c. <u>Hier</u>, le vent a soufflé <u>en rafales</u>.
d. <u>Dans l'escalier</u>, la lampe s'éteint <u>souvent</u>.

8 ●●○ Ajoute un complément de phrase (ou plusieurs) de ton choix dans chaque phrase.

a. Je fais les courses avec mes parents.
b. Mon frère fait ses devoirs.
c. Le président de la République parlera à la télévision.
d. Plusieurs personnes ont attrapé la grippe.

9 ●●○ Ajoute dans chaque phrase un complément de phrase donnant l'information indiquée.

a. ..., nous ferons du camping. (*temps*)
b. Hier, ils ont fait du vélo ... . (*lieu*)
c. Le bébé s'endort ... . (*manière*)
d. Les enfants font des châteaux de sable ... . (*lieu*)

10 ●●● Ajoute des compléments de phrase répondant aux questions indiquées.

a. Les patineurs glissent comment ? • où ? .
b. Quand ? • Où ? on a dû descendre du car à cause d'une panne.
c. Où ? • Quand ? on entend le merle.
d. Où ? les visiteurs écoutent comment ? les consignes de sécurité.

J'écris

Raconte en plusieurs phrases une sortie ou un voyage avec ta classe.
• Emploie des compléments de phrase pour indiquer où, quand et comment.

Des phrases pour quoi faire ?

Je réfléchis

A Des phrases pour déclarer, interroger, s'exclamer, ordonner

Connais-tu l'histoire du sucre ? Découvrons-la ensemble.

Pendant des millénaires, on a utilisé le miel pour sucrer les aliments. On savait que les fruits, les légumes et la sève de certains arbres contenaient du sucre. Mais on ne savait pas l'extraire.

Tout a commencé avec la canne à sucre : un roseau qui poussait en Inde. Les Indiens, les premiers, ont pressé les tiges pour en extraire du jus. Ils chauffaient ensuite ce jus et des cristaux se formaient. À partir du XIe siècle, ce sucre fut vendu par les Arabes en Europe. Comme il venait de loin, il coutait très cher. Pour le conserver, on fermait les sucriers à clé ! C'est au XIXe siècle qu'on a appris à extraire le sucre des betteraves. Le prix du sucre a alors baissé et un plus grand nombre de personnes ont pu en consommer.

Gravure : une sucrerie au Brésil au XVIe siècle.

1 Dans quelle phrase l'auteur pose-t-il une question au lecteur ?
Dans quelle phrase l'auteur demande-t-il au lecteur de faire quelque chose ?
Dans quelle phrase l'auteur exprime-t-il son étonnement ?
Quelles phrases apportent des informations ?

2 Par quel signe de ponctuation se termine chacune de ces phrases ?

B La phrase négative

3 Relève la phrase négative du texte. Quels mots marquent la négation ?

4 Récris les phrases affirmatives suivantes à la forme négative.
Il consomme encore du sucre - Il mange quelque chose de sucré.

Je retiens

1. Les phrases sont de **différents types** selon ce que l'on veut exprimer.

si je veux	j'emploie une phrase	Elle se termine par
donner des informations	déclarative	.
poser une question	interrogative	?
dire de faire quelque chose	injonctive	. ou !
exprimer un sentiment, une émotion	exclamative	!

2. Une phrase est à la **forme affirmative** ou à la **forme négative**.
Pour qu'une phrase soit à la forme négative, on utilise les **mots de négation** :
ne … pas, ne … jamais, ne … plus, ne … rien…

Fichier d'exercices :
des exercices supplémentaires et des évaluations.

Je m'entraine

1 Indique le nombre de phrases dans chaque série.

a. Il y a une fuite d'eau dans le garage. J'appelle le plombier. Mais quand viendra-t-il ?
b. Ce soir, Théo est très content, il va au cinéma avec ses parents. Il dormira plus longtemps demain.
c. Le vélo est en panne ; je le répare. Le voilà neuf !

2 Recopie une phrase déclarative, une injonctive, une exclamative et une interrogative.

Le jour de la rentrée, Lisa arrive dans une nouvelle école. Une fillette se précipite vers elle. « Comment tu t'appelles ? Tu habites dans le quartier ? Viens jouer avec nous. » Lisa est un peu perdue. Ce changement d'école est un tel bouleversement !

3 Forme une phrase interrogative avec les groupes de mots de chaque série. Pense à la majuscule et à la ponctuation.

a. son ordinateur • Hélène • a-t-elle prêté • pendant les vacances • à qui
b. finira • qui • le premier • la course cycliste
c. partent • ces oies sauvages • où • en hiver,
d. nous • pour dix-sept heures • est-ce que • être rentrés • pourrons

4 Forme une phrase injonctive avec les groupes de mots de chaque série. Pense à la majuscule et à la ponctuation.

a. tes dents • après chaque repas • brosse
b. les escaliers • descendez • sans bousculade
c. aux flaques d'eau • attention • faisons
d. du train • l'arrêt • pour descendre • attends

5 Écris une phrase déclarative, une phrase injonctive, une phrase interrogative et une phrase exclamative.

6 Récris ce texte en mettant les majuscules et la ponctuation.

pendant les vacances, nous sommes allés au bord de la mer la plage était immense et le sable était fin on a trouvé l'eau assez bonne pour nous baigner quel séjour agréable et vous, où êtes-vous allés

7 Recopie uniquement les phrases négatives.

a. Ces iles ne sont pas très éloignées.
b. Les enfants jouent dans la piscine.
c. Les roues de la voiture ne sont plus assez gonflées.
d. Ne rentre pas trop tard !

8 Recopie ces phrases négatives. Puis entoure les mots qui marquent la négation.

a. Il ne fait jamais attention à ses affaires.
b. On n'aperçoit plus l'horizon.
c. Je ne connais personne dans cette école.
d. Nous ne voulons rien savoir.

9 Récris ces phrases à la forme négative.

a. Ce conducteur dépasse la vitesse autorisée.
b. Les chats aiment l'eau.
c. Ton chien aboie souvent.
d. Le camping est complet.

10 Récris ces phrases à la forme affirmative.

a. Depuis deux ans, la rivière ne déborde plus.
b. Avec ce temps, le linge ne sèche pas bien.
c. Ces gens ne sont jamais contents !
d. Tu ne devrais pas t'habiller de cette manière.

11 Réponds à chaque question par une phrase à la forme négative.

Exemple : Vas-tu quelquefois au théâtre ?
→ Non, je ne vais jamais au théâtre.
a. Le spectacle est déjà fini ?
b. Est-ce que vous avez vu l'éclipse de Lune ?
c. A-t-elle toujours son gros chien ?
d. As-tu rencontré quelqu'un à la piscine ?

J'écris

Écris quelques phrases d'un règlement qui pourrait être affiché dans une piscine.
• Tu utiliseras des phrases à la forme affirmative et des phrases à la forme négative.

Le verbe

Je réfléchis

A Le verbe et son infinitif

attacher v. (conjug. 1) **1.** Faire tenir une chose, un animal ou une personne par un lien. contr. ① **détacher**. *Le cavalier a attaché son cheval à la barrière. Julie attache ses cheveux avec une barrette.* **2.** Joindre les deux parties d'une chose. *Les passagers de l'avion attachent leur ceinture de sécurité.* → **boucler.**

rendre v. (conjug. 44) **1.** Redonner à quelqu'un ce qu'on lui a pris ou ce qu'on a reçu. *Je te rendrai ce livre demain. – Il faut rendre à César ce qui est à César,* il faut donner ce qui est dû. **2.** Produire, avoir un rendement. *Ces terres rendent peu.* **3.** Faire devenir, mettre dans un état. *Cette nouvelle l'a rendu triste.*

© Le Robert Junior 8/11 ans, 2015.

1 Quels verbes sont définis ?

2 Quelle forme utilise-t-on pour les nommer ?

3 Dans les phrases en italique, pourquoi les verbes définis ont-ils des formes différentes ?

4 Recopie dans le tableau les verbes de ces articles suivant la terminaison de leur infinitif. Complète avec d'autres verbes que tu connais.

infinitif terminé par *-er*	infinitif terminé par *-ir*	infinitif terminé par *-oir*	infinitif terminé par *-dre*	infinitif terminé par *-re*
…	…	…	…	…

B Le radical et la terminaison des verbes

Nous **march**ons • Tu **march**es • Je **march**ais • Il **marche**ra
Tu **obé**is • Nous **obéiss**ons • J'**obéiss**ais • Vous **obéi**rez
Je **prend**s • Vous **pren**ez • Ils **prenn**ent • Ils **prend**ront

5 Quelle partie de chaque verbe conjugué permet de savoir de quel verbe il s'agit ?

6 Le radical est-il toujours le même pour un même verbe ?

7 Quelles précisions apportent les terminaisons ?

⚠ Pour les verbes **être** et **avoir**, il est difficile de séparer la terminaison du radical.
je suis, il est, nous sommes ; j'ai, il a, ils ont.

Je retiens

1. Le verbe varie avec le **temps** et le **sujet**.
Julie **attache** ses cheveux. • Les passagers de l'avion **attacheront** leur ceinture.
Pour nommer un verbe, on utilise son **infinitif**.
On peut classer les verbes selon la terminaison de leur infinitif :
– infinitif en **-er** : attacher, monter, aller… – infinitif en **-ir** : refroidir, tenir…
– infinitif en **-oir** : avoir, vouloir… – infinitif en **-dre** : éteindre, descendre…
– infinitif en **-re** : connaitre, être, faire…

2. Le **radical** porte le sens du verbe. Il peut prendre des formes différentes pour un même verbe.
Vous **pren**ez – Elles **prenn**ent – Elles **prend**ront
La **terminaison** donne des précisions de temps, de personne, de nombre.

Fichier d'exercices :
des exercices supplémentaires et des évaluations.

Je m'entraine

1 ●●● Trouve le verbe conjugué de chaque phrase.
a. Loïc étend le linge. Il étendra le linge.
b. Maël reste sage. Il est resté sage.
c. Le vent arrache les arbres. Il arrachait les arbres.
d. Vous avez faim. Tu as faim.

2 ●●● Écris l'infinitif des verbes conjugués.
a. Nico participe à une compétition.
b. Nous faisons des études de médecine.
c. Le matin, vous prenez une douche.
d. Vous nourrissez les poissons.
e. Je dis des bêtises.

3 ●●● Classe les verbes selon la terminaison de leur infinitif : -er • -ir • -dre • -re • -oir.
gouter • devoir • répondre • grandir • connaitre • aller • échapper • salir • griffer • entendre • construire • apercevoir • garnir • cuire • fouiller • assoir • perdre

4 ●●● Recopie chaque phrase avec le verbe qui convient.
Puis indique l'infinitif du verbe.
a. L'avion (*décollera / décolleront*) à 23 heures.
b. Tu (*travailles / travaille*) à l'étranger.
c. Les prix (*montes / montent*) sans arrêt !
d. Les mésanges (*a fini / ont fini*) leur nid.

5 ●●● Récris chaque phrase avec le verbe qui convient. Puis indique l'infinitif du verbe.
a. (*grossissent / poussent*) Les plantes … → verbe en *-er*
b. (*cuit / déguste*) Mamie … un gâteau. → verbe en *-re*
c. (*regardent / applaudissent*)
Ils … les musiciens. → verbe en *-ir*
d. (*prends / reçois*) Je … un livre → verbe en *-oir*
e. (*écrit / recopie*) Elle … un message → verbe en *-re*

6 ●●● Trouve les verbes conjugués.
Indique leur infinitif.
a. La promeneuse ramasse des champignons.
b. Les chevaux franchissent les obstacles.
c. Vois-tu cette grosse étoile ?
d. Cet homme âgé a 101 ans !
e. Pendant les vacances, je dors plus longtemps.

7 ●●● Trouve les verbes conjugués.
Indique leur infinitif.
a. Demain, il fera beau et tu mettras ta nouvelle robe.
b. Vous éteindrez les lumières puis vous sortirez.
c. Le cuisinier prépare une sauce puis il la goute.
d. Elle remplit le bon de commande et elle joint un chèque.
e. Cet élève n'apprend pas ses leçons, il n'est pas sérieux.

8 ●●● Souligne le radical de chaque verbe.
Entoure la terminaison.
a. taper • vous tapez • il tapera • tu tapais
b. jouer • tu joues • nous jouons • ils jouent
c. sourire • nous sourions • ils souriront • je souriais
d. courir • je cours • il court • tu courais
e. venir • tu venais • vous venez • elles venaient

9 ●●● Classe les verbes en deux colonnes : conjugués au futur / conjugués à l'imparfait.
nous bavarderons • tu marchais • vous dormiez • on déjeunera • je maigrirai. • elles pleuraient • j'attendais • tu comprendras • nous dansions • vous plongerez • ils écouteront • elle perdait • on voulait • il grandira • nous parlions

10 ●●● Recopie chaque verbe conjugué.
Souligne le radical, entoure la terminaison.
a. Nous respectons la nature.
b. Vous prenez un billet pour un spectacle.
c. Elle finira son travail tout à l'heure.
d. Tu attends le train.
e. Elle conduit un camion.
f. Ils boivent un soda bien frais.

J'écris

Raconte en plusieurs phrases ce que fait le Petit Chaperon rouge.
• Utilise des verbes à l'infinitif et des verbes conjugués.

Le présent de l'indicatif (1) : verbes en *-er*

Je réfléchis

A La conjugaison des verbes en *-er*

Max et Karim **entrent** souvent dans la cour de l'école juste à la fin de la sonnerie du matin. C'est à ce moment-là que j'**arrive** aussi, essoufflé. Nous **allons** ensemble nous ranger. La maitresse **déclare** alors avec un petit sourire : « Les garçons, vous **restez** trop longtemps au lit le matin ! Et toi, Karim, tu **oublies** même de te coiffer. »

1. Donne l'infinitif des verbes en gras. Comment se terminent-ils ?
2. Indique à quel temps sont conjugués les verbes. Recopie-les avec leur sujet. Souligne leur radical et entoure leur terminaison.
3. Dans les tableaux de conjugaison page 216, lis la conjugaison du verbe aller au présent. Se conjugue-t-il comme les autres verbes en -er ?

B La conjugaison des verbes en *-cer*, *-ger*, *-guer*

Ma mère conduit sans parler. Nous traversons la ville, nous **longeons** le mur d'une abbaye puis un jardin public. Maintenant, nous **avançons** plus lentement, la circulation est dense. Enfin, nous **distinguons**, à travers les arbres, la maison dont la vieille dame nous a parlé.

4. Indique l'infinitif des verbes en gras noir. À quelle personne sont-ils conjugués ? Entoure les terminaisons. Que remarques-tu à la fin du radical ? Conjugue ces deux verbes aux autres personnes.
5. Conjugue le verbe distinguer aux autres personnes. Par quelle lettre se termine le radical à toutes les personnes ?
6. Relis les textes A et B. Dans quel texte le présent est-il utilisé pour raconter des actions comme si elles étaient en train de se dérouler ? Dans quel texte l'emploie-t-on pour relater des actions se répétant régulièrement ?

Je retiens

1. Au présent de l'indicatif, les terminaisons des verbes en **-er** sont : -e, -es, -e, -ons, -ez, -ent.
   ⚠ À la 1re personne du pluriel :
   – le radical des verbes en **-cer** prend une **cédille** : nous avan**ç**ons.
   – le radical des verbes en **-ger** prend un **e** : nous lon**ge**ons.
   ⚠ Le verbe **aller** a une conjugaison particulière. → Tableaux de conjugaison, pages 216-217
2. On utilise le présent de l'indicatif pour indiquer qu'**une action est en train de se faire** ou signaler qu'**une action se répète régulièrement**.

Je m'entraine

1 Recopie uniquement les phrases dont les verbes sont conjugués au présent.
a. Chaque été, nous passons une journée à Paris.
b. Dans deux ans, je rentrerai au collège.
c. La loutre est un animal au pelage brun et soyeux.
d. Le chat guette un oiseau. Il ne bouge pas.
e. La veille, il n'avait pas beaucoup mangé.

2 Écris toutes les phrases possibles en associant les pronoms de la liste a aux verbes de la liste b.
a. tu • on • je • vous • ils
b. dansent • campes • regarde • brossez • osent • grelotte • admirez • arroses

3 Recopie chaque phrase avec le verbe qui convient.
a. Les clowns (*amuses / amusent*) le public.
b. Je (*dévore / dévores*) un gros gâteau.
c. Il (*monte / montent*) sur la péniche.
d. Tu (*soigne / soignes*) ton égratignure.

4 Recopie les phrases en mettant la bonne terminaison aux verbes.
a. Les élèves récit... la poésie.
b. Vous lav... les vitres.
c. Tu désherb... le jardin. Puis, nous arros... .
d. J'aim... beaucoup le chocolat !

5 Conjugue les verbes au présent.
a. Tu (*jouer*) aux billes avec tes copains.
b. Nous (*allumer*) l'ordinateur.
c. Ces joueuses (*apprécier*) leur nouvel entraineur.
d. On (*secouer*) les pruniers pour récolter les fruits.
e. Il (*aller*) jusqu'au bord de l'eau.

6 Récris chaque phrase avec le pronom indiqué.
a. Tu patauges dans la boue. → Nous ... .
b. Elle mange des escargots. → Vous ... .
c. Il ronge un os. → Ils ... .
d. Tu blagues tout le temps ! → Elles ... .
e. On conjugue quels verbes ? → Vous ... .

7 Conjugue les verbes au présent.
a. Nous (*lacer*) nos chaussures.
b. Tu (*grimacer*) de douleur.
c. Nous (*déplacer*) les meubles.
d. Vous (*bercer*) le bébé.
e. Nous (*avancer*) à pas de loup.

8 Récris chaque phrase en remplaçant le GN sujet par un pronom personnel. Conjugue le verbe au présent.
a. Les athlètes (*lancer*) le javelot tous les jours.
b. La chenille (*avancer*) le long d'une tige de rose.
c. Papa et moi (*enfoncer*) des piquets dans la terre.
d. Ton frère et toi (*plonger*) du tremplin très souvent.
e. Mes parents (*naviguer*) sur les canaux chaque été.
• **Précise pour chaque phrase si l'emploi du présent marque une habitude ou une action en train de se faire.**

9 Complète chaque phrase avec un verbe en -er de ton choix.
a. L'automobiliste roule trop vite alors il ... .
b. Tu te promènes et tu ... le paysage.
c. Nous faisons nos devoirs puis nous ... .
d. Je mange du chou, pourtant je ... cela.

10 Récris ce texte avec Nous.
Des amis skient ensemble. Ils arrivent au sommet. La température est très basse et ils grelottent malgré leurs vêtements épais. Alors, ils entrent dans un refuge et commandent une boisson chaude. Au bout d'un moment, ils partent et se lancent à nouveau sur les pistes !

J'écris

Raconte en plusieurs phrases ce que font des personnes qui jardinent.
• Utilise des verbes comme **décider**, **gratter**, **couper**, **creuser**, **bêcher**, **ratisser**, **planter**, **tailler**, **arroser** que tu conjugueras au présent.

Le présent de l'indicatif (2) : autres verbes

Je réfléchis

A La conjugaison des verbes en *-ir*

Le grand hamster **vient** d'Europe centrale. Maintenant, il **vit** en Alsace. On le **dit** très querelleur ! En effet, il **peut** défendre âprement son territoire. La nuit, il ne **dort** pas, il **prend** la direction des champs de céréales où il **fait** ses provisions de nourriture.
Les grands hamsters **subissent** les méfaits de la culture du maïs. Celle-ci réclame beaucoup d'eau. Or, les eaux d'arrosage **envahissent** les terriers et causent la mort des petits.
Quand on **voit** un de ces grands hamsters, on **doit** le signaler à la mairie de la commune pour qu'il soit protégé.

D'après GAËLLE BOUTTIER-GUÉRIVE, THIERRY THOUVENOt, *Planète Attitude Junior*, © WWF-Seuil.

1. Quel temps est utilisé pour présenter des informations sur le hamster ?
2. Indique l'infinitif des verbes écrits en bleu.
3. Conjugue ces verbes à toutes les autres personnes. Entoure leur radical et leur terminaison.
Que remarques-tu pour le radical des verbes **subir** et **envahir** ?

B La conjugaison des autres verbes

4. Recopie les verbes écrits en vert avec leur sujet dans la colonne qui convient. Quelle est la terminaison la plus fréquente à la 3e personne du singulier ?

verbes en *-oir*	verbe en *-dre*	verbe en *-re*
...	...	...

5. Dans les tableaux de conjugaison, pages 216 à 219, observe le radical et les terminaisons des verbes **prendre**, **faire**, **dire**, **voir**, **vouloir**, **pouvoir** et **devoir**.
Quelles terminaisons retrouves-tu dans tous ces verbes ? Lesquelles sont différentes ?

Je retiens

1. Au **présent** de l'indicatif, les terminaisons des verbes en **-ir** comme **venir, subir** sont :
-s, **-s**, **-t**, **-ons**, **-ez**, **-ent**.
Le radical de certains verbes en **-ir** se termine par **-iss** aux trois personnes du pluriel :
nous subissons • vous envahissez • ils / elles subissent.

2. Au présent de l'indicatif, les terminaisons des verbes en **-oir** et en **-re** sont en général :
-s, **-s**, **-t**, **-ons**, **-ez**, **-ent**.
Mais certains **verbes très utilisés (pouvoir, vouloir, dire, faire…)** ont des terminaisons différentes.
→ Tableaux de conjugaison, pages 216 et 217

3. Les verbes en **-dre** se terminent par un **d** à la 3e personne du singulier. il prend

4. Les verbes **être** et **avoir** ont une conjugaison irrégulière. → Tableaux de conjugaison, page 214

Je m'entraine

1 Recopie les verbes. Écris leur infinitif.

a. Les maitres punissent les élèves impolis.
b. Nous remplissons les cruches d'eau pour midi.
c. Vous servez une part de gâteau à chacun.
d. Ces enfants ne mentent jamais !
e. Les prunes pourrissent sur l'arbre.
f. On vient ici de temps en temps.

2 Classe les verbes conjugués en deux colonnes : verbes en -ir dont le radical se termine par -iss aux personnes du pluriel / autres verbes en -ir.

a. La cuisinière farcit une dinde pour Noël.
b. La rose fleurit pendant plusieurs semaines.
c. Il tient son enfant par la main.
d. Il repart en voiture.
e. Elle finit ses devoirs avant de jouer.

• **Écris l'infinitif des verbes.**

3 Complète chaque phrase avec la terminaison du présent qui convient.

a. Ils ne cour... pas longtemps.
b. Elle réfléchi... à son futur métier.
c. Tu sali... toujours tes vêtements !
d. Je choisi... le pantalon bleu.
e. Nous ven... chez toi pour jouer aux jeux vidéo.

4 Récris chaque phrase en mettant le sujet au pluriel.

a. La lumière éblouit les passants.
b. Tu viens à l'école en bus.
c. Je finis mon repas.
d. Le cheval franchit l'obstacle avec facilité.
e. Elle vient par le train.

5 Complète chaque phrase avec un verbe conjugué au présent :
obéir • nourrir • rôtir • repartir • dormir.

a. Le poulet ... lentement à la broche.
b. Vous ... aux ordres du maitre nageur.
c. Je ... de la piscine à 18 heures.
d. Nous ... jusqu'à 8 heures pendant les vacances.
e. L'éleveuse ... les veaux au biberon.

6 Recopie les verbes avec leur sujet. Entoure leur terminaison.

a. Le hamster fait ses provisions de nourriture.
b. Il nous surprend par sa prévoyance.
c. Si tu vois un grand hamster, tu dois le dire.
d. On peut protéger les grands hamsters en n'utilisant pas d'engrais.

• **Écris leur infinitif.**

7 Classe les verbes et leur sujet en deux colonnes : être / avoir.

a. J'ai de magnifiques fleurs dans mon jardin.
b. Abdel est souvent à la patinoire.
c. Les visiteurs ont toujours du mal à se garer.
d. Nous ne sommes pas satisfaits du résultat.

8 Complète les phrases avec les verbes être ou avoir conjugués au présent.

a. Les enfants ... souvent malades l'hiver.
b. Ils ... une nouvelle console de jeu.
c. Elles ... à la bibliothèque.
d. Les renards ... des animaux sauvages.

9 Conjugue chaque verbe au présent à la personne indiquée.

Exemple : pouvoir, 2e pers. du sing → tu peux
faire, 3e pers. du pluriel • prendre, 1re pers. du pluriel • vouloir, 1re pers. du sing. • devoir, 3e pers. du pluriel

10 Récris ce texte au présent.

Un feu a pris dans une maison. On a appelé les pompiers. Alors, la sirène a retenti et les soldats du feu sont venus dans leur gros camion rouge. On voyait les flammes de très loin. Le nuage de fumée était de plus en plus épais. Les pompiers ont eu du mal à éteindre cet incendie. Heureusement, ils ont réussi.

J'écris

Écris une phrase pour chaque dessin.
• Utilise les verbes surgir, refaire, avoir et écrire que tu conjugueras au présent.

Le futur de l'indicatif

Je réfléchis

A La conjugaison du futur de l'indicatif

Lise voudrait bien rester dans son lit mais sa mère lui demande de se lever.
Lise s'étire et pense seulement :
– Quand je **serai** vieille, je **dormirai** tard.
– Quand je serai vieille, je serai bien au chaud dans mon lit tandis que dès le matin, des colonies d'enfants **seront** obligées d'aller à l'école.
– Quand je serai vieille, je **vivrai** seule et je **ferai** ce que je **voudrai** !

FRANCK BIJOU, *Née de la dernière pluie*, © Éd. du Rouergue.

1 Quel temps est utilisé dans les verbes en gras pour exprimer ce qui se déroulera dans l'avenir ?

2 Indique leur infinitif. Comment se terminent ces verbes à la 1re personne du singulier ?

3 Dans les tableaux de conjugaison, pages 214 à 219, relève la terminaison de chaque personne pour tous les verbes au futur. Que constates-tu ? Quelle lettre trouve-t-on au début de toutes les terminaisons au futur ?

4 Certaines terminaisons de différentes personnes se prononcent de la même façon. S'écrivent-elles pareil ?

B Des lettres à ne pas oublier

a Vous saluerez. Tu crieras. Il jouera. Je remuerai la salade.
b Tu pourras partir. Il courra. Nous verrons ce film. Ces arbres mourront.

5 Indique l'infinitif de chaque verbe. Enlève la terminaison de l'infinitif : quel est le radical ?

6 Au futur, quelle lettre muette est ajoutée entre le radical et la terminaison ?

7 Quelle particularité remarques-tu pour les verbes de la série b ?

Je retiens

1. Le **futur** de l'indicatif exprime des **actions** qui se dérouleront **dans l'avenir**.
Quand je serai vieille, je dormirai tard.

2. Au futur, tous les verbes ont les **mêmes terminaisons** :
-**r**ai, -**r**as, -**r**a, -**r**ons, -**r**ez, -**r**ont.

3. Dans la conjugaison des verbes en **-er** au futur, on ajoute **-e** qui ne se prononce pas toujours entre le radical et la terminaison. Attention à ne pas l'oublier à l'écrit : je remu**e**rai • j'oubli**e**rai…

4. Certains verbes s'écrivent avec **deux r** au futur : tu pourras • nous verrons…
→ Tableaux de conjugaison, pages 214 à 219

Fichier d'exercices : des exercices supplémentaires et des évaluations.

Je m'entraine

1 Recopie uniquement les phrases dont les verbes sont conjugués au futur.

Quand Laura sera grande, elle sera médecin. Elle soignera les malades en Afrique. Pour l'instant, elle n'est encore qu'une enfant. Lino et Alex sont au collège. Plus tard, ils seront chimistes. Ils feront des expériences pour découvrir de nouveaux produits.

2 Recopie uniquement les verbes conjugués au futur. Puis entoure leur terminaison.

il parlait • nous serons • il aura • elle travaillait • je finirai • vous partiez • tu feras • on a vu • vous effacerez • ils apprendront • tu as • elle achètera • vous partez • elles diront

3 Complète chaque phrase avec le sujet qui convient : la fusée • nos voisins • vous • tu.

a. ... devront bientôt déménager.
b. J'espère que ... viendras aussi.
c. ... décollera à 11 heures 15 précises.
d. Participerez- ... à notre fête ?

4 Recopie chaque phrase en mettant la bonne terminaison au verbe.

a. Vous sorti(*rai / rez*) vers 17 heures.
b. Ils retrouve(*ront / rons*) la maison où ils sont nés.
c. Nous rend(*ront / rons*) l'argent à Émeric.
d. Fred voud(*ras / ra*) peut-être venir aussi.

5 Complète chaque phrase avec le verbe qui convient :

arrivera • arriveras • arriveront • attendront.

a. Les voyageurs ... le car à l'abri.
b. Est-ce que les astronautes ... un jour sur Mars ?
c. Tu ... sûrement avant nous.
d. L'avion ... avec une heure de retard.

6 Conjugue les verbes entre parenthèses au futur.

a. À ce spectacle, ils (*être*) au premier rang.
b. Tu (*devoir*) nous attendre.
c. Les hirondelles (*bâtir*) leur nid dans la grange.
d. Vous (*avoir*) la meilleure place.
e. Où (*trouver*)-je la clé du garage ?

7 Récris ces phrases au futur.

a. Le soir, je lis ou je regarde la télévision.
b. On veut un chien et on téléphone à un éleveur.
c. Le bébé grandit et grossit peu à peu.
d. Il entre dans le magasin et dit bonjour bien fort.

8 Recopie chaque verbe et entoure son radical.

il appréciera • ils oublieront • nous jouerons • tu skieras • nous confierons • elle criera • je remercierai • elles modifieront • vous simplifierez

9 Recopie les phrases. Souligne les terminaisons des verbes et entoure le e à la fin du radical.

a. Ils joueront au tennis.
b. On étudiera le grec.
c. Je vérifierai les comptes !
d. Elle louera un appartement à Paris.

10 Conjugue les verbes au futur.

a. Ils (*voir*) l'intervention des pompiers.
b. Tu (*pouvoir*) retrouver ta place dans l'équipe.
c. Je ne (*voir*) pas l'éclipse.
d. Au cirque, vous (*voir*) des numéros exceptionnels.

11 Conjugue les verbes au futur.

a. Nous (*plier*) les draps tous les deux.
b. On (*expédier*) le cadeau de Léa demain.
c. Qui (*distribuer*) les fournitures à la rentrée ?
d. Tu (*secouer*) la couverture avant de la laver.
e. Vous (*remuer*) la sauce de temps en temps.

12 Récris ce texte au futur.

Pendant les vacances, nous aidons nos parents. Paul trie et range le courrier. Moi, j'aide à préparer le repas. Alice débarrasse la table. Nous nous partageons le travail. Ainsi, nos parents peuvent se reposer.

J'écris

Raconte en plusieurs phrases ce que tu feras plus tard : dans quelques jours, l'année prochaine ou quand tu seras grand(e).

• Conjugue les verbes au futur.

L'imparfait de l'indicatif

Je réfléchis

A La conjugaison de l'imparfait de l'indicatif

A Il y a longtemps, très longtemps, la Terre **était** peuplée de gens heureux. Tous les humains **pouvaient** aisément se procurer ce dont ils **avaient** besoin. Les animaux des champs et des forêts **étaient** apprivoisés. Chaque arbre et chaque buisson **portaient** des fruits. Pendant la nuit, les hommes **aimaient** observer les étoiles.

RÉ & PHILIPPE SOUPAULT, *L'Étoile et le Nénufar et autres contes*, Éd. Seghers Jeunesse.

B L'architecture du château **était** époustouflante. Huit tours hautes et pointues lui **dessinaient** la silhouette d'une araignée monumentale. La construction **attirait** et **repoussait** en même temps, à l'image de son propriétaire.

ÉRIC SANVOISIN, *Alchimia* (tome 1), Éd. Nathan.

1 Quel temps du passé est utilisé dans les verbes en gras pour décrire la Terre, le château, et dire ce que les hommes ont l'habitude de faire ?

2 Recopie les verbes écrits en gras avec leur sujet.
Entoure le radical et la terminaison de chaque verbe.
Quelles sont les deux lettres que l'on trouve au début de toutes les terminaisons à l'imparfait ?

3 Dans les tableaux de conjugaison, pages 214 à 219, lis la conjugaison des différents verbes à l'imparfait. Que constates-tu ?

B Des particularités pour certains verbes à l'imparfait

4 Observe dans les tableaux de conjugaison pages 214-215 le radical des verbes **lancer**, **manger** et **distinguer** à l'imparfait. Que constates-tu ?

5 Observe la conjugaison des verbes **finir**, **voir** et **faire**, dans les tableaux de conjugaison pages 216-219. Quelles remarques peux-tu faire sur leur radical ?

Je retiens

1. Au passé, l'**imparfait** de l'indicatif est surtout utilisé dans les **descriptions** ou pour indiquer la **répétition d'un fait**.
2. À l'imparfait, les **terminaisons** sont les mêmes pour tous les verbes : -a**is**, -a**is**, -a**it**, -**ions**, -**iez**, -a**ient**.
3. Les verbes en **-cer**, **-ger**, **-guer**, les verbes en **-ir** comme **finir** et les verbes **faire** et **voir** ont des particularités au niveau de leur radical.
→ Tableaux de conjugaison, pages 214 à 219

Je m'entraine

1 Recopie les verbes soulignés avec leur sujet.

L'étoile <u>était</u> dans le Sud au pied de hautes montagnes. Elle <u>ressemblait</u> à un oiseau. Elle <u>voulait</u> vivre avec les humains. Alors, elle s'installa à la surface de l'eau. Là, elle <u>brillait</u> et l'eau <u>reflétait</u> son image. Les hommes <u>étaient</u> émerveillés et lui donnèrent le nom de Nénufar.

• **Indique l'infinitif des verbes.**

2 Recopie les phrases en complétant les verbes avec la terminaison qui convient : ait ou aient.

a. Elle march... tranquillement dans la forêt.
b. Chaque soir, ils regard... un jeu télévisé qu'ils aim... beaucoup.
c. Avant, ils utilis... beaucoup leur voiture mais elle reven... cher.
d. Le bébé av... souvent mal aux dents, alors son frère le pren... dans ses bras.

3 Complète chaque verbe avec un pronom personnel sujet qui convienne.

dansions • réfléchissais • disiez • courait • devaient • faisions • était • aviez • voulais • distribuions • copiiez

4 Récris cette phrase à toutes les autres personnes de l'imparfait.

Quand j'avais huit ans, j'étais au CE2.

5 Récris chaque phrase à la 2e personne du singulier puis à la 1re personne du pluriel.

a. Autrefois, je pouvais courir longtemps.
b. On devait partir de bonne heure.
c. Vous alliez régulièrement au cinéma.
d. Elle voulait voyager sur un bateau.

6 Récris chaque phrase avec un verbe conjugué à l'imparfait :

vérifier • crier • étudier • skier • plier.

a. Chaque hiver, nous ... dans les Alpes.
b. Nous ... toujours notre serviette à la fin du repas.
c. Vous ... les résultats.
d. Tu ... souvent quand tu étais petit.
e. À l'université, vous ... l'histoire de la France.

7 Complète les verbes.

a. Étant enfant, tu fatig... beaucoup tes parents.
b. Tous les soirs, j'effa... le tableau.
c. Le blessé grima... de douleur sur le brancard.
d. Tu asperg... d'eau tes copains.
e. Ils encourag... les cyclistes.

8 Récris chaque phrase avec le pronom sujet indiqué.

a. Nous voyions des paysages magnifiques. → Vous ... .
b. Je faisais de l'aviron. → Ils ... .
c. Vous avanciez très lentement. → Tu ... .
d. Elles distinguaient à peine les phares de la voiture. → Je ... .
e. Nous ne dérangions personne. → On ... .

9 Conjugue les verbes à l'imparfait.

a. À l'école, je (*lancer*) la balle le plus loin possible.
b. Déjà, étant petit, tu (*songer*) à être acteur.
c. Mon grand-père (*blaguer*) toujours !
d. Les chiens (*divaguer*) dans la rue.
e. La boue (*envahir*) déjà les maisons.

10 Récris chaque phrase à l'imparfait.

a. Le vent balance les grands sapins.
b. Je prolonge parfois mes séjours.
c. Vous recopiez la leçon soigneusement.
d. La sirène retentit à midi.
e. Lili voit ses cousins à toutes les vacances.

11 Récris ce texte à l'imparfait.

Quand il va à la pêche, Abel ne prend pas grand-chose : les poissons peuvent être tranquilles ! D'abord, il installe son matériel et il amorce. Puis il attend longtemps mais le flotteur ne bouge pas ! Pourtant, il aime ces journées dans la nature car il est au calme. Il dit qu'il n'y a rien de mieux. Il veut en profiter le plus possible.

J'écris

Raconte ta vie quand tu étais plus petit(e) : ce que tu aimais ou n'aimais pas à l'école, les jeux que tu préférais, les sorties, les ami(e)s que tu as peut-être quitté(e)s...

• Conjugue tous les verbes à l'imparfait.

Le passé composé de l'indicatif (1) : verbes en *-er et* autres verbes

Je réfléchis

A Les verbes en *-er* au passé composé de l'indicatif

La bande des « moins de douze ans » essayait de découvrir le mystère du cheval mécanique.

« Pour moi, **a dit** Gaby, toute l'histoire **a débuté** le soir où le cheval **a eu** une roue cassée. Qu'est-ce que vous **avez fait** ?
– Je te l'**ai** déjà **raconté**, **a répondu** Fernand. Nous **avons trouvé** le cheval dans le ruisseau. Je l'**ai pris** et je l'**ai placé** contre la grille. C'est alors que nous **avons vu** ce sale bonhomme…
– Roublot a été désagréable, **a dit** Gaby, je n'**ai** pas **compris** ce qu'il voulait à notre cheval. Et après ? Fernand **a réfléchi** puis il **a continué** :
– Après, monsieur Rossi **a réparé** le cheval et il l'**a remonté**.
Je l'**ai aidé**, rien de mystérieux à cela ! Les types de la camionnette **ont** peut-être **volé** le cheval pour rien. »

D'après PAUL BERNA, *Le Cheval sans tête*, © Le Livre de Poche Jeunesse, 1990.

1 Quel temps du passé est utilisé dans les verbes écrits en gras pour raconter cette histoire ?

2 Comment est formé le passé composé de tous ces verbes ?

3 Indique l'infinitif des verbes écrits en gras noir. Comment se termine leur participe passé ?

4 Pose-toi les mêmes questions pour a été.

B Les autres verbes au passé composé de l'indicatif

5 Recopie chaque verbe écrit en gras bleu dans la colonne qui convient. Indique son infinitif.

participe passé terminé par -i	participe passé terminé par -u	participe passé terminé par -s	participe passé terminé par -t	infinitif
…	…	…	…	…

• Quelles remarques peux-tu faire ?

6 Comment s'écrit le participe passé du verbe devoir au passé composé ?
→ Tableaux de conjugaison page 219

Je retiens

1. Le **passé composé** est un temps du **passé**.
Il est le plus souvent formé de **l'auxiliaire avoir** et du **participe passé** du verbe conjugué.

2. Le participe passé des verbes en **-er** et du verbe **être** se termine par **é** : nous avons trouvé.

3. Les participes passés des verbes en **-ir**, **-dre**, **-oir**, **-re** ne se terminent pas toujours de la même façon.
il a réfléchi • j'ai dit • tu as pris • j'ai fait • ils ont voulu • ils ont pu • j'ai eu • il a dû

4. **Avec l'auxiliaire avoir**, le participe passé ne s'accorde jamais avec le sujet.

Je m'entraine

1 Recopie uniquement les verbes conjugués au passé composé. Écris leur infinitif.
elle a été • je suis • vous arrivez • il a mangé • tu as chanté ! • tu es • on avance • j'ai dessiné • nous avons répété • ils rentrent • elles ont écouté

2 Classe ces verbes au passé composé en deux colonnes : verbes en -er / verbe être.
elles ont discuté • il a été • nous avons rencontré • on a dessiné • vous avez été • vous avez sauvé • tu as été • nous avons été • on a décoré • j'ai changé

3 Complète chaque phrase avec le participe passé du verbe indiqué.
a. Pendant les vacances, on a … un château. (*visiter*)
b. Sur la neige, des voitures ont … . (*déraper*)
c. Nous avons … un lot important au loto. (*gagner*)
d. Margot a … malade toute la nuit. (*être*)

4 Conjugue les verbes au passé composé.
a. Nous (*renverser*) la bouteille de sirop.
b. Vous (*être*) proches de la victoire.
c. Il (*garder*) les enfants de sa sœur.
d. Les pompiers (*arroser*) le feu durant trois heures.
e. Tu (*être*) malade pendant combien de temps ?

5 Écris une phrase avec chaque verbe conjugué au passé composé, à la personne indiquée.
ranger, 1re pers. du pluriel • **penser**, 3e pers. du sing. • **présenter**, 3e pers. du pluriel • **laver**, 1re pers. du sing.

6 Recopie ces verbes conjugués au passé composé. Écris leur infinitif.
on a eu • elle a grandi • j'ai pris • il a surgi • ils ont pu • nous avons vu • j'ai dû • elles ont fait • vous avez subi

7 Recopie les verbes avec leur sujet. Entoure la terminaison du participe passé.
a. Les touristes ont vu des baleines.
b. Vous avez compris l'exercice ?
c. Nous avons dit un poème.
d. L'immeuble a vieilli.
e. Nous avons dû partir en urgence.
• **Écris l'infinitif de chaque verbe recopié.**

8 Complète chaque participe passé avec : i, is, it, t ou u.
a. Ils ont bien v… ce qui s'est passé.
b. J'ai bien appr… mes leçons.
c. Qu'avez-vous fai… de votre carte d'identité ?
d. Les spectateurs ont applaud… les joueuses.
e. Elle n'a rien d… de votre conversation.

9 Complète chaque phrase avec un pronom de la liste : ils, j', nous, tu, elle.
a. … a choisi le meilleur dessert.
b. La semaine dernière, … ai eu de la fièvre.
c. … avons défait les bagages en arrivant.
d. Hier, … ont vu une éclipse de Soleil.
e. … as dû avoir mal !

10 Récris ces phrases au passé composé.
a. Les Romains envahissent la Gaule.
b. Les animaux peuvent se mettre à l'ombre.
c. Nous voyons les sommets enneigés.
d. Je dois payer un supplément.
e. Le sportif reprend l'entrainement.

11 Récris chaque phrase avec le sujet indiqué.
a. Il a pris le dernier métro. → Mes sœurs …
b. Les filles ont fait un match de basket.
→ Vous …
c. Le client a rempli le questionnaire. → Elles …
d. Nous avons vu l'éclipse de Lune. → Julie et Marc …

12 Récris ce texte au passé composé.
Ali voit des étoiles filantes. Il a la chance d'en voir beaucoup. Il réunit des amis et il prend du matériel adapté. Ils font des photos. Certains peuvent filmer. Ils veulent rester le plus longtemps possible. Mais vers minuit, ils doivent rentrer car les nuages obscurcissent le ciel.

J'écris

Raconte en plusieurs phrases ce que tu as fait après l'école hier soir ou un autre soir.
• Utilise les verbes **gouter**, **jouer**, **réviser** et **ranger** conjugués au passé composé.

Le passé composé de l'indicatif (2) : auxiliaire *être*

Je réfléchis

A Des verbes conjugués avec l'auxiliaire *être*

Devant la porte de l'école, Amina discute de la fête foraine avec ses camarades.

– Je **suis entrée** dans le palais des glaces avec ma petite sœur, dit Amina. Un vrai labyrinthe ! Il y avait des miroirs déformants ! On a bien ri. Nous **sommes ressorties** et nous y **sommes retournées** aussitôt.

– Sonia et moi, nous **sommes montées** dans les autos tamponneuses, dit Samira. Nous avons beaucoup crié ! Quand nous **sommes descendues**, nous n'avions plus de voix.

– Moi, je **suis arrivée** tard à la fête et je **suis** juste **allée** dans le train fantôme, dit Alice. J'ai été déçue, ce n'était pas très impressionnant.

– Vous avez de la chance, dit Alexia. Mes frères **sont venus** avec moi et comme ils **sont restés** longtemps dans les petits manèges, je **suis repartie** à la maison sans être allée où je voulais.

1 À quel temps sont conjugués les verbes écrits en gras ? Indique leur infinitif.

2 Recopie les verbes écrits en gras avec leur sujet dans la colonne qui convient.

verbe en -er	verbe en -ir	verbe en -dre
...	...	...

- Quel auxiliaire est utilisé pour former le passé composé de ces verbes ?

B L'accord du participe passé

3 Comment se termine le participe passé des verbes du texte conjugués avec l'auxiliaire être ?

4 Explique le e, le s ou le es à la fin des participes passés.

Je retiens

1. **Certains verbes** de mouvement : **aller**, **monter**, **entrer**, **partir**, **venir**, **descendre** et les verbes **rester** et **devenir se conjuguent au passé composé avec l'auxiliaire *être***.

2. Le **participe passé** s'accorde alors en **genre** et en **nombre** avec le sujet.
Mon frère est resté. • **Amina** est rentrée. • **Mes frères** sont rentrés. • **Amina et Sonia** sont rentrées.

Je m'entraine

1 Recopie les verbes conjugués au passé composé. Écris leur infinitif.

vous êtes arrivés • on rentre • elle est partie • nous tombons • ils sortent • ils sont retournés • nous sommes monté(e)s • tu dessines • il est tombé • je vais • elles sont descendues • on est allé • vous sortez

2 Complète chaque verbe souligné avec l'auxiliaire être qui convient :
es • est • suis • sont • sommes.

a. Les alpinistes ... montés en haut du mont Blanc.
b. Notre fille ... partie pour trois mois.
c. Tu ... tombé dans l'eau.
d. Nous ... sorties de la maison en courant.
e. Je ... arrivée dimanche.

3 Complète chaque verbe souligné avec l'auxiliaire être.

a. Karim et toi, vous ... rentrés en voiture ?
b. Victor, tu ... parti bien trop tôt.
c. Hier, Lisa et moi nous ... venues chez toi vers midi.
d. Lundi, Louis et Tom ... restés à la cantine.
e. Ma petite sœur ... née cette nuit.

4 Complète chaque verbe souligné avec l'auxiliaire être ou avoir.

a. Je ... tombée et j'... cassé ma montre.
b. Ils ... raté leur bus et ... rentrés à pied.
c. Elle ... acheté un pull, puis elle ... ressortie du magasin.
d. Nous ... arrivés à l'hôtel et nous ... rangé nos affaires.
e. Vous ... trouvé l'endroit charmant et vous ... restés trois jours.

5 Recopie chaque phrase avec la terminaison du participe passé qui convient :
é, és, ée ou ées.

a. Cinq coureurs sont tomb... ce jour-là.
b. Je suis mont... sur le toit, dit Enzo.
c. Sabrina et Zoé sont all... à Paris.
d. Elle est entr... la première dans la salle.
e. Les hirondelles sont revenu... en mars.

6 Complète avec la terminaison du participe passé qui convient.

a. Ludivine est ven... avec son frère.
b. Ils sont n... en Italie.
c. Jason est rest... deux ans à Paris.
d. Les clientes sont parti... sans dire au revoir.
e. Elsa, tu es mont... au grenier ?

7 Récris les phrases en conjuguant les verbes au passé composé.

a. Les grues (*passer*) au-dessus du village.
b. Je (*rester*) une semaine à la mer, dit Laura.
c. Clara (*sortir*) de l'hôpital mardi dernier.
d. Sarah et moi, nous (*venir*) au concert dit Max.
e. Mathieu et toi Sam, vous (*retourner*) en Grèce ?

8 Écris une phrase avec chaque verbe conjugué au passé composé avec le pronom indiqué.

repartir, *elle* • rester, *ils* • sortir, *il* • tomber, *elles*

9 Récris ce texte au passé composé.

Anaïs va à la piscine. En chemin, elle passe devant un magasin de jouets. Elle tombe en admiration devant une magnifique poupée ! Elle arrive à la piscine en même temps qu'Aline. Anaïs est heureuse de retrouver sa copine ! Dans l'eau, les deux amies nagent et jouent pendant deux heures. Puis elles rentrent chez elles, contentes de leur après-midi.

J'écris

Raconte en plusieurs phrases ce que tu vois sur les dessins.
• Utilise les verbes sortir, monter, tomber et rentrer conjugués au passé composé.

Le nom et le déterminant

Je réfléchis

A Le nom

Des ***enfants*** *cherchent* ***un*** ***cadeau*** *pour* ***Marinette****,* ***une*** ***femme*** *âgée aveugle.* ***Une*** ***fillette****,* ***Marion****, a* ***une*** ***idée****. Pour en parler, elle raconte* ***un*** ***rêve*** *dans lequel elle était* ***un*** ***chien*** *et elle aidait Marinette.*
Donc, après **plusieurs** **aventures**, je découvre **une** **dame**, au bord d'**un** **trottoir**, prête à traverser. Elle hésite. Elle entend que **les** **voitures** sont arrêtées devant **le** **feu** rouge, alors elle s'engage sur **la** **chaussée**. Elle n'avait pas vu **un** **camion** avec **des** **gravats** qui manœuvrait.
Alors, moi, le chien intelligent, je bondis. J'aboie pour prévenir **le** **conducteur** et je me précipite vers la vieille dame. Bien sûr, vous avez compris qu'il s'agissait de Marinette et que le cadeau auquel j'ai pensé est un…
– **Un** gros **camion** rouge !
– Arrête de parler sans réfléchir, **Maxence**, c'est lassant !

D'après GÉRARD HUBERT-RICHOU, *Le Piège savoureux*, Éd. SED

1 Recopie chaque mot écrit en gras noir suivant ce qu'il désigne :
un être vivant • une chose concrète • une réalité abstraite. Ces mots sont des **noms**.

2 Parmi ces noms, certains ont une majuscule. Lesquels ? Ce sont des **noms propres**.
Les autres noms sont des noms communs.

B Le déterminant

3 Lis les mots écrits en gras bleu qui se trouvent devant certains noms du texte.
Ce sont des **déterminants**.

4 Quels déterminants indiquent le singulier ?
Quels déterminants indiquent le pluriel ?
Recopie les noms précédés de leur déterminant dans un tableau.

	masculin	féminin
singulier	…	…
pluriel	…	…

Je retiens

1. Les **noms** désignent des **êtres vivants**, des **choses**, des **idées**, des **faits**.
conductrice • chien • voiture • aventures • rêve

2. Les **noms propres** s'écrivent avec une **majuscule** : Marion.
Les autres noms sont des noms communs.

3. Le **nom** commun est généralement **accompagné d'un déterminant**.
Le **déterminant** permet de connaitre le **genre** et le **nombre** des noms :
– masculin ou féminin : le • la • un • une • ma…
– singulier ou pluriel : les • des • plusieurs…

Je m'entraine

1 **Recopie les noms d'êtres vivants qui figurent dans cette liste de mots.**

sauter • chien • grandir • parfois • poisson • tigre • enfin • aigle • attraper • garçon • toujours • salir • éléphant • humide • propreté • lapin • encore

2 **Recopie les noms de choses concrètes qui figurent dans cette liste de mots.**

château • corps • cahier • ailleurs • tenir • armoire • voiture • photo • venir • bientôt • calendrier • dehors • sac • crier • maison

3 **Recopie les noms propres parmi cette série de noms.**

flèche • Louis • ordinateur • espace • Paris • figure • parfum • Asie • restaurant • Ariane • fusée • Napoléon • village • Jeanne • Mathis

4 **Recopie les noms de réalité abstraite qui figurent dans cette liste de mots.**

tendresse • attraper • climat • peur • suivre • lutter • amitié • chagrin • ramper • chaleur • bruit • taper • joie • circuler • politesse

5 **Classe ces noms selon ce qu'ils désignent : un être vivant / une chose concrète / une réalité abstraite.**

chien • tableau • ami • beauté • accident • bol • requin • sagesse • oncle • manifestation • mariage • carnaval • arbre • crayon • papier • courage • enfant • bureau • cheval • qualité • blouson • richesse

6 **Classe tous les noms en deux colonnes : noms communs / noms propres.**

L'hôtel se trouve près de la Seine à Paris.
Une enseigne représente quatre arbres chargés de fleurs, de fruits, de feuilles et de neige.
Le soleil caresse la façade.
Martin attend les clients pour leur ouvrir la porte.

7 **Écris plusieurs noms de chaque catégorie indiquée.**

noms qui désignent des animaux • noms qui désignent des personnes • noms qui désignent des objets • des noms propres

8 **Relève le déterminant devant chaque nom souligné.**

Quand ses parents sont rentrés, le garçon a raconté la venue de l'homme avec son costume gris et sa mallette à la main. Son père s'est alors écrié : « C'est Alex, un collègue de bureau ! Il rapportait ma mallette. »

9 **Classe les noms avec leurs déterminants en deux colonnes selon leur nombre : singulier / pluriel. Souligne chaque déterminant.**

un collier • les papiers • ces rideaux • notre repas • tes vêtements • une boite • mes jambes • la rapidité • le prix • des perdrix • son nom • ses chaussures

10 **Classe les noms avec leur déterminant en deux colonnes selon leur genre : masculin / féminin.**

sa montre • notre métier • leur échelle • l'hôtel • votre mère • l'entrée • cet instant • ton huile • chaque vitrine • leur voisine • notre excuse

11 **Recopie les noms avec leur déterminant. Puis indique leur genre : masculin ou féminin.**

son cousin • les adresses • ton étiquette • des agneaux • l'attaque • ton lit • l'entracte • l'entorse • plusieurs ours • l'argent • son odeur

• **Souligne chaque déterminant.**

12 **Recopie ces groupes de mots. Puis indique leur genre et leur nombre.**

cette entrée • les souris • des regards • sa sœur • notre terrain • leurs plantes • cet oiseau • tes animaux • l'hélice • des jouets • sa gentillesse • son horloge • chaque brebis • ces outils • votre école • un casque • ces lumières • vos projets • leur tapis

J'écris

Deux enfants font l'inventaire des objets qui se trouvent dans leurs cartables. Écris leur conversation.

• Utilise des déterminants et des noms différents.

L'adjectif

Je réfléchis

A Repérer l'adjectif

La **sauterelle** verte.

Ce gros **insecte** a de longues **antennes** fines et de grandes **ailes**. Ses pattes puissantes lui permettent de très bien sauter. La sauterelle verte est une amie du jardinier car elle mange beaucoup de petits **animaux** nuisibles pour les plantations comme les chenilles mais aussi les **punaises** carnivores et les redoutables **doryphores**. Elle ne consomme des végétaux qu'en nourriture d'appoint.

Elle aime les **endroits** ensoleillés, les **herbes** hautes et les jardins. La sauterelle est inoffensive. Néanmoins, elle peut pincer si on l'attrape un peu brusquement !

En été, la sauterelle dépose des **œufs** rigides, bruns ou gris, un à un dans le sol, à différents **endroits**. Les œufs éclosent au printemps.

1 Relève les mots qui donnent des précisions sur les noms écrits en gras.

2 Remplace chaque adjectif de cette phrase par un adjectif de sens contraire :
Elle a de longues antennes fines et de grandes ailes.

B La place de l'adjectif

3 Où sont placés les adjectifs par rapport aux noms qu'ils précisent ?

4 Remplace l'adjectif hautes dans les herbes hautes par l'adjectif grandes.
Que constates-tu ?

5 Trouve l'adjectif dans la phrase : La sauterelle est inoffensive.
Sur quel nom apporte-t-il des précisions ?
Quel mot le sépare du nom ?

Je retiens

1. **L'adjectif** donne des **précisions** sur le nom.
de **longues** antennes **fines** et de **grandes** ailes • de **courtes** antennes **épaisses** et de **petites** ailes

2. **L'adjectif** peut être placé devant ou derrière le nom.
les herbes **hautes**, les **grandes** herbes
Il peut aussi être séparé du nom par un verbe.
La sauterelle est **inoffensive**.

Fichier d'exercices : des exercices supplémentaires et des évaluations.

Je m'entraine

1 Recopie les adjectifs apportant des précisions sur les noms soulignés.

une magnifique poupée ancienne • un élève sérieux • ces beaux chevaux • une histoire merveilleuse • une grande et belle maison campagnarde

2 Recopie les groupes de mots en gras. Souligne les adjectifs.

Un jour, **la jeune Alice** suit **un lapin blanc** dans **son vaste terrier**. Pendant qu'elle tombe dans le vide, elle découvre **d'immenses miroirs, des médaillons précieux** et **des objets inconnus.**
Cette petite fille curieuse se retrouve dans **un monde merveilleux**.

3 Complète les phrases avec les adjectifs qui conviennent :

énormes • plein • rocheuse • dernière • désertiques • mûrs • beau • superbes.

a. Dans les régions ... , on peut voir de ... paysages.
b. Je rapporte un panier ... de fruits bien ... .
c. Cette côte ... est bordée d' ... rochers.
d. Ce ... bébé est né la semaine ... .

4 Récris les phrases en remplaçant chaque adjectif souligné par un adjectif de même sens :

superbe • amusant • ordinaire • charmant • parfait • extraordinaire • autre • bouleversant.

a. Nous avons visité un magnifique château avec un guide agréable.
b. Dans ce film émouvant, il y a un acteur drôle.
c. Ce bâtiment quelconque va devenir un espace exceptionnel.
d. C'est l'endroit idéal pour installer un nouveau campement.

5 Classe les noms et les adjectifs de ce texte en deux colonnes : nom / adjectif qu'il renseigne.

Dans cette grande ville, un tramway circule pour la première fois. Il roule sur une large avenue toute neuve. Les nombreux passagers découvrent ce nouveau moyen de transport. Les automobilistes ne sont pas encore habitués à ce train en pleine ville !

6 Classe les groupes de mots en deux colonnes : l'adjectif est avant le nom / l'adjectif est après le nom.

un temps épouvantable • des parents attentifs • un petit chat • cette belle fleur • une salle pleine • de longs cheveux • un beau spectacle • une haute tour

7 Récris chaque groupe de mots en plaçant l'adjectif au bon endroit par rapport au nom.

un garçon (*grand*) • une voiture (*neuve*) • une eau (*claire*) • un tableau (*beau*) • un résultat (*correct*) • un calme (*absolu*)

8 Recopie les phrases en plaçant chaque adjectif au bon endroit par rapport aux noms en gras.

a. Il s'ennuie dans cette **chambre**. (*grande* / *vide*)
b. La **fée** prend sa **baguette**. (*gentille / magique*)
c. Cette **sorcière** me fait peur. (*vieille / affreuse*)
d. Ma **sœur** aime la **musique**. (*jeune / douce*)

9 Écris un verbe entre le nom et l'adjectif. Tu peux utiliser les verbes être, sembler, paraitre, devenir, rester, avoir l'air.

Exemple : Ce livre ... intéressant.
→ Ce livre est intéressant.

a. Je trouve que ce paysage ... magnifique.
b. Votre proposition me ... honnête.
c. Ton frère ... timide.
d. Nous confirmons que cette élève ... ponctuelle.

10 Écris une phrase en rapprochant l'adjectif du nom et une autre en les séparant par un verbe.

Exemple : enfant / joyeux → Max est un enfant joyeux.
Cet enfant parait joyeux.

gâteau / excellent • maison / vide • histoire / drôle

J'écris

Décris ce paysage en plusieurs phrases.
• Utilise des adjectifs et des noms.

Le groupe nominal

Je réfléchis

A Un groupe autour d'un nom

Reconnais-tu ce personnage de conte ?

Il a **une bouche immense**, **une mâchoire impressionnante**, **des dents tranchantes** et **des oreilles pointues**. Il a **une grande force**, **un bon odorat** et **un énorme appétit**. Il habite souvent dans **une grande et magnifique demeure**. C'est l'ogre, bien sûr !

1. Autour de quel nom, chaque groupe nominal écrit en bleu est-il formé ?
   Explique l'expression **groupe nominal**.
2. Dans chaque groupe nominal, relève le ou les adjectifs.
3. Récris le groupe nominal **des oreilles pointues** en remplaçant **des oreilles** par **une oreille** puis **un menton**. Que constates-tu ?

B Des précisions sur le nom noyau du groupe

Dans ***le jardin de madame Denis****, deux pinces à linge discutent.*

– Ah, soupire **la pince en bois**, si je pouvais m'installer sur **les cordes d'une guitare** : j'adore la musique !

– Moi, dit **la pince en plastique**, je rêve de me fixer sur **un fil de fer barbelé** : j'aime le danger !...

– Pas d'histoires ! dit madame Denis en suspendant une chaussette et **un chiffon à poussière**. Vous resterez sur **mon fil à linge** !

BERNARD FRIOT, « Mme Denis ne veut pas d'histoires », dans *Nouvelles histoires pressées*, Éd. Milan.

4. Souligne le nom principal dans chaque groupe nominal en gras. Entoure le groupe nominal qui donne des précisions sur ce nom.
5. Relève le petit mot qui introduit chaque complément du nom.

Je retiens

1. Le **nom** est le mot **noyau** indispensable du **groupe nominal** : une **bouche** immense.
   Il peut être précisé par un **adjectif** qui prend le **genre** et le **nombre** du nom.
   un grand château • de grands châteaux • une grande demeure • de grandes demeures
2. Dans un groupe nominal, le nom principal peut être complété par un **complément du nom** formé d'un nom introduit par un petit mot : à, de ou d', du, des, au, aux, en… :
   la pince **à** linge • une pince **en** bois • les cordes **de** guitare • un chausson **aux** pommes.

Fichier d'exercices : des exercices supplémentaires et des évaluations.

Je m'entraine

1 **Recopie les groupes nominaux. Souligne les noms noyaux.**
un garçon curieux • une petite fille étrange • un chat gris, maigre et affamé • un horrible monstre • un objet lourd, fragile et encombrant

2 **Récris les groupes nominaux sans les adjectifs.**
les pétales jaunes • un beau poisson vivant • un renard roux rusé • le village voisin • une incroyable nouvelle • une étoile filante

3 **Complète chaque groupe nominal avec un nom :**
hiver • pantalon • personnage • lapins • fleur • idées.
des ... sauvages • des ... claires • un ... rigoureux • un ... monstrueux • une ... fanée • un ... drôle

4 **Récris chaque groupe nominal en gras en remplaçant le nom noyau par le nom proposé. Fais les accords nécessaires.**
a. **Cet homme prudent** conduit bien. (*femme*)
b. **Le chemin désert** inquiète les piétons. (*rues*)
c. **Un gros frelon** a piqué cette personne. (*guêpe*)
d. J'achète **un grand flacon décoré**. (*bouteille*)

5 **Complète chaque groupe nominal en gras avec un adjectif. Aide-toi des accords.**
a. **Cette dame** porte **un chapeau** et **une ombrelle**.
(*fleuri* • *élégante* • *blanche*)
b. **Des bateaux** rentrent dans **ce port**.
(*français* • *énormes*)
c. Après **ce repas** et **ce film**, je vous remercie pour cette **soirée**.
(*captivant* • *merveilleuse* • *délicieux*)

6 **Recopie le nom principal de chaque groupe nominal souligné.**
Au supermarché, papa a acheté :
– six bouteilles d'eau minérale
– un gros pot de moutarde
– une botte de radis
– un sachet de sucre vanillé.

7 **Recopie uniquement les groupes nominaux qui contiennent un complément du nom.**
un kilo de fraises • la couronne bien décorée • des ciseaux à ongles • un toit en ardoises • mon bel ordinateur portable • son chapeau de paille • des planètes éloignées • une tarte aux abricots
• **Entoure les compléments du nom dans les groupes nominaux que tu as recopiés.**

8 **Complète chaque groupe nominal avec un complément du nom :**
en cuir • à glace • de toilette • en papier • à la fraise • à dents • du Louvre • sans garde-boue.
un vélo ... • un sac ... • une brosse ... neuve • une nouvelle trousse ... • des serviettes ... • des patins ... • une bonne glace ... • la façade ...

9 **Complète chaque nom en gras avec un complément du nom de ton choix.**
a. Il ne sait plus ce qu'il a fait de la **clé**.
b. Où as-tu rangé la **pince** ?
c. La **voiture** est en panne.
d. Le **bracelet** est cassé.

10 **Récris chaque phrase en remplaçant l'adjectif en gras par un complément du nom.**
Exemple : Il fait un temps **hivernal**.
→ Il fait un temps d'hiver.
a. Il met sa peinture dans une boite **métallique**.
b. Veux-tu une boisson **chocolatée** ?
c. On a refait le salon avec un papier **fleuri**.
d. Ce vase **chinois** a une très grande valeur.
e. Ce train traverse toute la banlieue **parisienne**.

J'écris

Décris ce paysage en quelques phrases. Enrichis les groupes nominaux avec des adjectifs et des compléments du nom.

Les pronoms personnels

Je réfléchis

A Les pronoms personnels des 1re et 2e personnes

À la fin du XIXe siècle, Claudine a onze ans. Elle travaille dix heures par jour dans l'atelier de son père à tisser de la soie.

Aujourd'hui dimanche, Claudine et son oncle vont voir le docteur Granville. **Il les** reçoit dans son bureau.
– Voici ma nièce, dit Oncle Pierre. **Elle** tousse beaucoup. J'aimerais que **vous l'**examiniez.
– Voyons voir, dit le médecin. **Il l'**ausculte.
– Ce que **tu** as, je vais **te le** dire franchement. Ton oncle **m'**a dit que **tu** étais une fille courageuse. Et pour ta maladie, il n'y a que **toi** qui puisses **te** guérir. Moi, **je** n'y peux pas grand-chose. **Tu** as la tuberculose.
– Les gens en meurent ! s'écrie Claudine.
– Pas tous, pas toujours ! Si **tu** veux guérir, **tu** y arriveras. **Je te** fais confiance. Allons retrouver ton oncle. Et tout en discutant, **nous** pourrons regarder mes livres.

MARIE-CHRISTINE HELGERSON, *Claudine de Lyon*,

1. Indique qui est désigné par chaque pronom personnel en vert.
2. Recopie les pronoms personnels de 1re personne, puis ceux de 2e personne. Souligne les pronoms singuliers et entoure les pronoms pluriels.

B Les pronoms personnels de 3e personne

3. Dans le texte, indique les noms remplacés par les pronoms personnels en rouge.
4. Indique le genre et le nombre de chacun de ces pronoms personnels de 3e personne.

Je retiens

1. **Les pronoms personnels** désignent **une** ou **des** personnes :
   - **1re personne** → je et nous désignent celui ou ceux qui parlent : je / j' → singulier ; nous → pluriel.
   - **2e personne** → tu et vous désignent celui ou ceux à qui on parle : tu → singulier ; vous → pluriel.
   - **3e personne** → il, elle, ils, elles désignent celui ou ceux dont on parle : il / elle → singulier ; ils / elles → pluriel.
2. **Les pronoms personnels** de la 3e personne remplacent un **nom** utilisé auparavant : il, elle, ils, elles, le, la, les, lui, leur.
   Claudine et son oncle vont voir le docteur Granville. Il **les** reçoit dans son bureau.

Fichier d'exercices : des exercices supplémentaires et des évaluations.

Je m'entraine

1 Recopie chaque pronom souligné. Écris qui il désigne.

a. Luc dit à Zoé : « Attends-moi, je viens avec toi ! »
b. « Anaïs et Théo, vous me donnerez vos cahiers », dit la maitresse.
c. « Ali, tu veux bien me prêter ta console de jeux ? Je te la rapporterai demain », demande Noah.

2 Recopie chaque phrase avec le pronom qui convient.

a. Cherche-(*nous / moi*) ! crie Noémie à sa copine.
b. Des élèves arrivent à l'école en retard. « Expliquez-(*nous / vous*) la raison de ce retard », demandent la directrice et la maitresse.
c. Il n'y a que (*moi / toi*) qui puisses te défendre contre ta maladie.
d. C'est à (*toi / vous*) de décider si vous acceptez.

3 Complète chaque phrase avec un pronom : me • nous • vous • toi.

a. Je t'ai donné mon stylo, maintenant il est à … .
b. Le voisin avait emprunté ma tondeuse, il … l'a rendue hier.
c. Nous avons écrit au directeur, il … a répondu.
d. Vous avez été très sérieux, je n'ai rien à … dire.

4 Complète chaque phrase avec le pronom : je • moi • vous • te • nous.

a. « Envoie-… un message à ton arrivée ! » disent les parents de Luc à leur fils.
b. « Appelle-… » plus souvent, répète Zora à sa sœur.
c. Si tu as mal aux pieds, papa … portera sur ses épaules.
d. Martin part en vacances. Il salue ses voisins en disant : « … … écrirai ! »

5 Complète les phrases avec les pronoms qui conviennent.

a. … ne pouvons pas aller chez lui samedi, il … invitera un autre jour.
b. Si tu veux un animal, on … donnera un chat.
c. Je souhaiterais que quelqu'un … conduise à la gare demain matin.
d. … suis arrivée hier. Et … , quand es-tu arrivé ?

6 Recopie les pronoms soulignés, puis indique les noms qu'ils remplacent.

Tante Yvette et Oncle Pierre ont invité le docteur Granville. Ils veulent lui faire constater les progrès de Claudine : elle prend des couleurs, elle mange et dort bien. Le docteur lui a apporté un cadeau.

7 Classe les pronoms soulignés selon leur genre et leur nombre.

a. Elle achète un collier et le donne à sa sœur.
b. Il téléphone à ses copains, il leur demande de venir.
c. Victor est sorti, mais elles peuvent l'attendre.
d. Ils cherchent une clé mais ne la trouvent pas.

8 Récris les phrases en remplaçant chaque pronom personnel souligné par un GN.

a. Ils attendent le métro.
b. La dame leur raconte une histoire.
c. Veux-tu lui parler ?
d. Elle fera du camping aux prochaines vacances.

9 Recopie chaque phrase en remplaçant le GN souligné par un pronom personnel.

a. Elsa ramasse des champignons et met les champignons dans un panier.
b. Elle paie avec sa carte, puis range sa carte.
c. Papi appelle son chien et emmène son chien en promenade.

10 Recopie ce texte. Puis entoure tous les pronoms personnels.

Un garçon dort dans une chambre isolée. Une nuit, il fait un cauchemar. Il croit voir des fantômes et hurle. Sa maman arrive. Elle le rassure et l'enfant se rendort. Le lendemain, ses parents lui parlent de son vilain rêve.

J'écris

Raconte en plusieurs phrases ce que tu vois sur le dessin.
• Emploie des pronoms personnels de personnes différentes.

Quelles lettres pour écrire les sons [ɑ̃], [ɛ̃] et [ɔ̃] ?

Je réfléchis

A Le son [ɑ̃]

Dans ce roman, à chaque instant, le lecteur est entrainé avec le héros dans des aventures inattendues au milieu de l'océan en compagnie de cent pirates hurlants et menaçants.

1. Relève les mots contenant le son [ɑ̃].
   Quelles sont les deux graphies du son [ɑ̃] ?
2. Devant quelles lettres le son [ɑ̃] s'écrit-il avec un **m** au lieu d'un **n** ?
   Donne des exemples.
3. Dans trois noms d'animaux, le son [ɑ̃] s'écrit **aon**. Lesquels ?

B Le son [ɛ̃]

Le peintre installe son chevalet dans le fond du jardin entre le bassin et le sapin nain. Ici, c'est certain, aucun individu ne vient jamais. Rien ne risque de le déranger, à part peut-être quelques insectes.

4. Relève les mots contenant le son [ɛ̃].
   Quelles sont les différentes graphies du son [ɛ̃] ? Quelle est la plus fréquente ?
5. Devant quelles lettres le son [ɛ̃] s'écrit-il avec un **m** au lieu d'un **n** ?
   Donne des exemples.
6. Recopie les mots : **faim**, **parfum**, **synthèse**, **thym**. Entoure les graphies du son [ɛ̃].

C Le son [ɔ̃]

Le ciel est d'un bleu profond, pas un nuage à l'horizon. Le sable blond luit sous les rayons du soleil. Nous décidons de rester un long moment sur la plage, à l'ombre du parasol.

7. Relève les mots contenant le son [ɔ̃]. Comment s'écrit le son [ɔ̃] ?

Je retiens

1. Le son [ɑ̃] s'écrit **an** ou **en** : un accident • pourtant • un enfant.
2. Le son [ɛ̃] s'écrit **in**, **en**, **ain**, **ein** ou **un** : le singulier • l'agenda • le chien • le train • la peinture • lundi.
3. Le son [ɔ̃] s'écrit **on** : donc • fondre.
4. Quand les sons [ɑ̃], [ɛ̃] et [ɔ̃] sont devant un **m**, un **b** ou un **p**, ils s'écrivent avec un **m** à la place du **n** : emmener • une chambre • imprévu • tomber.

Je m'entraine

1 ●○○ Complète les mots avec an, am, en ou em. Tu peux t'aider du dictionnaire.

a. N'oublie pas d'...porter ton t...bour à la fête !
b. Le print...ps donne envie d'...bellir la maison.
c. Elle est s...sible aux ch...gements de t...pérature.
d. La viol...te t...pête a cassé plusieurs br...ches.
e. J'ai dép...sé aut...t d'arg...t que toi.
f. Clémence a ch...gé la l...pe de sa ch...bre.

2 ●●○ Recopie chaque phrase avec l'homonyme qui convient. Tu peux t'aider du dictionnaire.

danse / dense • cent / sent • plans / plants • penser / panser • tant / temps

a. L'infirmier a dû ... ma blessure.
b. La pelouse est difficile à tondre, l'herbe est ... .
c. Que cette rose ... bon !
d. La voisine nous a donné des ... de tomates.
e. Alban a ... de choses à nous dire !

3 ●○○ Complète les mots avec in ou im.

a. Le médec... et cet ...firmier travaillent ensemble.
b. Les p...tades et les d...dons ont gr...pé sur le tas de bois pour manger le rais... .
c. Tu peux ...primer ce dess... pour le colorier.
d. Au jeu de dames, elle est ...battable !
e. Il est ...quiet car il a peur de l' ...prévu.
f. Il a acheté des t...bres mais il les a perdus en chem... !

4 ●○○ Classe les mots en deux colonnes : ceux qui contiennent ein / ceux qui contiennent ien.

un rein • un frein • bientôt • atteindre • combien • le sien • un collégien • dépeindre • un Martien • éteint • plein • une feinte • un lien • le magicien • une ceinture • rien • un pharmacien

5 ●●○ Complète les mots avec ein ou ien.

a. Plus tard, Dam... sera coméd... ou chirurg... .
b. Le gard... va ét...dre les lampes de la salle.
c. Je vais t...dre cette robe et je mettrai une c...ture.
d. On l'entend g...dre sans arrêt : il n'est pas b... .
e. Maman vient de rep...dre cet anc... bureau.
f. Lucie s'y connait en t...tures pour les cheveux.

6 ●●○ À partir des mots féminins, écris les mots masculins terminés par in, ain ou en.

a. vilaine → Cet enfant est vraiment trop ... .
b. une lycéenne → Mon frère est encore un ... .
c. une bassine → Les poissons nagent dans le ... .
d. américaine → Nous avons un ami ... .
e. une cousine → Linda a un seul ... .

7 ●○○ Complète les mots avec on ou om.

a. Il a s... blous... marr... depuis l...gtemps.
b. C...servez vos carottes dans une pièce s...bre.
c. Ce mign... petit garç... joue de la tr...pette.
d. Il se repose à l'...bre d'un p...t.
e. Les visiteurs s...t n...breux : le parking est c...plet.

8 ●○○ Recopie chaque mot. Puis entoure en vert la graphie du son [ɑ̃], en bleu la graphie du son [ɛ̃] et en noir celle du son [ɔ̃].

demander • enfoncer • chacun • entendre • grimper • sentir • atteindre • mélanger • trembler • lointain • la conjugaison • rendre • brun • un vigneron • souvent • distinguer • le silence • ancien • manger • l'argent • vingt • un ruban • une ombre • la campagne

9 ●●● Écris les mots avec les sons [ɑ̃], [ɛ̃] ou [ɔ̃] qui correspondent aux définitions.

a. C'est un petit lac peu profond.
b. Certains élèves en passent un en fin d'année.
c. Cet oiseau quitte la France en automne et revient au printemps.
d. Il mérite d'en recevoir une car il a bien travaillé.
e. C'était la monnaie de la France avant l'euro.

J'écris

Imagine une histoire en quatre phrases à partir de ce dessin.

• Emploie au moins deux mots contenant le son [ɑ̃], deux mots contenant le son [ɛ̃] et deux mots contenant le son [ɔ̃].

2 Orthographe

Les rôles de la lettre *s*

Je réfléchis

A Les sons de la lettre *s*

*Le **vaisseau** Monde a pour **mission** de **coloniser** la planète WP32.*

Les onze navettes Jet **traversèrent** les nuages cotonneux. Elles **descendirent** vers le lieu de l'atterrissage de la première expédition **disparue**. Le point de cet atterrissage avait été **enregistré** très précisément.
Un **paysage** montagneux et **ensoleillé**. Les collines rondes confortablement **bossuées** étaient coiffées d'une forêt aux tons vert **sombre**. C'était l'automne sur WP32. Car ici, bien **sûr**, le cycle des **saisons** existait.

PIERRE PELOT, *L'Expédition perdue*,
© Éd. Nathan, coll. « Pleine Lune ».

1 Recopie les mots en gras en deux colonnes : s se prononce [s] / s se prononce [z].

2 Entre quelles lettres est placée la lettre s quand elle se prononce [z] ?
Quel est le rôle des deux s ?

3 Dans quel mot la lettre s est-elle suivie d'un c ?
Quel son produit le groupe de lettres sc placé devant e ou i ?

B La lettre *s* muette

L'herbe grilla **sous** le souffle de chaleur dégagé par chaque navette qui se posait tel un **gros** beignet métallisé. Un silence **épais**, total, retomba sur la vallée. Le **bois** environnant restait tranquille, vert et roux.

PIERRE PELOT, *L'Expédition perdue*, © Éd. Nathan, coll. « Pleine Lune ».

4 Recopie les mots en gras. Entoure la lettre finale muette dans chacun de ces mots.

5 Écris au féminin les adjectifs gros et épais.
Trouve et écris un mot de la famille du nom bois. Que remarques-tu ?

Je retiens

1. La lettre **s** peut se prononcer [s] : disparue, ou [z] entre deux voyelles : un paysage.
2. La lettre **s** qui se prononce [s] doit être doublée entre deux voyelles : un vaisseau • une mission.
3. La lettre **s** peut être suivie d'un **c** : descendre.
4. Souvent, la lettre **s** ne se prononce pas à la fin du mot. Mais :
   – on l'entend dans le féminin de certains adjectifs : gros/grosse • épais/épaisse.
   – on l'entend dans des mots de la même famille : un bois • boisé • une boiserie.

Je m'entraine

1 ●○○ Classe les mots en deux colonnes :
s se prononce [s] / s se prononce [z].
résonner • une prison • renverser • la récompense • une phrase • un stylo • des ciseaux • un message • la surface • déposer • une cloison • une cuisse

2 ●○○ Complète les mots avec s ou ss.
plu...ieurs • un fo...é • le dé...ert • le ha...ard • une boi...on • le dé...ordre • une ardoi...e • gro...ier • une ta...e • le be...oin • une prome...e • le pa...é

3 ●●○ Recopie chaque phrase avec le mot qui convient.
a. Le pneu de la voiture (*crisse / crise*) sur la route.
b. Pose le vase sur la table (*basse / base*) du salon.
c. Ne sois pas (*rose / rosse*), prête-moi ton vélo.
d. Je suis adroit, je ne (*casse / case*) jamais rien !

4 ●●○ Recopie les mots en les groupant par familles.
essayer • l'espoir • réserver • presser • inespéré • la science • un réservoir • un essai • la conscience • espérer • un essayage • la réserve • la pression • consciencieux • un pressoir • l'espérance

5 ●●○ Recopie chaque phrase avec un des mots suivants que tu complèteras avec s ou ss :
lie • tréor • couins • cuie • ens.
a. Il faudrait que la viande ... plus longtemps.
b. Comment fais-tu pour avoir la peau aussi ... ?
c. Les naufragés ont trouvé un ... sur cette ile.
d. Les ... du canapé sont confortables.
e. Les éclats de verre sont partis dans tous les ... .

6 ●●● Écris les réponses à ces devinettes.
Chaque mot contient s qui fait le son [s], ou le son [z], ou ss.
a. Le printemps en est une.
b. Elles se mettent aux pieds.
c. C'est le troisième mois de l'année.
d. C'est le contraire du verbe *entrer*.
e. Elle fait travailler les enfants à l'école.

7 ●●● Complète chaque phrase avec un mot contenant s ou ss.
a. Je range mes crayons dans une ... .
→ avec le son [s]
b. Anna aime la glace à la ... . → avec le son [z]
c. Comme sport, elle aime la ... . → avec le son [s]
d. Les invités mangent le ... . → avec le son [s]
e. Hier, j'ai rencontré ma ... . → avec le son [z]

8 ●●● Écris les noms représentés par ces dessins. Vérifie leur orthographe dans le dictionnaire si besoin.

1

2

3

9 ●○○ Recopie chaque phrase en t'aidant du mot en gras pour ajouter le mot qui manque.
a. Le **dossier** de mon fauteuil est mal réglé : j'ai mal au ... .
b. La **chamoisine** est un tissu qui ressemble à de la vraie peau de ... .
c. Il est arrivé **sournoisement** ; il est très ... .

10 ●○○ Écris le masculin de chaque mot féminin.
précise • grasse • une intruse • épaisse • assise • une Niçoise • française • une ourse • incluse

11 ●●○ Écris le verbe qui correspond à chaque nom.
Exemple : une vis → visser – un avis → aviser
l'embarras • un fracas • un propos • un engrais • le mépris • un refus • un rabais • un abus • un tapis

12 ●●● Recopie les groupes de mots en écrivant les adjectifs qualificatifs en gras au féminin.
a. un restaurant **chinois** → une peinture ...
b. un steak **gras** → une viande ...
c. un garçon **niais** → une fille ...

J'écris

Compose un menu qui comprend une entrée, une viande, des légumes, du fromage et un dessert.
• Chacun de ces plats doit contenir au moins un mot avec la lettre s qui fait le son [s] ou le son [z] et un mot avec ss.

Les rôles de la lettre *x*

Je réfléchis

A Les sons de la lettre *x*

a Attention ! Certaines **expériences** avec l'**oxygène** sont dangereuses à **exécuter** car elles dégagent des gaz **toxiques**.

b Il n'**existe** pas de ligne de bus pour aller sur le lieu de votre **examen**. Prenez un **taxi** car il faut arriver **exactement** un quart d'heure avant le début de l'épreuve.

c Les **soixante** élèves de **sixième** sont répartis en deux classes.

1 Classe les mots en gras en quatre colonnes.

x se prononce [ks]	x se prononce [gz]	x se prononce [s]	x se prononce [z]
...	...	...	...

B La lettre *x* muette

d la voix • la noix • le choix • le houx • le courroux • l'époux • la paix • le prix • la perdrix • le flux

e roux • doux • jaloux

f somptueux • délicieux • creux • capricieux • peureux • affreux • chaleureux • nuageux • épineux • heureux • sinueux • joyeux

2 Où se trouve la lettre x dans tous ces mots ? Se prononce-t-elle ?

3 Écris les adjectifs qualificatifs des listes e et f au féminin. Quelles lettres remplacent la lettre x ?

Je retiens

1. La lettre **x** peut se prononcer [ks] : une expérience
[gz] : exister
[s] : soixante
[z] : sixième.

2. À la fin de nombreux mots, la lettre **x** ne se prononce pas :
la paix • le choix • doux.

3. Les adjectifs terminés par **-eux** ont toujours leur féminin en **-euse** :
joyeux / joyeuse.

Fichier d'exercices :
des exercices supplémentaires et des évaluations.

Je m'entraine

1 Classe les mots en deux colonnes :
x se prononce [ks] / x se prononce [gz].
une exhibition • l'exode • une taxe • exploser • le thorax • l'existence • un expert • un xylophone • exaucer • une exclamation • luxueux • un texte • un examinateur • une excuse • une exploratrice

2 Complète chaque phrase avec le mot qui convient :
exaspérant • examine • deuxième • exact • exercice • exagérer.
a. Cet … est vraiment difficile.
b. Mon copain habite au … étage de mon immeuble.
c. Il ne faut pas … l'importance de cette erreur.
d. Le médecin … attentivement le malade.
e. Le résultat de ton problème est … .
f. Ce bruit répété est vraiment … .

3 Complète chaque phrase avec le mot qui convient :
excursion • taxi • lynx • galaxie • klaxon • oxygène.
a. Le blessé a été placé sous … .
b. J'aimerais bien voir un … dans la nature.
c. Sa voiture était en panne, il a appelé un … .
d. Il y a des milliards d'étoiles dans une … .
e. En arrivant devant la maison, donne un coup de … .
f. Les touristes ont fait une formidable … .

4 Dans le dictionnaire, cherche :
– cinq verbes qui commencent par les lettres ex qui font le son [ɛks] ;
– cinq noms qui commencent par les lettres ex qui font le son [ɛgz].

5 Complète chaque phrase avec un mot contenant la lettre x qui fait le son [ks] ou le son [gz].
a. Comme sport, Léo fait de la … . → son [ks]
b. Dans certains exercices, on donne un … . → son [gz]
c. En juin prochain, Lilian passera un … . → son [gz]
d. Sur certaines lettres, il y a un accent … . → son [ks]
e. Maman aime beaucoup les fruits … . → son [gz]
f. Cette sportive a réalisé un véritable … . → son [ks]

6 Recopie les groupes nominaux en écrivant les adjectifs en gras au masculin.
a. une saison **neigeuse** → un temps …
b. une fillette **curieuse** → un enfant …
c. une bête **peureuse** → un animal …
d. une fête **joyeuse** → un anniversaire …
e. une femme **heureuse** → un homme …

7 Classe les mots en deux colonnes :
le x final se prononce / le x final ne se prononce pas.
une perdrix • six • la toux • dix • eux • de l'inox • dangereux • du houx • un duplex • sérieux • deux • un fax • chanceux • un box • nuageux

8 Écris l'adjectif terminé par -eux dérivé des noms suivants.
le courage • l'huile • un délice • la pâte • la neige • l'aventure • l'herbe • la graisse • le danger • le vent

9 Écris un mot contraire contenant la lettre x pour chaque mot de la liste.
vrai • mauvais • l'intérieur • la guerre • jeune

10 Recopie uniquement les mots qui gardent le x au singulier. Tu peux t'aider du dictionnaire.
des choix • des choux • des bureaux • des prix • des journaux • des bijoux • des croix • des feux • des voix • des cheveux • des noyaux • des noix • des jeux • des rideaux • des curieux

J'écris

Raconte en plusieurs phrases ce que font les personnages représentés sur le dessin.
• Emploie des noms et des adjectifs contenant la lettre x qui fait [ks] ou [gz] ou qui ne se prononce pas.

Les rôles de la lettre *t*

Je réfléchis

A Les sons de la lettre *t*

Johann passe l'**été** chez son grand-père dans les Pyrénées. Une fois par semaine, **tous** les deux vont jusqu'à la cabane du berger qui garde des **moutons** dans la **montagne** au-dessus du village. **Autrefois**, son grand-père lui aussi était berger.
Ils partent le **matin** de bonne heure. Johann est **devant**, il guide l'âne à **travers** la **forêt** de **hêtres** et de sapins. Son grand-père suit quelques mètres derrière, il avance au **rythme** **lent** mais régulier de ses vieilles jambes de berger.
Quand le **sentier** devient plus **étroit**, dans les rochers, l'âne fait **attention** aux pierres qui peuvent rouler. Il **trottine** avec **précaution**, il pose un **sabot** devant l'autre. Il connait le sentier par cœur car cela fait plusieurs années qu'il fait le même chemin.
À la **montée**, l'âne est chargé de **victuailles** et de linge. À la **descente**, il porte les fromages fabriqués par le berger. Johann aime ces heures de marche en plein air.

LOUIS ESPINASSOUS, *Jean de l'Ours*,
Éd. Milan, coll. « Poche juniors ».

1. Classe les mots en gras noir en deux colonnes :
   t se prononce [t] / t se prononce [s].
2. Dans quels mots la lettre t est-elle doublée ?
   Dans quel mot la lettre t est-elle suivie d'un h ?
3. Quel groupe de lettres suit la lettre t quand elle se prononce [s] ?

B La lettre *t* muette

4. Recopie les mots en orange du texte et entoure la lettre finale muette.
5. Écris les adjectifs au féminin.
6. Écris un mot de la famille de devant, de forêt et de sabot.

Je retiens

1. La lettre **t** peut se prononcer [t] : un sentier,
   et parfois [s] devant un **i** : une précaution • une acrobatie.
2. La lettre **t** est parfois doublée : trottiner ; elle est parfois suivie d'un **h** : le rythme.
3. Quand la lettre **t** ne se prononce pas à la fin du mot, on l'entend dans le féminin de noms et d'adjectifs : étroit • étroite, ou dans des mots de la même famille : un sabot • un sabotier.

Je m'entraine

1 Classe les mots en deux colonnes : le son [t] s'écrit t / le son [t] s'écrit th.

trouver • le tennis • une tortue • une panthère • un thermomètre • une note • un python • une halte • le thorax • sympathique • un prétexte

2 Classe les mots en deux colonnes : t se prononce [t] / t se prononce [s].

une veste • autrefois • une solution • le temps • l'action • direct • l'ouest • une révolution • une vitrine • la patience • un témoin • une idiotie

3 Classe les mots en deux colonnes : le son [t] s'écrit t / le son [t] s'écrit tt.

un insecte • une goutte • attraper • du métal • une lettre • sentir • sortir • quitter • un troupeau • une assiette • une suite • tiède • une marmotte

4 Écris les mots qui correspondent à ces définitions. Ils contiennent tous la lettre t qui fait le son [s].

a. À l'école, c'est le moment préféré des élèves.
b. Il en faut quand on doit attendre longtemps.
c. C'est l'opération qui utilise le signe « + ».
d. Adjectif qui qualifie un vaisseau de l'espace.
e. Tu l'utilises pour vérifier l'orthographe d'un mot.

5 Complète chaque phrase avec un mot de la liste que tu écriras avec t, tt ou th. Tu peux t'aider du dictionnaire.

cen...re • ...on • bague...e • biblio...èque
a. Tu achèteras une ... de pain.
b. Les voisins sont partis à la pêche au ... .
c. Le tireur vise le ... de la cible.
d. Demain, il faudra rapporter les livres à la ... .

6 Complète chaque phrase avec un mot contenant la lettre t, qui se prononce [t] ou [s]. Vérifie l'orthographe dans le dictionnaire si besoin.

a. La ... de ce bâtiment a commencé. avec le son [s]
b. Un ouvrier répare le ... de la maison. avec le son [t]
c. Au lieu de ... , le bateau a coulé ! avec le son [t]
d. Fais ... à la marche ! avec les sons [s] et [t]
e. Au gouter, Élina a mangé une ... . avec le son [t]

7 Complète chaque phrase avec le mot qui convient :

complot • concert • climat • récit • confort.
a. Cette écrivaine a écrit le ... de ses aventures.
b. Nous assisterons au prochain ... .
c. Elle loue un appartement tout ... .
d. Ils ont organisé un ... contre le roi.
e. Le ... de la Terre est en train de changer.

8 Recopie les groupes de mots en écrivant les adjectifs en gras au masculin.

a. une maitresse **absente** → un maitre ... .
b. une bête **méfiante** → un animal ... .
c. une maman **satisfaite** → un papa ... .
d. une personne **adroite** → un ouvrier ... .
e. une lettre **muette** → un témoin ... .
f. une mission **urgente** → un travail ... .

9 Récris les groupes nominaux au masculin.

une cliente satisfaite • une débutante inquiète • une commerçante charmante • une chatte amusante • une candidate plaisante • une avocate puissante • une présidente discrète • une préfète souriante

10 Écris les mots correspondant à ces dessins. Puis écris des mots de la famille de chaque mot.

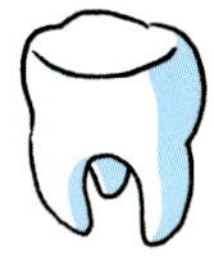

11 Écris un nom terminé par la lettre t muette de la famille de chaque mot. Tu peux t'aider du dictionnaire.

un égoutier • allaiter • souhaitable • alimentaire • venteux • un sénateur • une expertise • fruitier • un abricotier • constater • une biscuiterie • ajouter

J'écris

Écris une recette de potion magique.

• Utilise des mots (des noms, des adjectifs et des verbes) contenant la lettre t qui se prononce [t] ou [s] ou qui est muette.

Les mots formés avec les préfixes *in-/im-, il-, ir-* et les suffixes *-tion, -sion, -ssion*

Je réfléchis

A Les préfixes *in- / im-, il-* et *ir-*

a **Incontestablement**, Morgan est **imbattable** au jeu de Mémory.
b **Impossible** de cuisiner ces légumes, ils sont **immangeables**.
c Il est **inacceptable** de commettre des **imprudences** au volant.
d C'est **inexplicable**, Laurine a rendu un exercice **inachevé** et **illisible** au professeur.
e Avec ce brouillard, le paysage parait **irréel** et l'air est **irrespirable**.
f C'est **inimaginable** qu'une si belle maison reste **inoccupée**.

1 Recopie les mots en gras et entoure les préfixes avec lesquels ils sont formés. Quel sens ont ces préfixes ?

2 Devant quelles lettres le préfixe in- ne se prononce-t-il pas [ɛ̃] ? Quand s'écrit-il avec un m au lieu d'un n ?

3 Dans les mots formés avec les préfixes il- et ir-, explique la présence des deux l et des deux r.

B Le suffixe [sjɔ̃]

g la transformation • l'opération • la civilisation • la décoration • l'évaporation
h la punition • la définition • l'expédition • l'exposition • l'inspection • la distribution
i la démission • la permission • l'émission • la discussion • la compréhension

4 Trouve le suffixe avec lequel les mots sont formés dans chaque ligne.

5 Comment s'écrit le plus souvent le suffixe [sjɔ̃] ?

6 Explique la présence des ss dans plusieurs mots de la ligne i.

Je retiens

1. – Les mots formés avec le préfixe [ɛ̃] commencent par **in-** : incapable, **im-** devant les lettres **m**, **b** et **p** : immangeable • imbattable • impossible.
– Les mots formés avec le préfixe **il-** s'écrivent avec **deux l** : illisible.
– Les mots formés avec le préfixe **ir-** s'écrivent avec **deux r** : irrespirable.

2. Le suffixe [sjɔ̃] s'écrit généralement **-tion** :
une décoration • une transformation • l'évaporation.
Dans quelques mots, il s'écrit **-ssion** : une émission, ou **-sion** : une compréhension.

Je m'entraine

1 Complète les mots avec le préfixe in- ou im-.

a. Cet exercice est ...**faisable** !
b. On est ...**puissant** devant une telle violence.
c. Elle ne sort pas car le temps est ...**certain**.
d. Ce vin trop vieux est ...**buvable**.
e. Aucun être vivant n'est ...**mortel**.
f. 3, 5 et 7 sont des nombres ...**pairs**.

2 Écris le contraire de chaque adjectif en ajoutant le préfixe in-, im-, il- ou ir-.

mobile • réalisable • pensable • limité • discret • régulier • actif • juste • pur • réparable • lettré • mangeable • achevé • réel • cassable

3 Recopie uniquement les mots dans lesquels in- ou im- sont des préfixes.

un inconnu • un incapable • une infirme • inutile • incroyable • inventer • un incendie • incomplet • un insecte • invisible • un intrus • inespéré • incorrect • imbattable • imparfait • image

4 Recopie chaque série de mots sans l'intrus.

a. invalide • ingrat • infatigable • inhumain • invivable
b. impitoyable • impatient • impuni • impôt • impoli
c. irriter • irrésistible • irréprochable • irrégularité
d. illisible • illogique • illuminer • illégal

5 Écris le contraire de chaque mot en gras à l'aide du préfixe qui convient.

a. Cette personne **sensible** est juste avec ses amis.
b. Ce résultat **exact** est **logique**.
c. Ce vieux pull est **récupérable** et **mettable**.
d. Il est **prudent** et fait preuve d'**attention** dans tout ce qu'il fait.

6 Écris le mot qui correspond à chaque définition. Il contient le préfixe in-, im-, ir- ou il-.

a. Qui n'a pas de couleur.
b. Quelqu'un qui ne réfléchit pas.
c. Se dit d'un bâtiment qui n'est pas habité.
d. Ce qui n'a pas lieu d'être, qui n'est pas légitime.
e. Se dit de quelque chose qui n'est pas possible.
f. Se dit de quelque chose qui n'a pas de fin.

7 Recopie chaque phrase avec le mot de la liste qui convient :

célébration • domination • inauguration • limitation.

a. Sur les routes, il faut respecter la ... de la vitesse.
b. Hier, c'était l'... de la nouvelle bibliothèque.
c. Au Moyen Âge, les paysans étaient sous la ... du seigneur.
d. La ... de l'armistice de 1918 est le 11 novembre.

• **Entoure le suffixe -tion dans ces mots.**

8 À partir des mots soulignés, forme des mots avec le suffixe -tion. Puis complète les phrases.

a. Alex a désobéi, il est <u>puni</u>, sa ... est méritée.
b. Lina a <u>présenté</u> un livre, sa ... était réussie.
c. L'immeuble va être <u>démoli</u>, la ... est prévue demain.
d. Pour une bonne ... , un produit doit être <u>conservé</u> entre 0 et - 4 degrés.

9 Recopie chaque phrase avec un mot de la liste que tu compléteras avec s, ss ou t :

permi...ion • cicatrisa...ion • appréhen...ion • dévia...ion • infec...ion • dispari...ion.

a. Les enfants pleurent la ... de leur chien.
b. Il s'est présenté à son examen avec une ... .
c. La ... de la plaie a été rapide car il n'y a pas eu d'... .
d. Lisa a eu la ... de ses parents pour aller au cinéma.
e. Une ... est prévue à l'entrée du village.

10 Observe l'exemple. Fais le même travail pour chaque verbe.

Exemple : fabri<u>qu</u>er → vous fabri<u>qu</u>ez • la fabri<u>c</u>ation

indiquer • expliquer • appliquer • embarquer • convoquer • suffoquer • provoquer

J'écris

Écris une phrase avec chaque mot représenté par un dessin.

• Le mot contient un préfixe in-, im-, il- ou ir- ou le suffixe [sjɔ̃].

L'accord sujet/verbe

Je réfléchis

A Le sujet devant le verbe

A En Afrique, le baobab **dresse** son étrange silhouette vers le ciel. Il **peut** atteindre 10 à 15 mètres de hauteur et 8 mètres de diamètre. Il **possède** un tronc ventru.

B En Afrique, les baobabs **dressent** leur étrange silhouette vers le ciel. Ils **peuvent** atteindre 10 à 15 mètres de hauteur et 8 mètres de diamètre. Ils **possèdent** un tronc ventru.

1. Recopie chaque verbe en gras avec son sujet. Entoure la terminaison des verbes.
2. À quelles classes grammaticales appartiennent les sujets ?
3. À quelle personne du présent sont conjugués les verbes du texte A ? et ceux du texte B ?
4. Pourquoi la terminaison d'un même verbe n'est-elle pas la même dans le texte A et dans le texte B ?

B Le sujet après le verbe ou éloigné du verbe

C À quoi **sert** le baobab ? Que **cuisinent** les femmes avec le baobab ?

D Les femmes, dans la brousse, **cuisinent** les feuilles de baobab en soupe.

5. Où est placé le sujet de chaque verbe dans les phrases interrogatives ? Explique la terminaison des deux verbes.
6. Dans la phrase D, par quel complément le sujet est-il séparé du verbe ?

Je retiens

1. **Le verbe s'accorde avec son sujet,** le plus souvent un groupe nominal (GN) ou un pronom. Quand le sujet est un GN, l'accord se fait à la 3e personne du singulier ou du pluriel.
   – singulier : Le baobab possède un tronc ventru.
   – pluriel : Les baobabs possèdent un tronc ventru.
2. Le **sujet** du verbe peut être placé **après le verbe** dans une phrase interrogative.
   À quoi **servent** les baobabs ?
3. Le **sujet** du verbe peut être **séparé du verbe** par un complément de phrase.
   Les femmes, dans la brousse, **cuisinent** les feuilles de baobab en soupe.

Fichier d'exercices :
des exercices supplémentaires et des évaluations.

Je m'entraine

1 Classe les verbes et leurs sujets en deux colonnes : singulier / pluriel.

Les élèves travaillent. • Le merle chante. • Les autobus roulent. • Les abeilles bourdonnent. • Le cheval galope. • Une touriste flâne. • Les hirondelles repartent. • La fillette dessine. • Des enfants jouent.

• **Entoure les terminaisons des verbes.**

2 Recopie chaque phrase avec le verbe qui convient.

a. Les poules (*boivent* / *boive*) l'eau du chien.
b. Kévin (*chante* / *chantent*) toujours avec la chorale ?
c. Papi (*emmène* / *emmènent*) Léa à la pêche.
d. Les coureurs (*franchisse* / *franchissent*) le col.

3 Recopie les verbes avec leurs sujets et entoure leurs terminaisons.

a. Les premières brumes se forment en automne.
b. Soudain, un chevreuil surgit devant la voiture !
c. D'énormes camions passent dans notre rue.
d. Chaque matin, le Soleil apparait à l'est.

4 Complète le verbe avec la terminaison du présent qui convient : e ou ent.

a. Les feuilles rest... sur le chêne vert en automne.
b. Son père prépar... de bons desserts.
c. Les collégiens port... un sac trop lourd.
d. Les jardiniers taill... les haies.

5 Complète chaque phrase avec un sujet :
l'agriculteur • la petite Margot • Mamie • ces enfants.

a. ... a beaucoup de goût pour la décoration.
b. Parfois, ... semblent tristes.
c. ... joue tranquillement dans sa chambre.
d. ... nourrit le veau au biberon.

6 Récris les phrases en mettant le sujet au singulier.

a. Les hommes fabriquent des abris avec l'écorce du baobab.
b. Les mères mélangent la pulpe du fruit avec le lait.
c. Les bucherons travaillent dans la forêt.
d. Ils abattent des arbres.

7 Complète le verbe avec la terminaison du présent qui convient : e ou ent.

a. Les campeurs, le matin, rang... leur matériel.
b. Karima, à la cantine, mang... trop vite.
c. Les skieurs, à la montagne, rest... sur les pentes toute la journée.
d. Les joueuses, sur la pelouse mouillée, gliss... fréquemment
e. L'artiste, patiemment, travaill... à sa sculpture.

8 Complète le verbe avec la terminaison du présent qui convient : e ou ent.

a. Quelle chanson fredonn... ces garçons ?
b. Promèn...-t-il toujours le même chien ?
c. Quand rentr... -ils d'Allemagne ?
d. Que mang... ce jeune enfant ?

9 Récris chaque phrase en mettant le sujet au pluriel.

a. Le clown, dans ce cirque, arrive sur la scène après les jongleurs.
b. À quoi joue ce garçon ?
c. Que mange le hamster ?
d. Où habite ton amie ?

10 Récris chaque phrase en mettant le sujet au singulier.

a. Les élèves, à l'école, préparent une fête.
b. Nos cousins, maintenant, habitent à Paris.
c. Les roses, dans le jardin, embaument.
d. Vers quoi galopent ces zèbres ?

11 Récris le texte en commençant par Louise et Cécile.

Louise jardine. Elle coupe les fleurs fanées. Elle désherbe et elle ratisse les platebandes. Quand elle a un moment, elle aime faire des jeux. Elle prend une revue et elle remplit une grille de mots croisés.

J'écris

Écris une histoire qui se déroule à l'école en employant le nom et les groupes nominaux suivants comme sujets.

les élèves • un photographe • la directrice • Alex

L'accord du participe passé

Je réfléchis

A Du masculin au féminin

A L'année dernière, dans les Alpes, un surfeur **est parti** en montagne malgré les mauvaises prévisions météorologiques. Il était à 2 100 mètres d'altitude quand la neige **a commencé** à tomber. Il **a creusé** un iglou pour s'abriter. Il **a déclaré** aux sauveteurs :
– Je **suis resté** trois jours et trois nuits sans manger.

B L'année dernière, dans les Alpes, une surfeuse **est partie** en montagne malgré les mauvaises prévisions météorologiques. Elle était à 2 100 mètres d'altitude quand de gros flocons **ont commencé** à tomber. Elle **a creusé** un iglou pour s'abriter. Elle **a déclaré** aux sauveteurs :
– Je **suis restée** trois jours et trois nuits sans manger.

1. Recopie les verbes en couleur avec leur sujet. À quel temps sont-ils conjugués ?
2. Indique pour chaque verbe avec quel auxiliaire il est conjugué. Souligne la terminaison du participe passé.
3. Compare la terminaison des participes passés des textes A et B. Pourquoi certains participes passés ont-ils changé et pas les autres ?

B Du singulier au pluriel

C L'année dernière, dans les Alpes, plusieurs surfeurs **sont partis** en montagne malgré les mauvaises prévisions météorologiques. Ils étaient à 2 100 mètres d'altitude quand de gros flocons **ont commencé** à tomber. Ils **ont creusé** un iglou pour s'abriter. Ils **ont déclaré** aux sauveteurs :
– Nous **sommes restés** trois jours et trois nuits sans manger.

4. Explique les accords des participes passés.
5. Récris le texte C en parlant de plusieurs surfeuses.

Je retiens

1. Quand un verbe est conjugué au **passé composé** avec l'**auxiliaire être**, **le participe passé du verbe s'accorde en genre et en nombre** avec le sujet.
Les surfeurs sont partis en montagne. • La surfeuse est partie en montagne.

2. Quand un verbe est conjugué au **passé composé** avec l'**auxiliaire avoir**, **le participe passé du verbe ne s'accorde jamais** avec le sujet.
La neige a commencé à tomber.

Fichier d'exercices :
des exercices supplémentaires et des évaluations.

Je m'entraine

1 ●○○ Recopie uniquement les phrases qui ont un verbe conjugué avec l'auxiliaire être.

a. Elle a mis son manteau d'hiver.
b. La fillette est tombée de sa chaise.
c. La fusée a décollé avec six heures de retard.
d. Sa copine est arrivée dernière à la course.
e. Les plongeurs sont remontés aussitôt.

2 ●○○ Recopie chaque phrase avec la forme du participe passé qui convient.

a. Le voisin est (*parti / partie*) hier.
b. L'ambulance est (*arrivée / arrivé*) rapidement.
c. Ils sont (*devenus / devenues*) prudents.
d. Les juments sont (*sortis / sorties*) de leur parc.
e. Cette petite fille est (*née / né*) sur un bateau.

3 ●○○ Récris chaque phrase au pluriel. Fait les accords nécessaires.

a. La touriste italienne est allée dans la grotte.
b. Ma sœur est rentrée hier soir.
c. Le pêcheur est parti au lever du jour.
d. Une oie sauvage est passée au-dessus de chez nous.
e. Il est arrivé en retard.

4 ●●○ Complète les participes passés avec é, ée, és ou ées.

a. – Je suis arriv... avant toi, dit Marion à Alicia.
b. – Vous êtes rest... dans l'eau trop longtemps, dit la maman à ses filles.
c. – Tu es rentr... de vacances depuis quand ? demande Léa à Max.
d. – Nous sommes entr... dans le stade sous les applaudissements, racontent les joueurs.

5 ●●● Écris le participe passé du verbe entre parenthèse comme il convient.

a. Sara est (*retourner*) au Mexique.
b. Claire et Julie sont (*partir*) à Paris.
c. Maxime est (*rester*) dans la même école.
d. Une colombe est (*sortir*) du chapeau du magicien.
e. Tom et Clara sont (*revenir*) de vacances.

6 ●○○ Recopie chaque phrase en écrivant le participe passé du verbe entre parenthèses comme il convient.

a. Les athlètes ont (*réussir*) leur premier saut.
b. Tous ces gens ont (*assister*) au même match.
c. La dame du dernier étage a (*vouloir*) déménager.
d. Elles ont (*passer*) leur temps à lire.
e. Aline a (*prendre*) le train de nuit.
f. Les voitures ont (*devoir*) faire demi-tour.

7 ●●○ Conjugue les verbes au passé composé.

a. Les témoins (*appeler*) les pompiers.
b. Nous (*dire*) du bien de vous.
c. Chaque habitant (*pouvoir*) regagner sa maison.
d. Vous (*jouer*) aussi ?
e. Les urgentistes (*soigner*) le blessé.
f. De nombreux étudiants (*réussir*) le concours.

8 ●●● Récris chaque phrase en changeant le nombre du sujet.

a. La forte pluie a inondé le village.
b. Le couvreur a refait notre toit.
c. Les jeunes bergers ont gardé les troupeaux.
d. La panthère affamée a dévoré un zèbre.
e. Les spectateurs ont applaudi les danseurs.
f. Un auteur inconnu a écrit ces livres.

9 ●●● Récris chaque phrase en conjuguant le verbe au passé composé. Choisis le bon auxiliaire !

a. Maman (*descendre*) à la cave.
b. Luc (*descendre*) la poubelle au sous-sol.
c. Marie (*passer*) ses vacances à faire du vélo.
d. Cette émission (*passer*) trois fois à la télévision.
e. Hier, les gens du cirque (*monter*) le chapiteau.
f. L'eau (*monter*) d'un mètre en une heure !

J'écris

Imagine un dialogue entre Julia et Lucas : le jour de la rentrée, ils racontent où ils sont allés, ce qu'ils ont vu ou fait pendant les vacances.

• Emploie des verbes qui se conjuguent avec l'auxiliaire **être** et des verbes qui se conjuguent avec l'auxiliaire **avoir** au passé composé.

Les marques du pluriel des noms et des adjectifs

Je réfléchis

A La marque du pluriel : *s*

Inventaire au zoo

Sous les **préaux** de mon zoo imaginaire, il y a beaucoup d'**animaux** : des **girafes tachetées**, des **éléphants blancs**, des **renards bleus**, des **loups noirs**, de **petits chacals**, de **curieux tamanoirs**, de **grands chevaux**, des **hiboux** aux **yeux perçants**, des **sapajous agiles**, des **kangourous géants**, des **matous gris**, **de beaux chameaux**, d'**énormes taureaux coléreux**, des **aigles royaux** et, pour les **menus travaux**, plusieurs **épouvantails** aux **longs cheveux**.

1. Quelle lettre trouve-t-on à la fin de tous les mots au pluriel écrits en gras noir ?
2. Récris tous ces mots au singulier. Y a-t-il une différence à l'oral entre le singulier et le pluriel ?
3. Que constates-tu pour l'adjectif gris ?

B La marque du pluriel : *x*

4. Quelle lettre trouve-t-on à la fin de tous les mots au pluriel écrits en vert ?
5. Récris tous ces mots au singulier en les classant quand c'est possible suivant leur terminaison : au - eau / eu / ou / al-ail.
6. Pour quels mots y a-t-il une différence à l'oral entre le singulier et le pluriel ?
7. Que constates-tu pour les adjectifs curieux, coléreux ?

Je retiens

1. Le plus souvent, on forme le pluriel d'un nom ou d'un adjectif en ajoutant un **s** au singulier :
des renards bleus • des loups noirs • des chacals • des épouvantails.

2. On utilise la lettre **x** pour former le pluriel de certains noms ou adjectifs :
– les noms et adjectifs terminés par **au** et **eau** :
un chameau → des chameaux • un préau → des préaux
– les noms et adjectifs terminés par **eu** : un cheveu → des cheveux
– les noms, adjectifs en **al** et les noms en **ail** qui changent leurs terminaisons au pluriel :
un animal → des animaux • royal → royaux • un travail → des travaux
– sept noms terminés par **ou** au singulier :
des bijoux • des cailloux • des choux • des genoux • des joujoux • des hiboux • des poux.

Fichier d'exercices : des exercices supplémentaires et des évaluations.

Je m'entraine

1 ●○○ Écris ces groupes nominaux au pluriel.

un verre • un bal • une souris • le village • un trou • un héros • une fleur • un blouson • un épouvantail • la cuisine • un pneu • une histoire • un landau

2 ●○○ Écris ces adjectifs au pluriel.

fragile • noir • longue • amusante • correct • jolie • inconnu • clair • gras • léger • inquiet • nul • vraie • haut • ancienne • exact • lourd • précis • drôle • cruel

3 ●○○ Complète chaque phrase avec le nom qui convient.

a. J'ai une dizaine d'(*affiche / affiches*) de cinéma.
b. Il y a des tableaux dans chaque (*pièce / pièces*) de leur maison.
c. Les deux-cents (*place / places*) sont réservées.
d. Il reste quelques (*pommes / pomme*) à cueillir.

4 ●○○ Complète chaque phrase avec l'adjectif qui convient.

a. Cet endroit est décoré de plantes (*verte / vertes*).
b. Ils emportent toujours des repas (*froids / froid*).
c. De (*grave / graves*) erreurs ont été commises.
d. Le promeneur attend le passage des canards (*sauvage / sauvages*).

5 ●●○ Récris les phrases en écrivant les mots entre parenthèses au pluriel.

a. On a assisté à des (*festival*) et des (*récital renommé*).
b. Les (*nombreux visiteur*) examinent les sculptures dans tous les (*détail*).
c. La vétérinaire du zoo soigne deux (*ours anémié*), des (*kangourou*) et des (*caribou*).
d. Cet historien est spécialiste des (*combat naval*).

6 ●●● Écris une phrase avec chaque groupe nominal que tu mettras au pluriel.

un superbe carnaval • une brebis égarée • un éventail décoré • un meuble bas

7 ●○○ Écris ces groupes nominaux au pluriel.

un noyau • une peau • un travail • un cheveu • un chou • un journal • un feu • un rideau • un signal • un veau • un drapeau • un canal • un adieu • un chapeau

8 ●○○ Classe ces noms et ces adjectifs en deux colonnes : un x est ajouté au pluriel / la terminaison se transforme en aux au pluriel.

un étau • un dieu • beau • un tribunal • un corail • une eau • égal • un milieu • un local • un caillou • un général • nouveau • un neveu • vertical

9 ●●○ Recopie les phrases en écrivant les groupes nominaux soulignés au pluriel.

a. J'ai photographié <u>un lionceau</u>, <u>un cheval</u> et <u>un hibou</u>.
b. On a vu <u>ce merveilleux bijou</u> dans <u>un palais royal</u>.
c. Dans <u>un local</u>, le gel a fait éclater <u>un tuyau</u>.
d. Sur <u>ce nouveau vitrail</u>, on voit <u>un décor végétal</u>.

10 ●●○ Recopie chaque série de noms et barre l'intrus. Explique ton choix. Tu peux t'aider du dictionnaire

a. des bocaux • des tuyaux • des préaux • des noyaux
b. des milieux • des cheveux • des feux • des creux
c. un rail • un portail • un attirail • un travail
d. un matou • un genou • un verrou • un cou

11 ●●● Récris le texte en mettant les groupes nominaux soulignés au pluriel.

Pendant l'<u>hiver très froid</u>, les élèves se réfugient sous <u>le vaste préau</u> de l'école pour se réchauffer un peu. Certains organisent <u>un jeu collectif</u>, d'autres grignotent <u>une noix</u> ou <u>un petit morceau</u> de chocolat ou boivent <u>un délicieux jus de fruit tropical</u>. Souvent, <u>un oiseau</u> attend pour picorer les miettes ! Les élèves aimeraient être au chaud dans <u>un local fermé et chauffé</u>. Mais bientôt il sera l'heure de rentrer, les enfants ôteront <u>leur manteau</u> et reprendront <u>leur travail</u>.

J'écris

▶ **Raconte en quelques phrases ce que tu vois sur ce dessin.**

Le féminin des adjectifs

Je réfléchis

A La principale marque du féminin : *e*

A Petite annonce

J'ai d'abord essayé : « **Jeune** garçon, **grand**, **mince**, très beaux yeux bleus, cheveux blonds bouclés, traits réguliers, élève **brillant** dans toutes les matières, **excellente** éducation, **charmant**, **modeste**, **distingué**. » Mais c'était un peu **long**. [...] Finalement, j'ai trouvé la **bonne** formulation : « Jeune garçon, **beau**, **intelligent**, **doué**, **sportif**, **aimable**, vend skateboard bon état. »

BERNARD FRIOT, « Petite annonce », dans *Nouvelles histoires pressées*, Éd. Milan.

B J'ai d'abord essayé : « **Jeune** fille, **grande**, **mince**, très beaux yeux bleus, cheveux blonds bouclés, traits réguliers, élève **brillante** dans toutes les matières, **excellent** savoir-vivre, **charmante**, **modeste**, **distinguée**. » Mais l'annonce était un peu **longue**. [...] Finalement, j'ai trouvé le **bon** texte : « Jeune fille, **belle**, **intelligente**, **douée**, **sportive**, **aimable**, vend skateboard bon état. »

1. Recopie les adjectifs écrits en bleu.
   Classe-les en deux colonnes : masculin / féminin.
2. Quelle lettre est ajoutée à l'adjectif masculin pour former le féminin ?
   Dans quel cas n'ajoute-t-on pas de **e** ?
3. Dans quels adjectifs le passage au féminin entraine-t-il un changement à l'oral ?

B Des féminins particuliers

4. Recopie les adjectifs écrits en vert et classe-les dans la colonne qui convient : masculin / féminin.
5. Explique comment est formé le féminin de chaque adjectif.
6. Écris au féminin les adjectifs suivants :
   gros, dernier, discret, manuel, net, ancien, curieux, doux, roux, blanc, public.

Je retiens

1. Pour former le **féminin d'un adjectif**, on ajoute un **e** au masculin :
   distingué → distinguée • doué → douée • grand → grande.
2. L'ajout d'un **e** provoque parfois :
   – le **doublement de la consonne finale** :
   gros → grosse • manuel → manuelle • ancien → ancienne ;
   – l'**ajout d'un accent** : dernier → dernière • discret → discrète ;
   – la **transformation de la lettre finale** :
   sportif → sportive • curieux → curieuse • doux → douce • blanc → blanche • public → publique...

Je m'entraine

1 Mets les adjectifs au féminin. Classe-les en trois colonnes.

prend un e qui ne s'entend pas	prend un e qui change la prononciation	ne change pas au féminin
…	…	…

timide • haut • fermé • verni • charmant • humide • fragile • vertical • noir • grand • drôle • rougeaud • original • rapide • blond • solide • élégant

2 Écris ces adjectifs au féminin.

excellent • gris • froid • souple • dur • méchant • joli • intéressant • amical • honnête • gelé • vrai

3 Écris chaque groupe nominal avec l'adjectif qui convient.

un chemin (*direct / directe*) • une fleur (*fanée / fané*) • une histoire (*amusant / amusante*) • un panier (*lourde / lourd*) • un produit (*régional / régionale*) • une veste (*gris / grise*) • une famille (*unie / uni*)

4 Trouve l'intrus dans chaque série. Explique ton choix.

a. mensuelle • pure • obscure • facile • unie
b. dévouée • grande • cuite • étroite • haute

5 Complète chaque phrase avec un adjectif de la liste que tu accorderas comme il convient :

éblouissant • exact • sourd • meilleur • connu.

a. Cette chirurgienne est une personnalité … de tous.
b. Donnez-nous la date … de votre retour.
c. Il a ressenti une douleur … à la tête.
d. Pauline reste ma … amie.
e. Nous avons assisté à une … démonstration.

6 Complète les phrases avec des adjectifs de ton choix.

a. Cette … … fille n'a que quatre ans.
b. Ton idée est bonne, mais j'ai une … idée que toi.
c. Anne prend soin de sa … chevelure.
d. Les scientifiques ont fait une … découverte l'année … .

7 Récris ces adjectifs au féminin.

naturel • sérieux • gras • violet • léger • actif • inquiet • roux • régulier • coquet • coléreux

8 Recopie chaque phrase avec l'adjectif qui convient.

a. Cette femme (*généreux / généreuse*) aide les gens.
b. Cette boisson (*fraiche / frais*) est très agréable.
c. Une brume (*légère / léger*) vient de se lever.
d. Tous ces efforts pour un résultat (*nulle / nul*) !

9 Recopie les phrases en accordant les adjectifs comme il convient.

a. Yanick a trouvé une (*mignon*) chatte (*blanc*).
b. La fille (*sportif*) a gagné sa (*premier*) médaille.
c. Une neige (*épais*) recouvre la région.
d. On a attendu l'actrice (*étranger*) pendant une journée (*entier*).

10 Recopie chaque phrase en remplaçant le nom en gras par le nom entre parenthèses. Fais les accords nécessaires.

a. On a vu un **spectacle** aérien exceptionnel. (*revue*)
b. On a mangé un **fromage** doux et crémeux. (*sauce*)
c. Ils empruntent un dernier **chemin** boueux. (*rue*)
d. Nous avons posé un épais **tapis** neuf. (*moquette*)

11 Écris le contraire de ces groupes nominaux.

Exemple : une boule pleine → une boule creuse

une personne méchante • une opération exacte • une mauvaise réponse • une fête triste • la nouvelle mairie • une vieille voiture

12 Récris le texte en ajoutant un adjectif à chaque nom souligné.

Zoé nous parle de sa famille. Tout le monde habite une maison dans une ville. Elle fréquente l'école. Sa sœur travaille dans une usine de la région. Pendant les vacances, ils font du camping dans une caravane. C'est la liberté !

J'écris

Décris cette fillette en plusieurs phrases : vêtements, cheveux, etc. Enrichis les groupes nominaux avec des adjectifs.

L'accord de l'adjectif

Je réfléchis

A L'adjectif dans le groupe nominal

Alexandre a recueilli un **jeune** chien.
Imaginez une tête **noire**, **frisée**, avec de **longs** poils **noirs** et **gris** devant les yeux, un corps **noir** et gris, des pattes **noires** et une queue noire, **ridicule**, **courte** comme celle d'un chien d'arrêt.
Il a la tête d'un briard et le corps d'un épagneul.
C'est un **petit** chien **ridicule** mais **adorable** !

1. Retrouve le nom que précise chaque adjectif en gras noir et rouge.
2. Pourquoi l'adjectif en rouge est-il écrit de différentes manières ?
3. Explique les marques du féminin ou du pluriel des adjectifs frisée et longs.
4. Que constates-tu pour les adjectifs ridicule (lignes 4 et 7) et gris (ligne 3) ?

B L'adjectif attribut

a. D'habitude, Lise est **enjouée**. Or aujourd'hui, elle parait **triste**. Elle devient **pâle** quand on lui parle. Elle semble **apeurée**. Que se passe-t-il ?

b. D'habitude, Lise et Laura sont **enjouées**. Or, aujourd'hui, elles paraissent tristes. Elles deviennent **pâles** quand on leur parle. Elles semblent **apeurées**. Que se passe-t-il ?

5. Quelle est la fonction des adjectifs en gras ?
6. Explique les accords de ces adjectifs.
7. Après quels verbes trouve-t-on ces adjectifs attributs ?

Je retiens

1. Dans le groupe nominal, l'adjectif s'accorde **en genre et en nombre** avec le nom qu'il précise :
une tête noire, frisée • de longs poils noirs.

2. Derrière les verbes **être**, **sembler**, **paraitre**, **devenir**, l'adjectif attribut s'accorde en genre et en nombre avec le sujet qu'il précise :
Tom est enjoué. • Lise est enjouée. • Tom et Enzo sont enjoués. • Lise et Laura sont enjouées.

Je m'entraine

1 Complète chaque phrase avec l'adjectif qui convient :
étroit • étroite • étroits • étroites.
a. Ces deux sentiers … mènent au château.
b. Par cette fente … , la souris peut passer.
c. Suis ce passage … , tu arriveras sur la place de la ville.
d. Autrefois, des enfants passaient dans les cheminées … pour les ramoner.

2 Recopie chaque phrase avec l'adjectif qui convient.
a. D'(*énorme / énormes*) rochers sont sur la plage.
b. Elle déteste les enfants (*insupportables / insupportable*) !
c. Cette femme (*courageuse / courageux*) recueille des animaux abandonnés.
d. Ta cachette (*secret / secrète*) nous plait !

3 Recopie les phrases en accordant les adjectifs comme il convient.
a. De (*gros*) nuages (*noir*) troublent le ciel (*clair*).
b. Les (*long*) nuits (*hivernal*) paraissent sans fin.
c. Une neige (*épais*) recouvre les sols (*gelé*).
d. Les matières (*gras*) sont à éviter pour garder une (*bon*) santé.
e. Je préfère les (*nouveau*) produits (*local*).

4 Recopie les phrases en mettant les groupes nominaux en gras au pluriel.
a. **La jeune sportive** réalise **une belle performance**.
b. **Cette salle obscure** convient pour les films.
c. **L'énorme pelleteuse** creuse **un puits profond**.
d. Je sais faire **une division difficile** avec **un nombre décimal**.

5 Complète chaque phrase avec un adjectif de ton choix.
a. Nous nous promenons dans des rues … .
b. Ces bijoux … ont une grande valeur.
c. Le moteur de sa … voiture est tombé en panne.
d. J'ai visité un château … .
e. Ils ne prononcent jamais de paroles … .

6 Récris le texte en ajoutant un adjectif qualificatif à chaque nom souligné.
Le Petit Poucet emmène ses frères dans une forêt. Il sème des miettes de pain pour retrouver le chemin au retour. Mais des oiseaux les mangent. Le soir, les enfants sont perdus : ils frappent à la porte d'une cabane. C'est la maison d'un ogre !

7 Recopie chaque phrase en accordant l'adjectif attribut.
a. Les récoltes sont (*abondant*) cette année.
b. La rivière semble (*profond*) à cet endroit.
c. Les étés deviennent de plus en plus (*chaud*).
d. Les maitresses seront (*absent*) demain.
e. La brume reste (*léger*) pour le moment.

8 Complète avec : Il est, Elle est, Ils sont ou Elles sont.
a. … beaux. • b. … belle. • c. … belles. • d. … beau.

9 Recopie chaque phrase en remplaçant le nom en gras par le nom entre parenthèses. Attention aux accords !
a. Le nouveau **vendeur** souriant est satisfait. (*cliente*)
b. Ce **mont** enneigé mesure plus de 3 500 m. (*montagnes*)
c. Les nouveaux **journalistes** sont sympathiques. (*animatrice*)
d. Des **sportifs** français participent aux jeux Olympiques. (*nageuse*)
e. Une **tempête** tropicale arrive en Floride. (*vents*)

J'écris

Décris en plusieurs phrases les personnages ci-dessous.
• Utilise des adjectifs. Pense à les accorder comme il convient.

Les homophones autour du verbe *avoir*

Je réfléchis

A Trois formes du verbe *avoir* à bien écrire

– **Tu as** un téléphone portable ? demande Yanis **à Noah**.
– Moi non, mais **mon frère a eu** un téléphone **à son anniversaire**. Il me le prête et je peux écrire des SMS **à Papi et Mamie**. **Il a** aussi des jeux sur son téléphone mais je n'ai pas le droit d'y jouer.
– **Mes deux frères ont** une tablette mais ils ne veulent jamais me la prêter. Ils passent leur temps **à jouer**.
– Nous, **à l'école**, **on utilise** des tablettes mais pas pour jouer. Hier, tous **les élèves ont travaillé** en grammaire. Chacun avait sa tablette, **on pouvait** aller **à notre rythme**.

1 Recopie les groupes de mots en gras qui contiennent le verbe avoir.

2 Indique à quels temps et à quelles personnes est conjugué le verbe avoir.

3 Entoure la lettre muette que l'on trouve généralement à la 2e personne du singulier et celle que l'on trouve à la 3e personne du pluriel.

B Bien écrire *à* et *on*

4 Recopie les groupes de mots qui contiennent la préposition à.
Souligne le nom propre, le groupe nominal ou le verbe à l'infinitif qui suit à.

5 Recopie les groupes de mots contenant on.
Souligne chaque verbe dont on est le sujet.
À quelle personne se conjugue un verbe ayant on pour sujet ?

Je retiens

1. **as** : verbe **avoir** conjugué à la 2e personne du singulier du présent.
Tu as un téléphone portable ?
a : verbe **avoir** conjugué à la 3e personne du singulier du présent.
Mon frère a eu un téléphone. Il a des jeux.
ont : verbe **avoir** conjugué à la 3e personne du pluriel du présent.
Mes deux frères ont une tablette. Les élèves ont travaillé en grammaire.

2. **à** : une préposition suivie d'un nom propre, d'un groupe nominal ou d'un verbe à l'infinitif.
à son anniversaire • à Papi et Mamie • à jouer
on : un pronom de 3e personne du singulier.
On utilise des tablettes On pouvait aller à notre rythme.

Fichier d'exercices : des exercices supplémentaires et des évaluations.

Je m'entraine

1 Récris chaque phrase avec le sujet proposé. Puis souligne le verbe conjugué.

a. Vous avez très envie d'aller au cirque. → Tu ... .
b. Nous avons un chien noir. → Il ... .
c. J'ai souvent de la visite. → Tu ... .
d. J'ai un sac neuf à chaque rentrée. → Elles ... .

2 Récris chaque phrase au présent. Puis souligne le verbe.

a. Tes copains avaient des parents sympathiques.
b. Cette femme avait une puissante moto.
c. Pendant les vacances, ils auront le temps de lire.
d. Tu auras du matériel neuf pour la rentrée.

3 Recopie chaque phrase avec le verbe avoir écrit : a, as ou ont.

a. Ces gens ... deux chiens et trois chats.
b. Tu ... de la peine de nous quitter ?
c. Le héros de cette histoire ... toujours de la chance !
d. Tu ... parfois envie de te lever très tard.
e. Les spectateurs ... une surprise à la fin du concert.

4 Récris chaque phrase au passé composé. Puis souligne l'auxiliaire.

a. Marie roule toute la journée.
b. Les étourneaux mangent toutes les cerises !
c. Tu accompagnes tes copines au cinéma.
d. La cycliste fait 200 km en montagne.
e. Tu vois cette lumière dans le ciel ?

5 Récris le texte au passé composé.

Célia raconte : « On prend l'avion pour la première fois. On enregistre les bagages puis on attend longtemps. Mes parents achètent des sandwichs et toute la famille mange tranquillement. Mais l'avion a du retard et les voyageurs doivent attendre encore. Et puis, enfin, on franchit la porte d'embarquement. Et toi, tu prends l'avion aussi ? Si oui, est-ce que tu apprécies ? »

6 Récris les phrases en remplaçant les mots soulignés par à.

a. Tamara possède une voiture avec des pédales.
b. Les deux enfants vont vers la boulangerie.
c. Il y a des cartes routières et des cartes pour jouer.
d. Ils se sont rencontrés en allant vers Paris.

7 Récris les phrases en remplaçant les pronoms personnels il et elle par on.

a. Dans le brouillard, elle voit mal la route.
b. Pour cueillir les cerises, il grimpe sur une échelle.
c. Au lycée, il étudie le russe.
d. Elle remplira la piscine dimanche prochain.
e. Cette année, elle part en vacances au Maroc.

8 Récris chaque phrase au présent en remplaçant les mots en gras par la préposition à.

a. Elle avait une veste **avec des** franges.
b. Pour sa fête, il aura un gâteau **avec de la** crème.
c. On aura de nouveaux patins **pour la** glace.
d. Dans sa valise, elle avait toujours plusieurs brosses **pour les** dents.
e. Chaque jour, on avait faim **vers** midi.

• **Souligne le verbe de chaque phrase. Entoure chaque préposition à.**

9 Récris les phrases au passé composé.

a. À la montagne, tu marches tous les jours.
b. Cet hiver, Lisa fait du ski à Chamonix.
c. Le cheval franchit l'obstacle à chaque fois.
d. Ils peuvent rester à peine trois jours.
e. Les mésanges font leur nid dans une boite à lettres.

• **Dans chaque phrase, souligne l'auxiliaire et entoure chaque préposition à.**

10 Complète le texte avec a, as, à, on ou ont.

Hier, tu ... lu dans un journal que les rennes ... les yeux marron en été et bleus en hiver ! ... dit qu'ils peuvent ainsi mieux voir dans l'obscurité.
Tu ... remarqué aussi un article sur un volcan indonésien. Entré en éruption ... la mi-septembre 2014, il ... obligé les habitants ... partir. Ces derniers ... fui les coulées de lave. ... ne sait pas si maintenant le volcan ... retrouvé son calme.

J'écris

Raconte en plusieurs phrases une journée particulière que tu as pu vivre à la maison, à l'école, en vacances, au spectacle ou ailleurs.

• Conjugue les verbes au présent ou au passé composé en utilisant le pronom on, le verbe avoir (a/as/ont) et la préposition à.

Les homophones autour du verbe *être*

Je réfléchis

A Trois formes du verbe *être* à bien écrire

Tous les élèves de CM1 sont en classe patrimoine. **Ils sont arrivés** au château hier soir. Ce matin, **Noémie est** impatiente de le visiter. Elle met tout **son matériel** dans **son sac** à dos. Puis elle demande à Louise :
– Alors, **tu es** prête ?
– Je n'ai plus qu'à prendre **un cahier et un crayon**. **Tu es allée** chercher le jeu de piste sur le bureau ?
– Oui ! Il a l'air **facile et amusant** !
Les deux amies rient et courent rejoindre leurs camarades.

1. Recopie les groupes de mots en gras qui contiennent le verbe être.
2. Indique à quel temps et à quelles personnes est conjugué le verbe être.
3. Entoure la lettre muette que l'on retrouve généralement à la 2e personne du singulier et celle que l'on retrouve toujours à la 3e personne du pluriel.

B Bien écrire *et* et *son*

4. Recopie les groupes de mots qui contiennent le mot et. Quel est le rôle de ce mot ?
5. Récris la phrase suivante en commençant par Je mets, puis par Tu mets :
   Elle met tout son matériel dans son sac à dos.
   À quelle classe de mots appartient le mot son ?

Je retiens

1. **es** : verbe **être** conjugué à la 2e personne du singulier du présent.
   Tu **es** prêt ? • Tu **es** allée chercher le jeu de piste.
   est : verbe **être** conjugué à la 3e personne du singulier du présent.
   Noémie **est** impatiente.
   sont : verbe **être** conjugué à la 3e personne du pluriel du présent.
   Ils **sont** arrivés • Tous les élèves de CM1 **sont** en classe patrimoine.
2. **et** : un petit mot qui relie deux groupes nominaux, deux adjectifs, deux verbes.
   un cahier **et** un crayon • facile **et** amusant • Les deux fillettes rient **et** courent.
   son : un déterminant comme **mon**, **ton**.
   son matériel • **son** sac à dos

Fichier d'exercices :
des exercices supplémentaires et des évaluations.

Je m'entraine

1 ●○○ Récris chaque phrase avec le sujet proposé. Puis souligne le verbe.

a. Vous êtes ensemble dans le même car. → On … .
b. Les deux cousines sont au CM2. → Ma sœur … .
c. Je suis prêt pour le combat. → Tu … .
d. Nous sommes à la fin de la liste. → Elles … .

2 ●○○ Récris chaque phrase au présent. Puis souligne le verbe.

a. Tu étais la vendeuse préférée des clients.
b. Il sera prêt à l'heure ?
c. Ils ont été souvent malades.
d. On était à l'école avec Jim.

3 ●○○ Récris les phrases au présent. Souligne les verbes.

a. Dans le village, les distractions étaient nombreuses.
b. En hiver, le trottoir était souvent glissant.
c. Tous les arbres étaient en fleurs.
d. Les touristes étaient très contents de leur guide.

4 ●●○ Récris les phrases au passé composé. Puis souligne l'auxiliaire.

a. En octobre, les grues reviennent sur le lac.
b. Elle retourne dans sa ville natale.
c. Léa, tu vas quelquefois au théâtre ?
d. Les garçons sortent les derniers.

5 ●●○ Complète les phrases avec le verbe être écrit : es, est ou sont.

a. Le train … en retard à cause de la neige.
b. Beaucoup d'animaux … en voie de disparition.
c. Tu … toujours la première à table !
d. Madame Larose … allée chez le coiffeur.
e. Mes frères … rentrés tard.
f. Pourquoi …-tu si triste aujourd'hui ?

6 ●●● Récris chaque phrase aux 2e et 3e personnes du singulier et à la 3e personne du pluriel.

Exemple : Je suis d'accord. → Tu es d'accord. • Elle (il, on) est d'accord. • Ils (elles) sont d'accord.

a. Je suis au premier rang. • b. Nous sommes en colère. • c. Vous êtes devant la mairie.

7 ●○○ Récris les phrases au présent.

a. Cette femme a été actrice et chanteuse.
b. Avec du papier et un crayon, Marion sera ravie !
c. Justine a été fatiguée et malade.
d. Notre voiture était vieille et usée.
e. Cet homme était dans la rue jour et nuit.

• Souligne le verbe de chaque phrase et entoure le mot et.

8 ●●○ Complète chaque phrase selon l'exemple.

Exemple : J'ai perdu mon portefeuille.
→ Il a perdu son portefeuille.

a. Tu prends soin de ton jardin. → Mamie prend soin de … .
b. J'ai changé mon horloge. → Elle a changé … .
c. Tu cours avec ton chien. → Valentin court avec … .
d. Je surveille mon poids. → Hugo surveille … .
e. Tu as revu ton amie. → Elle a revu … .

9 ●●● Écris des phrases en utilisant les mots proposés.

Exemple : chatte • chaton • sur un coussin
→ La chatte et son chaton sont sur un coussin.

a. dompteur • tigre • dans la cage aux fauves
b. Max • camion • sur l'autoroute
c. cheval • cavalier • engagés dans une course
d. enfant • chien • dans le jardin
e. pot • couvercle • très pratiques

J'écris

Explique en plusieurs phrases ce que tu vois sur les dessins.

• Emploie le verbe être à la 3e personne du singulier et du pluriel, le déterminant son et le mot et.

Lire un article de dictionnaire

Je réfléchis

A La page de dictionnaire

1. Par quelle lettre commencent tous les mots de cette page de dictionnaire ?
2. Dans quel ordre les mots sont-ils rangés ? Justifie ta réponse.
3. Que signifient les abréviations : adj., n. m., n. f., v. ? Quel renseignement nous donnent-elles ?

B L'article de dictionnaire

4. Lis l'article de dictionnaire consacré au mot changer.
5. À quelle classe grammaticale appartient ce mot ?
6. Combien ce mot a-t-il de sens différents ? Retrouve les phrases exemples.
7. À quoi correspondent les mots précédés d'une flèche noire (→) ?
8. Après changer, quatre mots, précédés d'une flèche violette (➤), sont expliqués. Quel lien ont-ils avec changer ?
9. À quoi servent les signes entre crochets après changeant et changeante ?

C **chandail** LE ROBERT JUNIOR

chandail n. m. (pl. chandails) ✦ Pullover. → **tricot.** *Alex porte un chandail à col roulé.*

chandelle n. f. 1. Bâton de suif, contenant une mèche que l'on faisait brûler. → **bougie.** *Autrefois, on s'éclairait à la chandelle.* – *Devoir une fière chandelle à quelqu'un,* avoir une grande reconnaissance envers lui. *Voir trente-six chandelles,* être étourdi par un coup que l'on a reçu sur la tête. *Bruler la chandelle par les deux bouts,* dépenser son argent, user sa santé de façon peu raisonnable. *Le jeu n'en vaut pas la chandelle,* le résultat que l'on va obtenir ne vaut pas le mal que l'on se donne. 2. *L'avion est monté en chandelle,* tout droit, verticalement.
➤ **chandelier** n. m. ✦ Support sur lequel on met des chandelles, des bougies. → **bougeoir, candélabre.**

changer v. (conjug. 3) 1. Rendre différent. → **modifier, transformer.** *Cette rencontre a changé sa vie.* 2. Remplacer une chose par une autre. *Elle a changé sa roue.* 3. *Changer une chose de place,* c'est la mettre ailleurs. *Il a changé les meubles de place.* → **déplacer.** 4. Devenir différent, se modifier. *Tu as beaucoup grandi, comme tu as changé ! Le temps change, il va pleuvoir.* 5. *Il aimerait changer d'appartement,* en habiter un autre. 6. *Changer un bébé,* c'est lui mettre une couche propre. 7. *Changer de l'argent,* échanger de l'argent d'une monnaie dans une autre. *Il a changé ses euros contre des dollars.*
➤ **se changer** v. 1. Devenir différent, prendre une autre forme. *À minuit, le carrosse se changera en citrouille.* → **se transformer.** 2. Mettre d'autres vêtements. *Elle s'est changée pour le diner.*
➤ **change** n. m. 1. *Un bureau de change,* c'est un endroit où l'on change de l'argent. 2. *Perdre au change,* c'est faire un échange désavantageux.
➤ **changeant** [ʃɑ̃ʒɑ̃], **changeante** [ʃɑ̃ʒɑ̃t] adj. ✦ Qui change, varie souvent. *Le temps est très changeant ces jours-ci.* → **instable, variable.** *Un tissu aux reflets changeants,* qui change de couleur avec la lumière. → **chatoyant.**
➤ **changement** n. m. ✦ Modification, transformation. *La météo annonce un changement de temps pour demain. Nous avons signalé à la poste notre changement d'adresse.*
▷ Autres mots de la famille : ÉCHANGE, ÉCHANGER, ÉCHANGEUR, INTERCHANGEABLE, DE RECHANGE.

chanson n. f. ✦ Texte qui se chante sur un air. → **chant.** *Une chanson d'amour. Les couplets et le refrain d'une chanson. Une chanson à succès.* → fam. **tube.**
➤ **chansonnette** n. f. ✦ Petite chanson.

chant n. m. 1. Air que l'on chante sur des paroles. *La Marseillaise est un chant patriotique.* 2. Art de chanter. *Un professeur de chant.* 3. Bruit agréable. *Il écoute le chant des oiseaux.* ○ homonyme : champ.
▷ Mot de la famille de CHANTER.

chanter v. (conjug. 1) 1. Former avec la voix des sons musicaux. *Alex chante à tue-tête. Léa a chanté une très belle chanson.* 2. *Les oiseaux chantent,* ils poussent leur cri. → **gazouiller, siffler.** 3. *Faire chanter quelqu'un,* c'est essayer d'obtenir quelque chose de lui par des menaces. → aussi **chantage, maitre chanteur.**
➤ **chantage** n. m. ✦ *Faire du chantage à une personne,* c'est menacer de révéler une chose que l'on sait sur elle pour obtenir de l'argent ou un autre avantage.
➤ **chanteur** n. m., **chanteuse** n. f. ✦ Personne dont le métier est de chanter. → aussi **cantatrice.** *Julie écoute un disque de son chanteur préféré.*
▷ Autres mots de la famille : CHANT, CHANTONNER, DÉCHANTER, MAÎTRE CHANTEUR.

chantier n. m. ✦ Endroit où des ouvriers travaillent ensemble pour construire un immeuble, un bâtiment, un pont, etc. *Le port du casque est obligatoire sur les chantiers.*

chantonner v. (conjug. 1) ✦ Chanter à mi-voix, très doucement. *Elle chantonne une berceuse.*
▷ Mot de la famille de CHANTER.

chanvre

chanvre n. m. ✦ Plante que l'on cultive pour la fibre textile que fournit sa tige. *Le chanvre sert à fabriquer de la corde.*

Le Robert Junior, 8-11 ans, © Le Robert, 2015.

Je retiens

1. Dans un dictionnaire, les mots sont rangés selon l'**ordre alphabétique**.
2. Dans un article de dictionnaire, je trouve des **renseignements** sur un mot.
3. Je peux vérifier :
   – son **orthographe**, sa **classe grammaticale** ;
   – son sens ou ses différents **sens**, illustrés par une **phrase exemple.**
   Je trouve des **mots de sens voisin** et parfois **contraire** et des **mots de la même famille**.

Fichier d'exercices : des exercices supplémentaires et des évaluations.

Je m'entraine

1 ●○○ Recopie les mots de chaque série dans l'ordre alphabétique.

a. creuser • crevette • crudité • crier • creux
b. pliure • pluie • plomb • plongeur • pluriel
c. nom • nombre • nomade • nombril • nombreux

2 ●●○ Dans un dictionnaire, on trouve :
– page 407, les mots de étui à évaluer ;
– page 408, les mots de évangéliser à éventuel ;
– page 409, les mots de évêque à évolution.
Indique dans quelle page se trouve chacun des mots suivants.

évident • évacuer • évasion • eucalyptus • éveiller • évier

3 ●○○ Indique la classe grammaticale des mots suivants. Pour chaque nom, précise s'il est masculin ou féminin. Aide-toi du dictionnaire.

fève • honneur • laboratoire • régulier • vaillant • beaucoup • entreprendre

4 ●●○ Trouve les noms qui correspondent aux définitions suivantes.
Vérifie tes réponses dans un dictionnaire.

a. Au masculin, cela peut être un roman, un dictionnaire ou un manuel scolaire.
Au féminin, cela représente cinq-cents grammes.
b. Au masculin, il sert à chauffer la pièce.
Au féminin, elle sert à cuire des aliments.
c. Au masculin, c'est un objet qui sert à donner une forme à un gâteau par exemple.
Au féminin, on la cueille sur les rochers et on la mange.
d. Au masculin, on y place un outil.
Au féminin, on y passe le bras.

5 ●●○ Recopie chaque mot en gras. Écris l'abréviation qui lui correspond : n. m., n. f., v. ou adj..

a. Margot a un drôle de petit **rire**.
b. Quand elle commence à **rire**, elle ne peut plus s'arrêter.
c. Aujourd'hui, il est difficile de voir un coin de ciel **bleu**.
d. Tout le monde admire le **bleu** des toiles de ce peintre.
e. Pourquoi ne veux-tu pas **gouter** ce plat ?
f. Qu'as-tu prévu pour ton **gouter** ?

6 ●●● Dans ces phrases, la prononciation d'un mot est indiquée. Cherche dans le dictionnaire comment ce mot s'écrit et recopie-le.

a. On va construire un nouveau rond-point à la sortie du village. Les [byldozɛʀ] sont déjà arrivés.
b. Jordan m'énerve. Il critique tout le monde. Il est [ɔʀipilɑ̃].
c. Je dois être [aʒœ̃] pour faire mes analyses de sang.
d. Le [kʀɔasmɑ̃] est le cri du corbeau.

7 ●●● Associe chaque définition du mot crochet à la phrase exemple qui correspond.

> **crochet n. m. 1.** Pièce de métal recourbée pour pendre ou retenir quelque chose. **2.** Aiguille dont l'extrémité recourbée retient le fil qui doit passer dans la maille. **3.** Détour qui allonge la route suivie. **4.** Sorte de parenthèse dont les extrémités sont en angle droit. **5.** Dent recourbée.
> *Le Robert Junior, 8-11 ans*, © Le Robert, 2015.

Phrases exemples :
A. *Louise apprend à faire du crochet.*
B. *Le tableau est suspendu à un crochet.*
C. *La vipère a des crochets venimeux.*
D. *Ils ont fait un crochet par la plage.*
E. *Les mots écrits en phonétique sont entre crochets.*

8 ●●● Invente une phrase exemple pour illustrer chaque sens du mot tableau.

> **tableau n. m. 1.** Peinture faite sur un support rigide. **2.** Panneau sur lequel on met des informations. **3.** Série de renseignements disposés en listes, selon un ordre strict et très clair.
> *Le Robert Junior, 8-11 ans*, © Le Robert, 2015.

J'écris

Rédige l'article du mot costume comme dans un dictionnaire, à l'aide du texte ci-dessous.

> Le mot ***costume*** est un nom masculin qui désigne un vêtement d'homme composé d'un pantalon, d'une veste et parfois d'un gilet. En ce sens, on peut employer aussi le nom ***complet***. C'est la signification qu'il a par exemple dans la phrase : *Son père a mis son costume et sa cravate.*
> ***Costume*** peut s'employer aussi pour désigner un vêtement que l'on met pour se déguiser ou pour jouer la comédie, comme dans la phrase : *Paul a un costume de cow-boy.* On peut utiliser aussi le mot ***déguisement***.

La formation des mots

Je réfléchis

A Les mots composés et les mots dérivés

Avant-hier, nous roulions dans la voiture de mon **grand-père** quand nous avons entendu un bruit étrange : flop, flop… Un pneu était crevé.
– Tu vas appeler un **garagiste** ? ai-je demandé.
– Non, c'est **inutile**. Je me gare sur le **bas-côté**… Voilà. Descends.
Papi a mis les **feux de détresse**. Il a pris une clé pour **desserrer** les boulons de la roue **aplatie**. Puis, à l'aide du cric, il a **surélevé** la voiture et il a remplacé la roue abimée par la **roue de secours**. Il a **redescendu** la voiture et **replacé** les boulons qu'il a **resserrés**. Tout était arrangé. Nous avons pu **redémarrer**.

1. Comment sont formés les mots en vert ? Explique pourquoi on les appelle des mots composés.
2. Comment sont formés les mots en rouge ? Comment appelle-t-on ces mots ?
3. Quels mots dérivés sont construits avec un préfixe ? avec un suffixe ?

B Les familles de mots

a. desserrer • resserrer • serrement
b. inutile • utilité • utilement
c. replacer • déplacer • remplacement
d. monter • montage • remontée

4. Dans chaque série de mots, relève le mot de base, appelé aussi le « radical ».
5. Quels préfixes ou quels suffixes sont ajoutés à chaque radical pour former les autres mots ?
6. Comment appelle-t-on l'ensemble des mots formés à partir d'un même radical ?

Je retiens

1. Les **mots composés** sont formés par l'association de plusieurs mots : une roue de secours • avant-hier.
2. Les **mots dérivés** sont formés à partir d'un **radical** auquel est ajouté un **préfixe**, devant, ou un **suffixe**, derrière, ou les deux : serrer • desserrer • resserrer • resserrement.
3. Les mots formés à partir d'un même radical forment une **famille de mots**.

Je m'entraine

1 ●○○ Reconstitue les mots composés en prenant un mot dans chaque série.

a. Série 1 : amuse • bande • lèche • ouvre
Série 2 : boite • vitrine • dessinée • bouche

b. Série 1 : vis • eau • tête • tout • croc
Série 2 : en • à • de
Série 3 : queue • coup • jambe • vis • javel

2 ●●○ Trouve les mots composés correspondant aux définitions.

a. La grand-mère de ton père.
b. Le jour d'après celui qui suit aujourd'hui.
c. Une épreuve d'athlétisme dans laquelle il faut bondir le plus loin possible.
d. On le relevait pour empêcher l'entrée du château.
e. Un fauteuil pliable dans lequel on peut s'allonger.

3 ●●● Trouve les noms composés correspondant aux définitions. La classe grammaticale des mots qui forment le mot composé est indiquée en orange.

a. Un problème ou une énigme très difficile à comprendre ou à résoudre. (verbe + nom)
b. Le mari de ma sœur. (adjectif + nom)
c. Un appareil pour enlever les mauvais plis du linge. (nom + préposition + verbe)
d. Un jouet qui fonctionne grâce au vent. (nom + adjectif)
e. Un oiseau qu'on appelle aussi « colibri ». (nom + nom)

4 ●○○ Classe ces mots en deux colonnes : mots composés / mots dérivés.

un pare-brise • un accélérateur • un appuie-tête • un enjoliveur • une portière • un réservoir • une tablette • une crevaison • une boite à gants • un démarrage • un coffre-fort • un chou-fleur

5 ●○○ Recopie uniquement les mots dérivés.

débattre • battement • riposte • postal • imprévu • circulation • imprimeur • bleuâtre • embarras

6 ●●○ Recopie chaque mot dérivé. Souligne le radical puis entoure le préfixe ou le suffixe.

écriture • conjugaison • découpage • surnaturel • plongeur • plongeoir • disparaitre • étonnement

7 ●●○ Trouve les mots dérivés correspondant aux définitions. Aide-toi du radical en gras.

a. Un endroit où l'on achète des **billets** de spectacle.
b. Que l'on ne peut pas **séparer**.
c. Un travail de construction fait par un **maçon**.
d. **Charger** quelque chose d'un poids trop lourd.

8 ●●○ Indique le radical de chaque famille de mot.

a. fleuriste • fleur • fleurette • refleurir
b. chargement • décharger • charge • chargeur
c. gardienne • garde • garderie • garder
d. emboiter • boitier • boite • déboiter

9 ●●○ Recopie ces mots en les regroupant par famille. Puis indique le radical de chaque famille.

batteur • blanc • brasse • bizarrerie • combattre • bizarre • brassard • battre • blanchisserie • battement • bras • bizarrement • blancheur

10 ●●● Complète chaque famille avec un mot de la classe grammaticale demandée.

a. goutte • goutter • gouttelette • nom
b. obscur • obscurément • obscurité • verbe
c. plate-forme • aplatir • plateau • adjectif
d. juste • injuste • justifier • nom

J'écris

Décris ce que fait ce personnage pour tapisser sa salle à manger.
• Emploie des mots de la famille de colle.

Les préfixes

Je réfléchis

A Qu'est-ce qu'un préfixe ?

a Léa et moi, nous devions **calculer** le prix du voyage.
Nous n'avons pas trouvé le même résultat ;
alors nous avons dû le **recalculer**.

b Tu trouves que cette action est **honnête** ? Alors, c'est que tu es **malhonnête** !

c Le **démontage** de ce meuble a été plus difficile que son **montage**.

d Veux-tu **m'apporter** la statuette qui est sur la cheminée ? Elle te plait ?
Tu voudrais l'**emporter** chez toi ? Il faudra la protéger pour la **transporter**.

e Mon voisin se déplace avec des béquilles car il est **uni**jambiste. •
Le stationnement dans cette rue est **bi**latéral. • Cet avion est un **quadri**moteur. •
Ce gros tonneau contient deux **hecto**litres. • Ta petite sœur apprend à faire du **tri**cycle.

1 Quels mots dérivés en vert sont formés avec des préfixes ? De quels préfixes s'agit-il ?
Où sont-ils placés ?

2 À quelle classe grammaticale appartiennent les mots calculer, honnête et montage ?
À quelle classe grammaticale appartiennent les mots construits avec un préfixe qui leur correspondent ?

B Le sens des préfixes

3 Quel rapport de sens y a-t-il entre calculer et recalculer ? Quel sens a le préfixe re- ?

4 Quel rapport de sens y a-t-il entre honnête et malhonnête ? Quel sens a le préfixe mal- ?

5 Dans les phrases de la série d, quels sont les trois verbes formés à partir du radical porter ?
Quelle précision de sens les préfixes introduisent-ils ?

6 Dans les phrases de la série e, à quel chiffre correspond chaque préfixe en rouge ?
Quel sens a le mot dans lequel il se trouve ?

Je retiens

1. Le **préfixe** se place **devant le radical**. Le mot dérivé obtenu est de la même classe grammaticale que le mot radical.
voir (mot radical) = verbe → **pré**voir (pré + voir) = verbe
vision (mot radical) = nom → **ré**vision (ré + vision) = nom

2. Les principaux préfixes donnent des indications :
– de **répétition** : re- ; ré- : **re**commencer • **ré**vision
– de **sens contraire** : in- : **in**direct ; ir- : **ir**réel ; il- **il**lisible ; im- : **im**mangeable • **im**possible
– dé- : **dé**montage ou dés- : **dés**habiller ; mal- : **mal**honnête
– de **nombre** ou de **quantité** : uni- ; mono- ; bi- ; tri- ; poly- ; multi- :
monoski • **tri**angle • **poly**culture • **multi**prise

Fichier d'exercices :
des exercices supplémentaires et des évaluations.

Je m'entraine

1 **Trouve les mots formés avec le préfixe en- (ou em-) qui correspondent aux définitions.**

a. Monter dans une barque.
b. Mettre en pile.
c. Attacher avec une chaine.
d. Passer par-dessus quelque chose ou quelqu'un, en étendant une jambe puis l'autre.
e. Amener au sommeil, faire dormir.

2 **Recopie uniquement les mots formés avec le préfixe in- (ou im-).**

instrument • insatisfaction • interdiction • impoli • inspecteur • incroyable • inexact • immensité • important • indivisible • incendie • indice

3 **Recopie uniquement les verbes formés avec le préfixe en- (ou em-).**

embouteiller • enfoncer • enfourner • enfermer • encercler • emprunter • entendre • embrasser • ennuyer • emprisonner • enregistrer • employer

• **Entoure le radical dans les verbes recopiés.**

4 **Retrouve cinq mots à partir des éléments ci-dessous.**

sur- • dé- • in- • trans- • pré-
achevé • atlantique • charge • tacher • fabriqué

5 **Forme des verbes avec le préfixe en- (ou em-) à partir des adjectifs suivants.**

Exemple : laid → **en**laidir
beau • dur • joli • riche • gras • ivre • collant

6 **Forme le plus possible de verbes en utilisant les préfixes et les verbes proposés.**

Préfixes : dé- • sur- • re- • trans- • in- (ou im-)
Verbes : paraitre • faire • poser • mettre • former • porter • classer • chauffer

7 **Écris le contraire des mots suivants. Utilise le préfixe in- ou une de ses variantes : il-, im-, ir-.**

patient • perméable • poli • légal • logique • régulier • responsable • réparable • parfait • rationnel

8 **Trouve l'intrus dans chaque série.**

a. repasser • rebondir • repérer • repeindre • reprendre
b. prévision • précision • préméditation • préavis
c. réanimation • répétition • répartition • réparation
d. surexcité • surestimé • surdoué • surveillé

9 **Trouve le mot qui correspond à chaque définition. Écris-le et entoure le préfixe. Il appartient à la classe grammaticale en orange.**

a. Qui parait au-dessus des possibilités d'un être humain ordinaire. (adjectif)
b. Action par laquelle on fait passer d'une forme à une autre. (nom)
c. Il peut être un bandit, un voleur, un gangster ou un truand. (nom)
d. Fixer à un manche. (verbe)
e. Qui croit en plusieurs dieux. (adjectif)

10 **Écris le mot qui correspond à chaque définition. Entoure le préfixe.**

a. Un véhicule à deux roues qu'on appelle souvent vélo.
b. Une sorte de vélo à trois roues.
c. Un avion à quatre réacteurs.
d. La dixième partie du mètre.
e. Mille grammes ou dix hectogrammes.
f. Une fourche à trois dents.

11 **Certaines de ces définitions sont fausses. Lesquelles ? Justifie tes choix.**

a. **Bilingue :** qui parle deux langues.
b. **Dépenser :** arrêter de penser.
c. **Déployer :** enlever les poux.
d. **Déplier :** étendre quelque chose qui était plié.
e. **Un prétexte :** une introduction à un texte.

12 **Écris la définition des mots suivants en mettant en valeur le sens du préfixe.**

monosyllabe • multicolore • multiprise • hexagone • kilomètre • polychrome • quadrupède

J'écris

Utilise dans un petit texte le plus possible de mots de l'*exercice 12*.

Les suffixes

Je réfléchis

A Qu'est-ce qu'un suffixe ?

a Nous voici en automne. La vigne vierge devient **rouge**.
b Nous voici en automne. La vigne vierge commence à **rougir**.
c Nous voici en automne. J'admire la **rougeur** de la vigne vierge.

1 Lequel des mots en bleu sert de radical aux deux autres ?
2 Quels suffixes sont utilisés dans les deux mots dérivés ? Où sont-ils placés ?
3 À quelle classe grammaticale appartient chacun des mots en bleu ?

B Le sens des suffixes

d Mon père va changer de travail et nous devons déménager. Le **déménagement** aura lieu dans trois semaines. Les **déménageurs** sont venus voir ce qu'ils devront emporter.
e Il n'est pas facile d'imiter la voix des personnages célèbres. Certains **imitateurs** réussissent vraiment bien et on a parfois du mal à distinguer l'**imitation** de l'original.
f En géométrie, nous devons découper des figures symétriques. Mais je vais trop vite et je rate souvent mon **découpage**.
g À l'école, nous avons reçu un **comédien**. Moi, je suis encore une **fillette** et je ne sais pas encore quel métier je ferai.
h Au musée, nous avons vu un petit vase ancien en or. La **douceur** de l'éclairage le mettait en valeur. Sa **beauté** et sa **finesse** ont été admirées.

4 Quels mots en couleur désignent des actions ? des métiers ? Repère les suffixes dans ces mots.
5 Quelle indication donne le suffixe dans le mot fillette ?
6 À partir de quels adjectifs les trois noms de la ligne sont-ils formés ? Repère les suffixes. Quelle définition peux-tu donner pour ces mots ?

Je retiens

1. Le **suffixe** se place après le **radical**.
Il indique souvent la classe grammaticale du mot dérivé.
rouge → rougeur (nom) ; rougir (verbe) • chant → chanteur (nom) ; chanter (verbe)

2. Parmi les **principaux suffixes**, il faut retenir :
-ation, **-age**, **-ment** : ils indiquent une action ; **-eur**, **-ien** : ils indiquent un métier ou un outil ;
-et, **-ette**, **-eau**, **-on** : ils indiquent une petite taille ou le petit d'un animal ;
-eur, **-esse**, **-té** : ils indiquent une qualité.

Je m'entraine

1 Recopie chaque mot. Précise sa classe grammaticale et entoure le suffixe.
demander • applaudir • applaudissement • plongeur • plongeoir • remarquable • réparation • réparer • prolonger • prolongement • promener • promenade

2 Écris les verbes que tu peux former à partir de ces noms. Entoure les suffixes utilisés.
question • fleur • dessin • brosse • vernis • cri • fin • remarque • soutien • bain • chant • saut

3 Écris les verbes que tu peux former à partir de ces adjectifs.
jaune • grand • bleu • noir • dur • maigre • épais • blanc • sale • vert • pâle • blond • vieux • tiède
• **Quel suffixe as-tu utilisé ?**

4 Quels noms peux-tu former à partir de ces adjectifs ? Classe-les en trois colonnes selon leur suffixe.
grand • dur • gentil • honnête • obscur • facile • maigre • gros • faible • tendre • rapide • pâle

5 Forme un autre mot à partir de chaque mot, en ajoutant un suffixe.
classe • drap • chat • scie • savon • journal • herbe • marchand • colle • sûr

6 Forme un autre mot à partir de chaque mot, en changeant le suffixe en gras.
port**ail** • cour**eur** • devin**er** • caus**eur** • moqu**erie** • légère**ment** • misér**eux** • terr**estre** • voli**ère** • feuille**ter**
• **Quelle est la classe grammaticale du mot de départ ? et du mot obtenu ?**

7 Voici des phrases qui indiquent ce que tu fais à l'école. Complète-les.
Exemple : La rédaction est l'action de **rédiger**.
a. La multiplication est l'action de … .
b. … est l'action de réciter.
c. La lecture est l'action de … .
d. La division est l'action de … .
e. … est l'action d'écrire.

8 Complète ces phrases avec un mot dérivé du mot en gras.
a. Le … étend le **plâtre** sur les murs pour les rendre plus lisses.
b. La … ouvre sa **librairie** à 9 heures.
c. Trois … s'occupent des arbres dans ce **jardin**.
d. Ce matin, nous avons reçu le … dont nous avons lu un **roman**.
e. Chaque jour, certains … prennent le bus pour se rendre à l'**école**.

9 Écris le nom qui désigne le petit de chaque animal.
lion • aigle • pigeon • chèvre • âne • dindon • ours • baleine • oie • renard • souris
• **Entoure les suffixes que tu as utilisés.**

10 À partir de l'adjectif sale, forme un nom, un verbe et un adverbe. Entoure les suffixes. Fais la même chose à partir de l'adjectif utile puis de l'adjectif précis.

11 Recopie et complète le tableau.

nom du pays	nom des habitants	nom de la ville	nom des habitants
Italie	…	Lyon	…
…	Espagnols	Marseille	…
…	Marocains	Toulouse	…
Chine	…	Strasbourg	…
Brésil	…	Dijon	…
Norvège	…	Troyes	…

• **Comment nomme-t-on les habitants de ta ville ou de ton village ? Y a-t-il un suffixe dans ce nom ?**

J'écris

Décris cette image en quelques phrases.
• Utilise des mots qui contiennent des suffixes. Entoure les suffixes utilisés.

Les synonymes et les contraires

Je réfléchis

A Les synonymes

ⓐ Ce matin, Célestine est malade. Elle souffre de la gorge. Elle ne peut rien avaler. Son front est chaud, ses yeux luisent. « Toi, tu as de la fièvre, dit sa mère. Il faut appeler le docteur pour qu'il donne les bons médicaments. Allez, ma grande, repose-toi et attends tranquillement son arrivée. »

ⓑ Ce matin, Célestine est souffrante. Elle a mal à la gorge. Elle ne peut rien absorber. Son front est brulant, ses yeux brillent. « Toi, tu as de la température, dit sa mère. Il faut téléphoner au médecin pour qu'il te prescrive les bons remèdes. Allez, ma grande, repose-toi et attends calmement sa venue. »

1. Relève les mots qui changent entre le texte ⓐ, et le texte ⓑ. Ces mots ont-ils le même sens ?
2. Comment appelle-t-on des mots qui ont le même sens ou un sens proche ?
3. Relève deux mots synonymes. À quelle classe grammaticale appartiennent-ils ?

B Les mots de sens contraire

Pendant les vacances, deux amis s'échangent des lettres.

ⓒ *Cher Lucas. Les journées semblent courtes ici et le temps passe vite. Chaque jour, le soleil brille dans un beau ciel dégagé. Nous sommes toujours à l'extérieur, près de la piscine. C'est presque le paradis ! Mais je serai quand même content de rentrer pour te revoir.*
Gabriel

ⓓ *Mon cher Gabriel. Eh bien ici, les journées semblent longues et le temps passe lentement. Tous les jours, la pluie tombe et le ciel reste couvert. Nous devons rester à l'intérieur : jeux, télévision, console. Cela devient l'enfer ! Je ne serais pas mécontent de partir un peu.*
Vivement que tu reviennes.
Lucas

4. Relève dans les deux textes des mots de sens contraire.
5. Relève deux mots de sens contraire. À quelle classe grammaticale appartiennent-ils ?
6. Comment l'adjectif **mécontent** est-il construit ?

Je retiens

1. Les **synonymes** sont des mots de **même sens** ou de **sens voisin**.
Les mots synonymes sont de la **même classe grammaticale**.
fièvre • température ; arriver • venir ; grave • sérieux ; calmement • tranquillement

2. Les **mots de sens contraire** sont de la **même classe grammaticale**.
court • long ; paradis • enfer ; vite • lentement ; content • mécontent.
Certains **préfixes** permettent de composer des mots de sens contraire : agréable • désagréable.

Je m'entraine

1 Recopie chaque mot de la série a avec un synonyme de la série b.

a. abandonner • acéré • caverne • excusable • à peu près
b. pointu • grotte • quitter • environ • pardonnable

2 Trouve un synonyme pour chaque mot.

affreux • arôme • briser • redouter • comédien • raisonnable • régal • sale

3 Trouve l'intrus dans chaque série. Justifie ton choix.

a. crier • hurler • brailler • tumulte
b. immense • gigantesque • plaine • démesuré
c. lentement • tortue • doucement • calmement
d. calamité • catastrophe • dramatique • cataclysme
e. mélanger • mixer • alliage • mêler

4 Trouve l'intrus dans chaque série. Justifie ton choix.

a. seul • unique • isolé • premier
b. court • bref • léger • éphémère
c. relier • recoudre • joindre • raccorder
d. vrai • exact • correct • authentique
e. beaucoup • énormément • copieusement • facilement

5 Récris les phrases en remplaçant les mots soulignés par des synonymes.

a. J'aime jouer avec mes amis.
b. Nous tenterons de doubler cet autocar.
c. Mon frère va te ramener chez toi.
d. Dans cette salle, on entendait des craquements sinistres.
e. On prévoit de fortes pluies.

6 Remplace le verbe faire par un synonyme plus précis dans chaque phrase.

a. Nous avons fait une randonnée de 10 kilomètres.
b. Une merlette a fait un nid dans le jardin.
c. La cour fait bien 50 mètres de longueur.
d. Je ne m'ennuie jamais : j'ai toujours de quoi faire.

7 Regroupe chaque mot de la série a avec un mot de sens contraire de la série b.

a. absent • concret • accepter • apprivoisé • célèbre
b. refuser • sauvage • présent • inconnu • abstrait

8 Pour chaque mot, trouve un mot de sens contraire qui n'est pas construit avec un préfixe.

avantage • cesser • innocent • précédent • rapidement • arrivée • content

9 Pour chaque mot, trouve un mot de sens contraire construit avec un préfixe.

avantage • sain • plaisant • complet • content • normal • apparaitre • réel • gonfler • connu

10 Récris les phrases en remplaçant les mots soulignés par des contraires.

a. Lola est bien gaie ce matin.
b. La maitresse décroche les tableaux.
c. Théo me rendra visite dans un avenir proche.
d. Ce film était vraiment captivant.
e. Les visiteurs ont été rares cette année.

11 Trouve un synonyme et un contraire pour chaque mot.

brave • acheter • avenir • absurde • ancien • finir • gentil • gravir • détester • clair • énorme

12 Remplace l'adjectif faible par un contraire dans chaque phrase.

a. La vétérinaire a trouvé ce cheval bien **faible**.
b. Camille n'a pas toujours été **faible** en dictée.
c. Mon voisine est trop **faible** avec ses enfants.
d. Une **faible** lumière éclairait le passage.

J'écris

Réalise le portrait d'un personnage de ton choix.

• Échange ce portrait avec celui d'un(e) camarade. Récris son texte en utilisant des mots de sens contraire.

Les termes génériques et les mots particuliers

Je réfléchis

A Termes génériques et mots particuliers

a 
b 
c 
d 
e 

1. **Bonnet :** coiffure souple sans bord.
2. **Casquette :** coiffure plate en tissu, garnie d'une visière.
3. **Chapeau :** coiffure d'homme ou de femme, assez rigide.
4. **Hennin :** coiffure faite d'un cône très haut et rigide que les femmes portaient au Moyen Âge.
5. **Toque :** coiffure assez haute et sans bord.

Le Robert Junior, 8-11 ans, © Le Robert, 2015.

1. Associe les mots aux dessins. Justifie tes choix.
2. Quel est le point commun à tous ces objets ? Quel mot l'indique ? Où est placé ce mot dans chaque définition ?
3. Comment appelle-t-on le mot qui se retrouve dans chaque définition ?
4. Quelles précisions les définitions apportent-elles pour chaque coiffure ?

B Utiliser le terme générique ou le mot particulier

Le premier jour où Pierre arriva dans notre école, il portait une curieuse casquette. Trop large, elle lui descendait sur les oreilles. Elle était faite de plusieurs morceaux de laine tricotée de différentes couleurs. Un gros pompon rouge en couronnait le sommet. Une fois en classe, comme si sa coiffure était pour lui un trésor, Pierre la plaça sur ses genoux et ne bougea plus.

5. Retrouve le mot particulier et le terme générique dans le texte.
6. Pourquoi le terme générique est-il employé ici ?

Je retiens

1. Un **terme générique** est un mot qui s'applique à un ensemble d'objets, d'êtres vivants, d'actions ou d'idées. Les **mots particuliers** désignent les éléments de l'ensemble.
coiffure est un terme générique qui recouvre les mots particuliers chapeau, casquette, toque...
sport est un terme générique qui recouvre les mots particuliers athlétisme, équitation, judo…

2. Les **mots particuliers** donnent **plus de précisions** que les termes génériques.
Un **livre** peut être un **roman**, un **dictionnaire**, un **atlas**…

Je m'entraine

1 ●○○ Écris le terme générique qui convient pour chaque série de mots particuliers.

a. bleu • vert • rouge • noir • violet
b. polo • karaté • patinage • aviron • escrime
c. tango • valse • menuet • biguine • rock
d. dahlia • chrysanthème • jacinthe • orchidée • rose

2 ●○○ Trouve l'intrus dans chaque liste. Justifie ton choix.

a. girolle • bolet • cèpe • morille • noisette
b. boa • vipère • anguille • couleuvre • cobra
c. chat • loup • lion • tigre • panthère
d. plombier • professeur • baigneur • agriculteur
e. émeute • rougeole • grippe • oreillons • hépatite

3 ●●○ Trouve le terme générique qui correspond à chaque série de mots particuliers.

a. caravelle • thonier • paquebot • péniche
b. hanneton • fourmi • puce • coccinelle
c. vulcain • sphinx • machaon • monarque
d. mangue • kiwi • papaye • litchi
e. triangle • timbale • mandoline • tuba

4 ●●○ Écris trois mots particuliers pour chaque terme générique.

laitage • siège • outil • repas • crustacé

5 ●●○ Écris le plus possible de mots particuliers à la suite des termes génériques suivants.

a. figure géométrique
b. classe grammaticale
c. activités sportives

6 ●●○ Cherche la définition de ces mots dans un dictionnaire. Recopie-la et souligne le terme générique utilisé.

mélopée • tomme • arôme • grimoire • émeu

7 ●●● Vérifie dans un dictionnaire quel terme générique est utilisé pour définir chaque mot. Puis regroupe ces mots selon le terme générique.

aluminium • beffroi • blaireau • cheval • clafoutis • cuivre • donjon • éclair • fer • hyène • madeleine • mercure • minaret • phare • tarte • tortue

8 ●●○ Recopie les phrases en ajoutant plusieurs mots particuliers derrière le terme générique.

a. Pour rejoindre ce petit village, il faut utiliser des <u>moyens de transport</u>.
b. Si tu veux faire une bonne soupe, tu devras y mettre des <u>légumes</u>.
c. Notre professeur nous parle des <u>arts</u>.
d. L'eau de la source est très bonne. Chacun prend de l'eau avec différentes sortes de <u>récipients</u>.
e. Ma cousine a toutes les <u>qualités</u>.

9 ●●● Complète la deuxième phrase de chaque série avec un terme générique qui convient.

a. Léa retira ses bagues, ses boucles d'oreille et son collier. Elle plaça ses ... dans son coffre.
b. Max fait preuve d'égoïsme et de vanité. Ces ... le rendent insupportable.
c. Dans cet ouvrage, les articles sont accompagnés de photos, de dessins et de tableaux. Ces ... sont à la fois utiles et agréables.
d. Ce film éveille différents ... chez le spectateur : la joie, la tristesse et l'admiration.
e. Madame Paulette a consulté un pneumologue, un cardiologue et un neurologue. Tous ces ... lui ont assuré qu'elle va très bien.

J'écris

Décris en quelques phrases un de ces tableaux du peintre Arcimboldo (1527-1593).

• Utilise des mots particuliers correspondant au terme générique **fleur** ou **fruit**.

Les Saisons : *Le Printemps*.

Les Saisons : *L'Automne*.

Le sens propre et le sens figuré

Je réfléchis

A Sens propre ou sens figuré ?

a Le **bouchon** de cette bouteille est bien difficile à retirer.
b La radio annonce un **bouchon** de huit kilomètres à l'entrée de l'autoroute.

c Lorsque le ciel est **bleu**, les gens paraissent plus heureux.
d Ce bruit tellement fort et brutal m'a fait une peur **bleue**.

e La lionne se jette sur la gazelle puis la **dévore**.
f Manon **dévore** le roman que je lui ai offert.

1 Quel rapport trouves-tu entre le bouchon d'une bouteille et le bouchon sur l'autoroute ?

2 Propose une phrase qui précise ce rapport en utilisant une comparaison.

3 Dans quelle phrase est-il vraiment question d'une couleur ?

4 Dans quelle phrase dévorer signifie-t-il réellement manger en déchirant la nourriture avec les dents ?

5 Dans quelles phrases les mots en couleur sont-ils employés au sens propre ? Dans lesquelles sont-ils employés au sens figuré ?

B Des expressions toutes faites

g J'aime **faire la planche** quand je suis dans la mer.
h Vivement que l'on aille à la cantine : j'ai **l'estomac dans les talons**.
i J'ai l'impression que mon cousin **travaille du chapeau**. Je ne comprends rien à ce qu'il me raconte.

6 Dans ces expressions toutes faites, les mots en gras sont-ils utilisés au sens propre ou au sens figuré ?

7 À ton avis, que signifient ces expressions ?

Je retiens

1. Le **sens propre** d'un mot, c'est son **sens habituel**, le plus utilisé.
Le ciel est **bleu**. → couleur correspondant à celle d'un ciel sans nuages.

2. Le **sens figuré** est un **sens imagé**.
Sur une bouteille, un bouchon empêche le passage d'un liquide.
Sur une route, un bouchon empêche le passage des voitures.

- Les mots sont souvent utilisés au sens figuré dans des **expressions toutes faites**.
Si l'on comprend le mot au sens propre dans ces expressions, elles deviennent absurdes.
avoir le cœur sur la main = être généreux

Fichier d'exercices :
des exercices supplémentaires et des évaluations.

Je m'entraine

1 ●○○ Classe les phrases en deux colonnes selon le sens du mot en gras : sens propre / sens figuré.

a. Cette pièce est **sombre**, elle n'a pas de fenêtre.
b. En sortant de la réunion, le directeur avait l'air **sombre**.
c. Ce qu'il a raconté n'est qu'un **tissu** de mensonges.
d. Ces rideaux ont été taillés dans un beau **tissu**.
e. Hier, je suis **tombé** sur Ali. Il rentrait de vacances.
f. En jouant, je suis **tombée** et je me suis fait mal.
g. **Pousse** un peu ta chaise pour que je puisse passer.
h. De temps en temps, le bébé **pousse** des petits cris.

2 ●●○ Les mots soulignés sont employés au sens figuré. Emploie-les dans des phrases au sens propre.

a. Les chasseurs battent la plaine pour faire partir les sangliers.
b. Le vieil homme était courbé sous le poids des années.
c. Nos correspondants nous ont reçus avec chaleur.
d. Je ressens une profonde amitié pour Emma.

3 ●●○ Les mots soulignés sont employés au sens propre. Emploie-les dans des phrases au sens figuré.

a. Il n'a pas plu depuis longtemps ; les jardins sont très secs.
b. Le miel de lavande est vraiment doux.
c. Le peuplier est un bois tendre, facile à travailler.
d. Voici l'époque où le cultivateur sème les blés.

4 ●●○ Complète chaque paire de phrases avec le mot de la liste qui convient. Puis indique si le mot est utilisé au sens propre ou au sens figuré :
souffle • fondu • frais • sauvage.

a. Il faut toujours se méfier d'un animal … . / Matthias est un enfant … ; il ne parle à personne.
b. Le vent … fort ce matin. / Gabriel ne connait pas la réponse ; Chloé la lui … .
c. Il fait moins froid : la glace a … . / Le film était si émouvant que Djamila a … en larmes.
d. L'air est plus … en altitude que dans la vallée. / Le poisson semble bien … chez ce marchand.

5 ●●● Complète ces phrases avec les mots qui conviennent.

a. La lecture … l'esprit comme le sang … le corps.
b. Le … d'un arbre porte le tronc et les branches comme les deux … d'un être humain supportent le corps.
c. On … les paroles de quelqu'un quand elles pénètrent en nous comme un liquide que l'on … .

6 ●●○ Associe chaque expression de la série a à une explication de la série b.

Série a :
1. Appuyer sur le champignon.
2. Perdre la tête.
3. Avoir plusieurs cordes à son arc.
4. Tomber dans les pommes.
5. Couper la poire en deux.

Série b :
A. S'affoler, agir sans raison.
B. S'évanouir.
C. Trouver un accord équilibré.
D. Avoir de nombreuses capacités dans plusieurs domaines.
E. Accélérer.

7 ●●● Pour chaque phrase, trouve une expression formée avec un de ces noms d'animaux :
cafard • chat • crocodile • mouton • poule.

a. Revenons au sujet d'un exposé ou d'une discussion.
b. Mon père est enroué.
c. J'ai la peau qui se hérisse à cause du froid.
d. Mon voisin est très triste, déprimé.
e. Abel fait semblant de pleurer.

8 ●●● Trouve les expressions formées avec des noms des parties du corps humain, à l'aide des définitions suivantes.

a. Être très généreux.
b. Avoir un léger défaut de prononciation ou zozoter.
c. Dire les choses de manière franche et brutale.
d. S'enfuir en courant.
e. Aider quelqu'un.

J'écris

Trouve deux séries de phrases avec les mots : noir • solide • plonger • couper • spectacle • soif.
• Dans la première série, emploie ces mots au sens propre ; dans la deuxième, au sens figuré.

Les niveaux de langue

Je réfléchis

A Les trois niveaux de langue

1 Dans les phrases, quels mots changent ? Ces mots ont-ils le même sens ?

2 Dans quelle vignette les phrases sont-elle formulées de la façon la plus habituelle, la plus courante ?

3 Quelle phrase te semble formulée de la manière la plus soignée ?

B Choisir le bon niveau de langue

a Nous sommes heureux et fiers de vous faire découvrir nos nouveaux modèles de bicyclettes. Commençons par cette bécane exceptionnelle.

b Ces séries télévisées nous ressassent sans cesse les mêmes fadaises. Cela devient véritablement casse-pieds.

c J'ai rien pigé à ce qu'a expliqué le prof. Je ne suis pas en mesure de faire les exos.

4 Dans chaque série de phrases, un mot appartient à un niveau de langue différent des autres. Relève ce mot.

5 Par quel mot peux-tu le remplacer pour que le niveau de langue de la phrase soit respecté ?

Je retiens

1. Selon les circonstances dans lesquelles on s'exprime, on utilise un **niveau de langue** différent. La plupart du temps, dans la vie quotidienne, on utilise le **langage courant**.
Nous ne pouvons pas changer de voiture maintenant.

2. Avec ceux que l'on connait bien (les amis, les proches…), on utilise souvent le **langage familier.**
On peut pas changer de bagnole maintenant.

3. À l'écrit ou avec des gens que l'on ne connait pas bien, on utilise le **langage soutenu**.
Il ne nous est pas possible de changer de véhicule pour le moment.

Je m'entraine

1 **Classe ces synonymes de fort en trois colonnes : langage courant / familier / soutenu.**

costaud • puissant • vigoureux • baraqué • balèze • robuste • herculéen • musclé

2 **Associe les mots du langage familier aux mots du langage courant qui correspondent.**

agréable • la peur • mon frère • un type • du bazar • paumer • chouette • un livre • la trouille • perdre • mon frangin • un homme • du désordre • un bouquin

3 **Trouve les synonymes. Classe-les en deux colonnes : langage courant / langage soutenu.**

un métier • habiter • une lettre • se hâter • se disputer • une missive • aimable • se dépêcher • se quereller • demeurer • avenant • une profession

4 **Trouve les synonymes. Classe-les en trois colonnes : langage familier / courant / soutenu.**

faire attention • le bruit • amusant • bouffer • fatigué • prendre garde • le boucan • se sustenter • rigolo • faire gaffe • crevé • le vacarme • manger • comique • exténué

5 **Récris ces phrases en langage courant.**

a. Les étoiles scintillent au firmament.
b. Cet individu est d'un tempérament particulièrement irascible.
c. Les sempiternelles jérémiades de ma cousine m'agacent prodigieusement.

6 **Indique le niveau de langue utilisé pour chaque phrase. Puis récris la phrase dans un autre niveau de langue.**

a. Amène la loupiote ; on voit que dalle dans cette piaule.
b. Je souhaiterais que vous acheviez au plus vite la tâche que je vous ai confiée.
c. J'ai eu la peur de ma vie ce matin, à cause du chien des voisins.
d. Faut pas pousser, il n'était pas si moche, son dessin.
e. C'est une vraie délectation que de humer l'arôme d'un savoureux chocolat.

7 **Quel niveau de langue doit être utilisé dans les situations suivantes : familier, courant ou soutenu ?**

a. Tu écris un article pour le journal de l'école.
b. Le maire fait un discours pour inaugurer une exposition.
c. Tu racontes ton weekend à tes camarades dans la cour.
d. Tu demandes des renseignements à la personne qui est à l'accueil de la mairie.
e. Tes parents écrivent une lettre pour demander des renseignements à la mairie.
f. Le président de la République s'adresse aux Français à la télévision.

8 **Lis ce texte, puis réponds aux questions.**

Papa, il est prof de français… Oh, pardon : *mon père enseigne la langue et la littérature françaises.* C'est pas marrant tous les jours ! Je veux dire : *parfois, la profession de mon père est pour moi cause de certains désagréments.*
L'autre jour, par exemple. En sciant du bois, je me suis coupé le pouce. Profond ! J'ai couru trouver papa qui lisait dans le salon.
– Papa, papa ! Va vite chercher un pansement, je pisse le sang ! ai-je hurlé en tendant mon doigt blessé.
– Je te prie de bien vouloir t'exprimer correctement, a répondu mon père sans même lever le nez de son livre.
– *Très cher père*, ai-je corrigé, *je me suis entaillé le pouce et le sang s'écoule abondamment de la plaie !*
– Voilà un exposé des faits clair et précis, a déclaré papa.
– Mais grouille-toi, ça fait vachement mal ! ai-je lâché, n'y tenant plus.
– Luc, je ne comprends pas ce langage, a répliqué papa, insensible.

Bernard Friot, *Nouvelles Histoires pressées*, © Milan Jeunesse.

a. Relève les phrases écrites en langage familier. Qui les prononce ?
b. Dans quel langage les phrases en italique sont-elles écrites ? Justifie ta réponse.

J'écris

▶ **Continue le texte de Bernard Friot *(exercice 8)* avec une phrase du même niveau de langue que celles en italique.**

D'où viennent les mots du français ?

Je réfléchis

A Des mots venus d'autres langues

Ce soir, Léna va à son entrainement de judo et Mathis à celui de handball. Comme ils rentreront tard à la maison, leur père a commandé comme d'habitude des pizzas qu'il prendra au magasin en allant les rechercher. En arrivant, Mathis proteste : « Pour changer, j'aurais bien voulu des spaghettis à la bolognaise, moi. » Léna ajoute : « Moi, j'aurais préféré un couscous ou même un sandwich. »

1 Dans ce texte, à ton avis, quels mots viennent d'une autre langue ? Justifie ta réponse.

2 Les langues auxquelles ces mots ont été empruntés sont : l'italien, l'allemand, le japonais, l'anglais, l'arabe… Associe ces langues aux mots du texte qui conviennent.

B Des mots venus du latin et du grec ancien

Ce weekend, Lison est allée au jardin zoologique. Ce qu'elle a préféré, ce sont les singes. Certains ont vraiment de drôles de noms : mandrills, orangs-outans, cynocéphales, ouistitis ! Elle a bien aimé aussi les rhinocéros et les girafes, mais ne s'est pas beaucoup arrêtée devant les lions.

3 En latin, aimer se dit *amare*, lion *leo* et nom *nomen*. Quelle ressemblance y a-t-il entre le mot latin et le mot français ?

4 En t'aidant des informations données ci-contre, réponds aux questions.
a. Qu'est-ce qu'un jardin zoologique ?
b. Les cynocéphales s'appellent aussi les « babouins ». Quelle forme a leur tête ?
c. Explique pourquoi on a donné le nom de rhinocéros à l'animal que tu connais.

En grec ancien, ***zoon*** signifie animal ; ***logos*** signifie étude ou science ; ***cyno*** veut dire chien ; ***céphalé*** signifie tête ; ***rhinos***, nez et ***céros*** corne.

5 À ton avis, y a-t-il, dans ce texte, des mots venus d'autres langues ?

Je retiens

1. Au cours des siècles, de nombreux mots ont été **empruntés** à des **langues étrangères** : italien, espagnol, arabe, langues asiatiques, et l'anglais surtout depuis le 19e siècle.
pizza, spaghetti : italien • émir, oued : arabe • parking, football, cake : anglais

2. De très nombreux mots du français ont pour origine le latin.
amare → aimer • *nomen* → nom • *leo* → lion

3. Le **grec ancien** a permis de former de nombreux mots scientifiques ou techniques.
zoologie : étude des animaux ; cynocéphale : qui a une tête de chien (ou dont la tête ressemble à celle d'un chien).

Je m'entraine

1 ●○○ Dans un dictionnaire, reporte-toi aux pages des mots commençant par y. Recopie cinq mots empruntés à des langues étrangères. Puis indique à quelles langues ils appartiennent.

2 ●●○ Trouve le nom des spécialités culinaires qui correspondent aux définitions suivantes.

a. Riz, poisson, poulet, crustacés et légumes.
→ Mot espagnol

b. Viande coupée en morceaux et rôtie à la broche.
→ Mot turc

c. Petit pain chaud contenant une saucisse.
→ Mot américain

d. Semoule, oignons, tomates, menthe, huile d'olive et citron. → Mot arabe (plat du Liban)

e. Sauce tomate épicée et légèrement sucrée.
→ Mot anglais

f. Petits carrés de pâte farcis de viande, de légumes ou de fromage. → Mot italien

3 ●●● À quelles langues sont empruntés ces noms de vêtements ?

un sari • un kimono • un anorak • un paréo • un plaid • une parka • un short • un smoking • un poncho

4 ●●● Récris chaque phrase en remplaçant le mot emprunté à l'anglais par un autre mot français.

a. Brice a un nouveau look : il s'est coupé les cheveux.

b. Le dernier livre de cette auteure est un best-seller.

c. Le comédien a proposé un show remarquable.

d. Il faudrait ajouter quelques spots pour mieux éclairer la scène.

e. À la fin de la course, Anne avait encore assez de punch pour accélérer.

5 ●●● Quels mots empruntés à l'anglais correspondent aux définitions suivantes ?

a. Le coiffeur en fait un lorsqu'il sèche les cheveux mèche par mèche.

b. C'est une figure acrobatique en forme de boucle effectuée par un avion.

c. Se dit lorsqu'un chanteur fait semblant de chanter sur une chanson déjà enregistrée.

6 ●●○ Associe le mot latin à un mot français.

a. Mots latins : *arbor* • *cantare* • *dicere* • *dolor* • *fortis* • *frater* • *honestus* • *hora* • *humanus* • *manus* • *mater* • *soror* • *pater* • *regnare* • *tenere* • *unicus*

b. Mots français : père • mère • frère • sœur • arbre • heure • douleur • main • honnête • humain • unique • fort • tenir • dire • chanter • régner

7 ●●○ Voici des mots latins et leur sens. Emploie-les dans des phrases avec le sens qu'ils ont aujourd'hui en français.

mots latins	sens en latin
aquarium	→ réservoir
agenda	→ ce qu'il faut faire
index	→ indicateur
minimum	→ le plus petit
terminus	→ limite
video	→ je vois

8 ●●● À partir des mots venus du grec et de leur signification, trouve les mots qui correspondent aux définitions.

bio : vie · ***géo :*** terre · ***spéléo :*** caverne ·
thermo : chaleur · ***graphie :*** récit, histoire ·
logie : étude · ***mètre :*** qui mesure

a. Livre qui raconte la vie de quelqu'un.

b. Instrument qui mesure la température.

c. Exploration des grottes pour les étudier.

d. Personne qui prend des mesures sur le terrain.

e. Science qui étudie les êtres vivants.

J'écris

Écris une brève définition de ces mots d'origine anglaise.

- **basketball** → (*basket* = panier / *ball* = balle)
- **pullover** → (*pull* = tirer / *over* = par-dessus)
- **weekend** → (*week* = semaine / *end* = fin)
- **pickpocket** → (*to pick* = prendre / *pocket* = poche)

tableaux de conjugaison

	Présent de l'indicatif	Futur de l'indicatif
Auxiliaire AVOIR	j'ai tu as elle/il/on a nous avons vous avez elles/ils ont	j'aurai tu auras elle/il/on aura nous aurons vous aurez elles/ils auront
Auxiliaire ÊTRE	je suis tu es elle/il/on est nous sommes vous êtes elles/ils sont	je serai tu seras elle/il/on sera nous serons vous serez elles/ils seront

CHANTER	je chante tu chantes elle/il/on chante nous chantons vous chantez elles/ils chantent	je chanterai tu chanteras elle/il/on chantera nous chanterons vous chanterez elles/ils chanteront
MANGER	je mange tu manges elle/il/on mange nous man**ge**ons vous mangez elles/ils mangent	je mangerai tu mangeras elle/il/on mangera nous mangerons vous mangerez elles/ils mangeront
LANCER	je lance tu lances elle/il/on lance nous lan**ç**ons vous lancez elles/ils lancent	je lancerai tu lanceras elle/il/on lancera nous lancerons vous lancerez elles/ils lanceront
DISTINGUER	je distingue tu distingues elle/il/on distingue nous distinguons vous distinguez elles/ils distinguent	je distinguerai tu distingueras elle/il/on distinguera nous distinguerons vous distinguerez elles/ils distingueront

Imparfait de l'indicatif	Passé simple de l'indicatif	Passé composé de l'indicatif
j'avais tu avais elle/il/on avait nous avions vous aviez elles/ils avaient	j'eus tu eus elle/il/on eut nous eûmes vous eûtes elles/ils eurent	j'ai eu tu as eu elle/il/on a eu nous avons eu vous avez eu elles/ils ont eu
j'étais tu étais elle/il/on était nous étions vous étiez elles/ils étaient	je fus tu fus il fut nous fûmes vous fûtes elles/ils furent	j'ai été tu as été elle/il/on a été nous avons été vous avez été elles/ils ont été

je chantais tu chantais elle/il/on chantait nous chantions vous chantiez elles/ils chantaient	je chantai tu chantas elle/il/on chanta nous chantâmes vous chantâtes elles/ils chantèrent	j'ai chanté tu as chanté elle/il/on a chanté nous avons chanté vous avez chanté elles/ils ont chanté
je man**ge**ais tu man**ge**ais elle/il/on man**ge**ait nous mangions vous mangiez elles/ils man**ge**aient	je man**ge**ai tu man**ge**as elle/il/on man**ge**a nous man**ge**âmes vous man**ge**âtes elles/ils mangèrent	j'ai mangé tu as mangé elle/il/on a mangé nous avons mangé vous avez mangé elles/ils ont mangé
je lan**ç**ais tu lan**ç**ais elle/il/on lan**ç**ait nous lancions vous lanciez elles/ils lan**ç**aient	je lan**ç**ai tu lan**ç**as elle/il/on lan**ç**a nous lan**ç**âmes vous lan**ç**âtes elles/ils lancèrent	j'ai lancé tu as lancé elle/il/on a lancé nous avons lancé vous avez lancé elles/ils ont lancé
je distinguais tu distinguais elle/il/on distinguait nous distinguions vous distinguiez elles/ils distinguaient	je distinguai tu distinguas elle/il/on distingua nous distinguâmes vous distinguâtes elles/ils distinguèrent	j'ai distingué tu as distingué elle/il/on a distingué nous avons distingué vous avez distingué elles/ils ont distingué

	Présent de l'indicatif	Futur de l'indicatif
ENTRER	j'entre tu entres elle/il/on entre nous entrons vous entrez elles/ils entrent	j'entrerai tu entreras elle/il/on entrera nous entrerons vous entrerez elles/ils entreront
FINIR	je finis tu finis elle/il/on finit nous finissons vous finissez elles/ils finissent	je finirai tu finiras elle/il/on finira nous finirons vous finirez elles/ils finiront
ALLER	je vais tu vas elle/il/on va nous allons vous allez elles/ils vont	j'irai tu iras elle/il/on ira nous irons vous irez elles/ils iront
DIRE	je dis tu dis elle/il/on dit nous disons vous dites elles/ils disent	je dirai tu diras elle/il/on dira nous dirons vous direz elles/ils diront
FAIRE	je fais tu fais elle/il/on fait nous faisons vous faites elles/ils font	je ferai tu feras elle/il/on fera nous ferons vous ferez elles/ils feront
PRENDRE	je prends tu prends elle/il/on prend nous prenons vous prenez elles/ils prennent	je prendrai tu prendras elle/il/on prendra nous prendrons vous prendrez elles/ils prendront

Imparfait de l'indicatif	Passé simple de l'indicatif	Passé composé de l'indicatif
j'entrais tu entrais elle/il/on entrait nous entrions vous entriez elles/ils entraient	j'entrai tu entras elle/il/on entra nous entrâmes vous entrâtes elles/ils entrèrent	je suis entré(e) tu es entré(e) elle/il/on est entré(e) nous sommes entré(e)s vous êtes entré(e)s elles/ils sont entré(e)s
je finissais tu finissais elle/il/on finissait nous finissions vous finissiez elles/ils finissaient	je finis tu finis elle/il/on finit nous finîmes vous finîtes elles/ils finirent	j'ai fini tu as fini elle/il/on a fini nous avons fini vous avez fini elles/ils ont fini
j'allais tu allais elle/il/on allait nous allions vous alliez elles/ils allaient	j'allai tu allas elle/il/on alla nous allâmes vous allâtes elles/ils allèrent	je suis allé(e) tu es allé(e) elle/il/on est allé(e) nous sommes allé(e)s vous êtes allé(e)s elles/ils sont allé(e)s
je disais tu disais elle/il/on disait nous disions vous disiez elles/ils disaient	je dis tu dis elle/il/on dit nous dîmes vous dîtes elles/ils dirent	j'ai dit tu as dit elle/il/on a dit nous avons dit vous avez dit elles/ils ont dit
je faisais tu faisais elle/il/on faisait nous faisions vous faisiez elles/ils faisaient	je fis tu fis elle/il/on fit nous fîmes vous fîtes elles/ils firent	j'ai fait tu as fait elle/il/on a fait nous avons fait vous avez fait elles/ils ont fait
je prenais tu prenais elle/il/on prenait nous prenions vous preniez elles/ils prenaient	je pris tu pris elle/il/on prit nous prîmes vous prîtes elles/ils prirent	j'ai pris tu as pris elle/il/on a pris nous avons pris vous avez pris elles/ils ont pris

	Présent de l'indicatif	Futur de l'indicatif
POUVOIR	je peux tu peux elle/il/on peut nous pouvons vous pouvez elles/ils peuvent	je pourrai tu pourras elle/il/on pourra nous pourrons vous pourrez elles/ils pourront
VOULOIR	je veux tu veux elle/il/on veut nous voulons vous voulez elles/ils veulent	je voudrai tu voudras elle/il/on voudra nous voudrons vous voudrez elles/ils voudront
DEVOIR	je dois tu dois elle/il/on doit nous devons vous devez elles/ils doivent	je devrai tu devras elle/il/on devra nous devrons vous devrez elles/ils devront
VENIR	je viens tu viens elle/il/on vient nous venons vous venez elles/ils viennent	je viendrai tu viendras elle/il/on viendra nous viendrons vous viendrez elles/ils viendront
VOIR	je vois tu vois elle/il/on voit nous voyons vous voyez elles/ils voient	je verrai tu verras elle/il/on verra nous verrons vous verrez elles/ils verront

Imparfait de l'indicatif	Passé simple de l'indicatif	Passé composé de l'indicatif
je pouvais tu pouvais elle/il/on pouvait nous pouvions vous pouviez elles/ils pouvaient	je pus tu pus elle/il/on put nous pûmes vous pûtes elles/ils purent	j'ai pu tu as pu elle/il/on a pu nous avons pu vous avez pu elles/ils ont pu
je voulais tu voulais elle/il/on voulait nous voulions vous vouliez elles/ils voulaient	je voulus tu voulus elle/il/on voulut nous voulûmes vous voulûtes elles/ils voulurent	j'ai voulu tu as voulu elle/il/on a voulu nous avons voulu vous avez voulu elles/ils ont voulu
je devais tu devais elle/il/on devait nous devions vous deviez elles/ils devaient	je dus tu dus elle/il/on dut nous dûmes vous dûtes elles/ils durent	j'ai dû tu as dû elle/il/on a dû nous avons dû vous avez dû elles/ils ont dû
je venais tu venais elle/il/on venait nous venions vous veniez elles/ils venaient	je vins tu vins elle/il/on vint nous vînmes vous vîntes elles/ils vinrent	je suis venu(e) tu es venu(e) elle/il/on est venu(e) nous sommes venu(e)s vous êtes venu(e)s elles/ils sont venu(e)s
je voyais tu voyais elle/il/on voyait nous voyions vous voyiez elles/ils voyaient	je vis tu vis elle/il/on vit nous vîmes vous vîtes elles/ils virent	j'ai vu tu as vu elle/il/on a vu nous avons vu vous avez vu elles/ils ont vu

Les classes de mots

Chaque mot de la langue appartient à une classe.

Une classe de mots regroupe tous les mots qui peuvent se mettre à la même place dans la construction d'une phrase.

Ce	chien	noir	court.
Le	garçon	gourmand	mange.
Notre	chatte	paresseuse	dort.

Classe des verbes	être • avoir • faire • dire • pouvoir • aller • voir • vouloir • venir • devoir • prendre • trouver • donner • falloir • parler • mettre • savoir • passer • regarder • aimer • croire • demander • rester • répondre • entendre • penser • arriver • connaitre • devenir • sentir • sembler • tenir • comprendre • rendre • attendre • sortir • vivre • entrer • porter • chercher • revenir • appeler • partir • jeter • suivre...
Classe des noms	homme • femme • jour • mer • temps • main • chose • yeux • heure • monde • enfant • fois • moment • tête • père • fille • cœur • monsieur • maison • air • mot • nuit • eau • ami • amour • pied • gens • pays • ciel • frère • regard • mort • esprit • ville • rue • soir • chambre • soleil • roi • état • corps • bras • place • parti • année • visage • bruit • lettre • force • effet • milieu • idée • travail • lumière...
Classe des déterminants	
■ Articles	le • la • les • un • une • des...
■ Démonstratifs	ce • cette • ces • cet...
■ Possessifs	son • sa • mon • ma • notre • votre • ton • ta...
Classe des pronoms	
■ Pronoms personnels	il • je • se • elle • le • vous • me • on • lui • nous • tu • moi • te • toi • leur...
■ Autres pronoms	qui • que • dont • lequel...
Classe des adjectifs	grand • petit • seul • jeune • premier • bon • beau • vieux • noir • nouveau • dernier • blanc • cher • long • pauvre • plein • vrai • gros • doux • heureux • haut • profond • rouge • humain • froid • sombre • sûr • ancien • propre • possible • immense • public • pareil • bleu • fort • entier • simple • nécessaire • mauvais • important • triste • joli • différent • léger • libre • pur...
Classe des prépositions	de • à • en • dans • pour • par • sur • avec • sans • sous • après • entre • vers • chez • jusque...
Classe des conjonctions	
■ Conjonctions de coordination	mais • ou • et • donc • or • ni • car
■ Autres conjonctions	comme • quand • puis • parce que • lorsque • tandis que • puisque...

Les mots invariables

L'orthographe des mots invariables doit être apprise et retenue.

à travers	comme	longtemps	puisque
afin de	comment	lors de	quand
ailleurs	dans	lorsque	quelquefois
ainsi	debout	maintenant	quoi
alors	dedans	mais	quoique
après	dehors	malgré	sans
assez	déjà	mieux	sauf
au-dessous	demain	moins	selon
au-dessus	depuis	non	seulement
aujourd'hui	devant	par	sinon
auprès	donc	parce que	soudain
aussi	dont	parfois	sous
aussitôt	durant	parmi	souvent
autant	également	partout	sur
autour	encore	pas	surtout
autrefois	enfin	pendant	tant
autrement	ensemble	personne	tantôt
avant	ensuite	peu	tard
avec	entre	plus	tôt
beaucoup	environ	plusieurs	toujours
bien	grâce	plutôt	très
bientôt	hélas	pour	trop
car	hier	pourquoi	vers
ceci	ici	pourtant	voici
cela	jamais	près	voilà
cependant	là-bas	presque	vraiment
chez	loin	puis	

Les constituants de la phrase simple

La phrase simple

Le chat | guette une souris .

Le chat → de qui ou de quoi on parle → **sujet**

guette une souris → ce qu'on en dit → **prédicat**

Le prédicat : un groupe verbal

Le chat guette une souris .

Le chat → **sujet**

guette une souris → **groupe verbal** → **verbe** (guette) + **complément du verbe** (une souris)

Le chat est patient .

Le chat → **sujet**

est patient → **groupe verbal** → **verbe** (est) + **attribut** (patient)

Deux types de compléments

Dans le grenier , le chat guette une souris .

Dans le grenier → **complément de phrase**

une souris → **complément du verbe**

Crédits photographiques

Pp. 11 : GAMMA RAPHO/Robert DOISNEAU; **12 dr.** : VU l'Agence/David Sauveur; **12 g.** : PLAINPICTURE/Image Source; **14 dr.** : MAXPPP/Beneluxpix/Philippe Ciament; **14 g.** : REA/Raphael Demaret; **17** : FOTOLIA/Eleonore H.; **19** : AGE FOTO-STOCK/Victor Saez; **21** : FOTOLIA; **23 dr.** : CHRISTOPHE L; **23 g.** : CHRISTOPHE L; **24 dr.** : GAMMA RAPHO/JOUAN/RIUS/JACANA; **24 g.** : NPL/BERNARD CASTELEIN; **26** : COSMOS/SPL/Louise Murray; **33 bas** : Archives Nathan/Daniel Cordonnier; **33 ht** : SHUTTERSTOCK/Thierry Dagueli; **33 m** : FOTOLIA/Les Cunliffe; **35** : COLORISE/Ravasini; **36** : Béatrice Cherry-Pellat; **38 dr.** : BIOSPHOTO/Gil Chamberland; **38 g.** : GAMMA RAPHO; **38 m** : Droits Réservés; 46 : FOTOLIA; **47** : Droits Réservés; **48-51** : Leloup-Dupuis; **52-54** : Fred © DARGAUD, 2016; **60** : Bill Watterson; **63** : BRIDGEMAN IMAGES; **66** : BIS/Ph. Frédéric Hanoteau © Archives Nathan; **70** : FOTOLIA/Véronique Buffi; **71 bas** : FOTOLIA/Chantal Cecchetti; **71 ht** : BRIDGEMAN IMAGES; **72** : Archives Bordas/Bibliothèque du Musée Condé, Chantilly; **73 bas** : Archives Larbor/C. Roux; **73 ht** : BNF; **74 bas** : ONLY France/Stéphane Compoint; **74 ht** : SHUTTERSTOCK; **75 bas** : CHRISTOPHE L; **75 ht** : LEEMAGE-OPALE; **76 ht** : ROGER-VIOLLET; **77** : KHARBINE-TAPABOR; **78 ht dr.** : SHUTTERSTOCK/Upthebanner; **78 ht g.** : SHUTTERSTOCK/Filaphoto; **85** : Archives larbor/Ph. Jeanbor; **89 bas** : AKG-Images/E. Lessing; **89 ht** : LEEMAGE-OPALE; **90** : BRIDGEMAN IMAGES; **92 ht dr.** : AKG-Images/E. Lessing; **92 ht g.** : LEEMAGE-OPALE; **98** : ACTIVE MUSEUM/Collection; **99** : AKG-Images/E. Lessing; **101** : Ph. © Collection Musée Jean de La Fontaine, Château-Thierry/Coll. Archives Sejer; **102 bas** : LEEMAGE-OPALE; **102 ht dr.** : AKG-Images; **102 ht g.** : AKG-Images; **102 m dr.** : AKG-Images; **103** : ADOC-PHOTOS; **113** : CORBIS/Robbie Jack; **127 dr.** : REUTERS/Chris Pizzello; **127 g.** : SIPA PRESS/STEENKESTE CATHERINE; **129** : Avec l'aimable autorisation de Liliane Perdriel; **135** : FOTOLIA/Gilles Paire; **144** : AFP/JEFF PACHOUD; **148** : BRIDGEMAN IMAGES; **154** : BIOSPHOTO/J. L.Klein & M. L. Hubert; **166** : FOTOLIA; **176** : FOTOLIA/Zoorglup; **182** : FOTOLIA/Fabienne Lerault; **184** : FOTOLIA/Misabord 29; **202** : SHUTTERSTOCK/Harvey Sparks; **207** : Archives Nathan.

Illustrations

Alexandre Bonnefoy : pp. 30, 85, 149, 155, 171, 173, 174, 198, 199, 203. **Thérèse Bonté** : p. 18. **Patrick Chenot** : pp. 114, 115. **Thierry Christmann** : pp. 22, 24, 25, 31, 34, 59-dr, 64, 70, 88, 97, 112, 122, 123, 124, 126, 138, 141, 145, 152, 153, 156, 160, 163, 164, 165, 167, 169, 187, 188, 189, 190, 195, 200, 213. **Olivier Deloye** : pp. 125, 134, 142, 146, 151, 206, 210. **Julie Faulques** : pp.90, 91. **Marie Flusin** : pp. 104, 105. **Anaïs Goldemberg** : pp. 38, 39. **Alexandra Huard** : pp. 14, 15. **Greg Massardier** : pp. 116, 117, 118, 119. **Anaïs Mazuez** : pp. 12, 13. **Thierry Nouveau** : pp. 56, 57. **Line Parmentier** : pp. 36, 37. **Charline Picard** : pp. 32, 87. **Mylène Rigaudie** : pp. 108, 175, 177, 178, 180, 181, 191. **Benjamin Strickler** : pp. 26, 27. **Yan Tisseron** : pp. 42, 62, 84,86, 92, 93, 96, 100, 133, 137, 140, 158, 162, 168, 170, 186, 192, 194, 212.

Illustration de couverture : Alexandra Huard.

Générique

Édition : **Elisabeth Moinard**

Conception graphique : **Domitille Pautonnier, Anne-Danièle Naname**

Mise en pages : **Frédérique Buisson**

Iconographie : **Juliette Barjon**

Couverture : **Delphine d'Imguimbert**

N° d'éditeur 10244231 – Dépôt légal août 2017
Imprimé en Italie par NIIAG en mars 2018